D1922282

Adrian Frutiger

Symbole

GRATIS

Haupt

Adrian Frutiger

Geheimnisvolle Bilder-Schriften

Symbole

Zeichen · Signale · Labyrinthe · Heraldik

Haupt Verlag
Bern · Stuttgart · Wien

1. Auflage 2008

Bibliografische Information der Deutschen Nationalbibliothek

Die Deutsche Nationalbibliothek verzeichnet diese Publikation in der Deutschen Nationalbibliografie; detaillierte bibliografische Daten sind im Internet über http://dnb.d-nb.de abrufbar.

Gesetzt aus der Schrift Univers light von Adrian Frutiger
Layout: Adrian Frutiger und Alfred Balsiger
Satz: Alfred Balsiger
Lektorat: lic. phil. Thomas Hofmeier
Dr. phil., MBA HSG Manuel Bachmann
Druck und Ausrüstung: Stämpfli Publikationen AG

Printed in Switzerland

ISBN 978-3-258-07323-1

www.haupt.ch

Inhaltsverzeichnis

Inhaltsverzeichnis

Teil 1

Ursprung der Zeichen

Einführung

Symbole

Die Menschen leben, seit der erste Funke einer Gedächtnisregung sie dem Zustand eines Tieres enthoben hat, in einer Gemeinschaft mit gegenseitiger Verständigung. Ausgedrückt wurde die neue Erkenntnis anfänglich durch unbeholfene Gesten, in Begleitung eines Urtones. In einer langen Zeit des Wachstums eines Ansatzes der ersten Intelligenz muss auch eine primitive Ursprache geboren worden sein. Aus eben diesen Urtönen wurden nach und nach als Ausdruck einer Bezeichnung Silben geformt, stets dieselben für ganz bestimmte Akte oder Dinge.

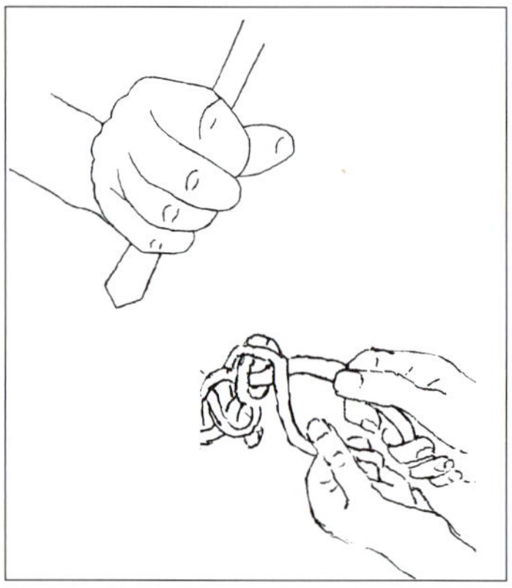

Lehren, lernen, weitergeben

Von diesen Urwesen aus entwickelte sich – wie eine Art von Kette – der Aufbau des Verstandes. So nahm zum Beispiel der Vater seine Söhne zu sich, um ihnen beizubringen, wie mit einem sehr harten Stein – geschlagen auf einen weicheren – scharfe und kantige Teile abgeschlagen oder abgespalten werden können, um so Spitzen oder Klingen herzustellen.
So keimte das erste Handwerk als erstes Glied einer späteren langen Kette der Entwicklung. Parallel dazu betreute die Mutter die Töchter und zeigte ihnen, wie aus Fasern oder Zwirn Schnüre gesponnen oder aus dünn geklopftem Leder Bekleidungen hergestellt werden können. Feine, lange Faserriemen wurden zu Matten geflochten, mit Fellen bedeckt und so zu Liege- und Schlafstätten.

Okkultes, magisches Denken

Als erstes darf das Feuerschlagen genannt werden – dieses nicht natürliche Licht, das so geheimnisvoll die Behausung erhellt und erwärmt. Es ist wie ein Glaube an eine übermenschliche Kraft, von wo alles Gute und Erfolgreiche herkommt – im Gegensatz zur Finsternis, von der Kälte ausströmt, verbunden mit schlechter Gesundheit und Leiden.
Tatsache ist, dass alles, was der Mensch nicht zu begreifen vermag, einer überirdischen Macht zugeschrieben wird. Kultstätten, verbunden mit Opferfeiern, sind Orte, die bereits dem frühen Menschen zugeschrieben werden. Es finden sich viele Zeugen von Zeichnungen, in den Erdboden geritzt, später mit Kohle oder Rötel auf Höhlenwände oder auf flache Steine gemalt.

Zum Sprachgebrauch in diesem Buch

Wenn in diesem Buch von Zeichen, Symbolen und Schriften die Rede sein wird, dann ist es wichtig, folgendes zu beachten:
Zeichen und Symbole können Träger irgendeines geistigen Gehalts sein, also eine unspezifische Bedeutung besitzen – und im geschichtlichen Rückblick nicht selten eine uns nicht mehr bekannte und auch nicht mehr erschliessbare Bedeutung. Die Schrift dagegen ist eine besondere Form von Zeichen. Bereits die ältesten Schriften der Menschheit, die sumerische Schrift aus dem Zweistromland (Mesopotamien) und die Hieroglyphen aus dem Alten Ägypten (ebenso die chinesische Schrift), benutzen als Zeichen konkrete Bilder. Es sind aber keine Bilderschriften, sondern von Anfang an

durchgängig phonetische Zeichensysteme. Das heisst: Die Zeichen werden nicht nach ihrem bildlichen Gehalt gelesen, sondern sie bedeuten einen Laut, ein Phonem. Solche Zeichensysteme haben den Vorteil, dass sie beliebige Sprachen und damit unendlich viele Bedeutungsmöglichkeiten mit einem endlichen Zeichensatz exakt kodieren können. Die moderne Schriftforschung lässt nur phonetische Zeichensysteme als Schrift gelten. Reine Bilderschriften ohne phonetischen Werte sind in diesem Verständnis keine Schrift, oft sind sie sogar vermutlich rein ornamental und besitzen gar keine exakte Bedeutungsfunktion.

Der grafische Reichtum der Bilderschriften

Im Zweistromland zwischen Euphrat und Tigris lebten schon vor dem 4. Jahrtausend v.Chr. die Sumerer, ein Menschenstamm unbekannter Rasse, deren faszinierende Kultur noch weitgehend in der Dunkelheit der Geschichte liegt. Dieses Volk entwickelte sich unter harten klimatischen Bedingungen in einer an sich fruchtbaren Ebene. Die erschwerten Lebensbedingungen hatten keinen geringen Einfluss auf ihre Entwicklung, sowohl in geistiger als auch in wirtschaftlicher und sozialer Hinsicht. Die Sumerer und ihre semitischen Nachfolger waren eher logisch-wissenschaftlicher Denkart, was besonders vor dem Hintergrund ihrer Schriftkultur deutlich spürbar wird. Eine der neuesten Thesen bringt die sumerische Bilderschrift in Zusammenhang mit den an vielen archäologischen Fundstellen des Vorderen Orients entdeckten zahlreichen Kleingegenständen verschiedenster Formen aus Ton.

Mesopotamische Felszeichnungen aus der Bronzezeit, 3000 v. Chr.

Einführung

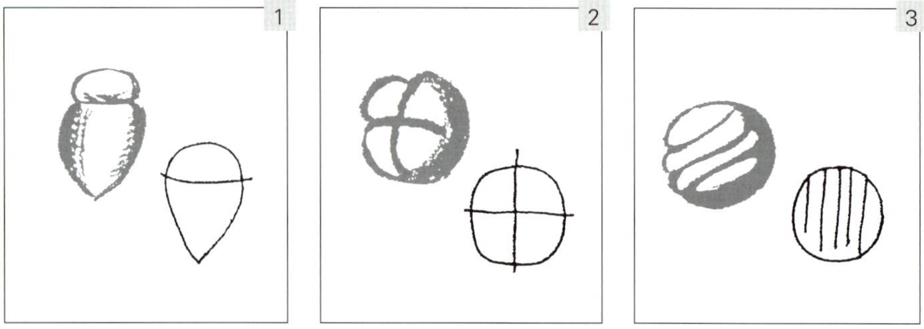

1 Öl
2 Schaf
3 Wolle

Tongegenstände als Vorläufer der Schrift?
Bei Ausgrabungen im Vorderen Orient wurden an vielen Fundstätten Mengen von Kleingegenständen entdeckt. Sie wurden als Amulette, Spielfigürchen oder Schmuckstücke nebensächlich gewertet. Später hat man herausgefunden, dass viele dieser Tonfigürchen den frühesten Bilderschriftzeichen verblüffend ähnlich sehen. Zum Beispiel sind Piktogramme für Öl, Schaf, Wolle etc. genaue «Abzeichnungen» von in Ton bereits seit langem bestehenden Gegenständen. Oft wurden sie eingeschlossen in hohlen Tonkugeln entdeckt, so, als wären sie zu Handelszwecken inventarisiert worden, indem eine Anzahl Figürchen im Behälter als Erinnerungsstütze festgehalten wurde. Die so in diesen Gefässen abstrakt aufbewahrte Anzahl Vieh oder Getreide wurde danach aussen auf die Behälter in verkleinerter stilisierter Form gezeichnet oder eingeritzt. Auf diese Weise ist aus der Figur ein Zeichen geworden. Ende des 2. Jahrtausends v. Chr. bestand in der Gegend des Vorderen Orients eine grosse Anzahl von Schriftsystemen, mit welchen die verschiedensten Sprachen und Dialekte festgehalten wurden. Die Phönizier, ein kleines Volk von Kaufeuten, lebten zu jener Zeit am östlichen Ufer des Mittelmeeres. Zu Land und zu Wasser standen sie im regen Verkehr mit den meisten Ländern des ganzen Mittelmeerraumes. Diese Handelstätigkeit zwang sie zu ausgedehnteren Sprach- und Schriftkenntnissen. Deshalb ist es nicht verwunderlich, dass sich in diesem Land, zu dieser Zeit, eine gewisse Vereinheitlichung, sozusagen eine Synthese der Schriften herausgebildet hat. Dabei bestand die an sich geniale Neuerung darin, dass die Konsonanten zum erstenmal nicht in Silben verschmolzen (ba, di, gu etc.), sondern als kleinste lautliche Einheiten (b, d, g etc.) fixiert wurden. So sind um die Jahrtausendwende die phönizischen Konsonantenzeichen entstanden, die heute allgemein als Ausgangsbasis aller alphabetischen Schriften betrachtet werden.

Die Entwicklung des Lautzeichens Aleph (A) in einer grafischen Zusammenfassung

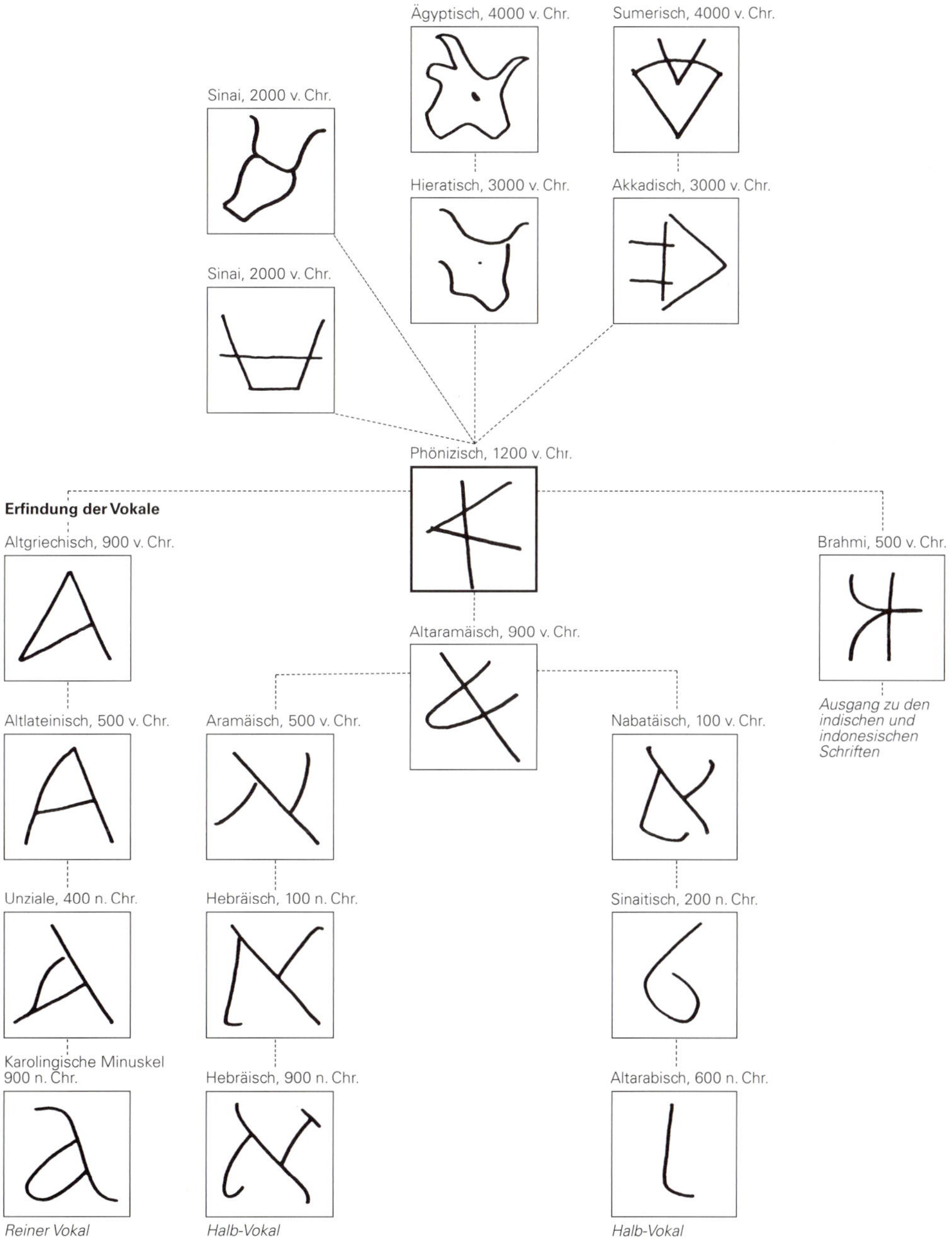

Teil 2

Vom Bild-
zum
Schrift-
zeichen

Zwei Arten der Schriftentwicklung

Bilderschriften haben alle einen symbolischen Gehalt
Im Einführungsteil dieses Buches steht eine Aufstellung in Form einer Tabelle über die wichtigsten Bilderschriften des Altertums.
Beim Betrachten all dieser ursprünglichen Schriftzeichen ist kaum zu übersehen, dass fast in allen Zeichen nicht eine naturalistische Darstellung eines Gegenstandes, einer Aktion oder einer Idee zu finden ist – sondern eine abstrahierte Vereinfachung, das heisst, eine symbolische Darstellung.
Allen Schriften, die aus einem natürlichen Entwicklungsgang entstanden sind, liegen Bilderschriften zugrunde. Beim Studium der unterschiedlichen Entwicklungsarten in Richtung auf eine bestimmte grafische Fixierung einer Sprache können somit zwei wesentliche Kategorien charakterisiert werden:

1. Die bildhaft «gebliebenen» Schriften
Damit sind alle diejenigen Schriften gemeint, die auch über Jahrhunderte keine umwälzende Veränderung erfahren haben, da ihre Zeichen im Stadium des Bildes, wenn auch stilisiert, geblieben sind. Der lebende Beweis hierfür ist die chinesische Schrift. Das Zeichen für Pferd ist in seiner archaischen Form klar erkennbar; die Form selbst hat sich später wohl etwas systematisiert, aber die Grundstriche und Bewegungen sind im heutigen Zeichen immer noch vorhanden (vier Beine, Kopf, Schwanz etc.).

Chinesische Schriftentwicklung

1
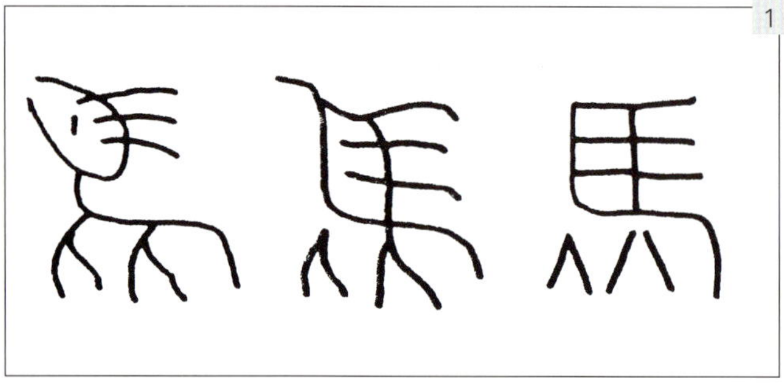

2

1 Pferd archaisch
2 Pferd heute

2. Die alphabetischen Schriften
Darunter verstehen wir alle diejenigen Schriften, deren Zeichen im Laufe der Jahrhunderte auf ein Alphabet reduziert wurden, wobei deren Strichgebung sich nach und nach bis auf die äusserste Vereinfachung reduzierte (siehe dazu die Tabelle auf Seite 11).

Vom Bildzeichen zum Ideenzeichen

In einer gedrängten Zusammenstellung versuchen wir Zeichen aus drei wichtigen Kulturkreisen und einige Grundprinzipien dieser Bilderschriften zu vergleichen. In der ersten Reihe sind in archaischer Form zwei altchinesische Zeichen, Tür und Ohr, als reine Objektzeichnungen, in der zweiten Reihe frühmesopotamische Vorläufer der Keilschrift, Stier und Berge, und in der dritten Reihe Hieroglyphen-Zeichen, Krug und Wasser, abgebildet.
Als drittes Bild der Reihe (farbig) kombinieren sich jeweils die beiden Gegenstände zu einer neuen Bedeutung mit komplexerem Ausdruckswert. Die Verbindung drückt danach eine Eigenschaft aus: das Ohr hinter dem Türflügel besagt jetzt «horchen», «spionieren», die Berge im Ochsenkopf

Chinesisch:
Tür 1
Ohr 2
Spion 3

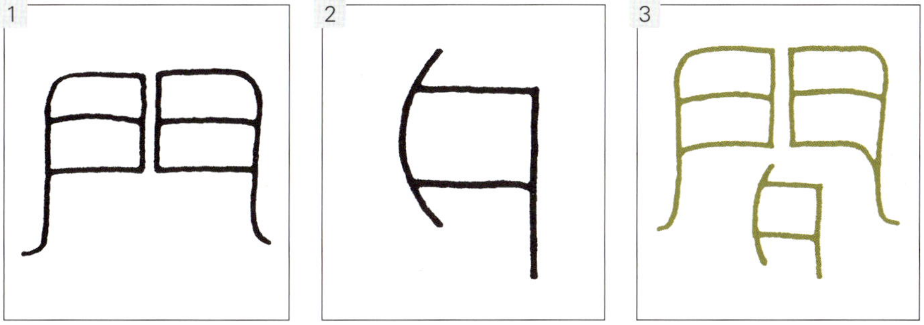

Mesopotamisch:
Stier 4
Berge 5
Wild 6

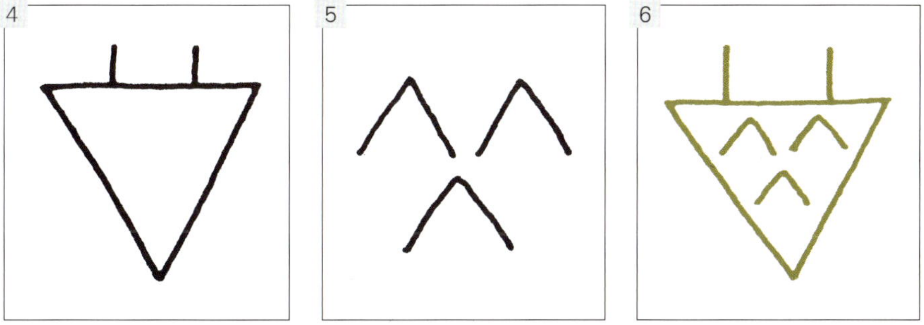

Ägyptisch:
Krug 7
Wasser 8
Kühl 9

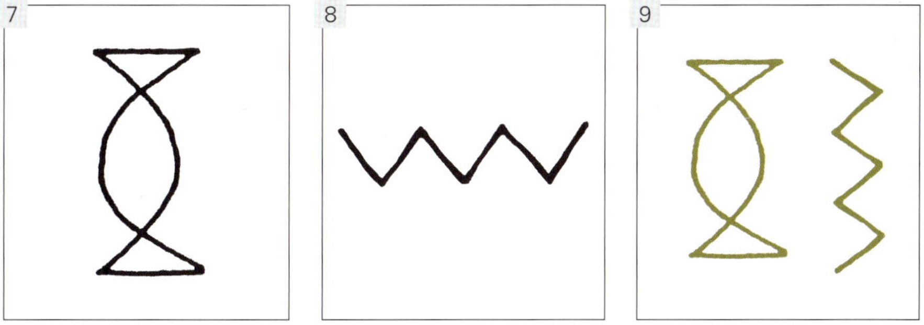

bedeuten «wild», das Wasser in Verbindung mit dem Krug heisst «frisch», «kühl».
In drei weiteren Anschauungsbeispielen zeigen wir je zwei Bildzeichen, untereinander angeordnet, mit abstraktem Inhalt: im *Chinesischen* meint ein Punkt (Pfeil) in der Scheibe «Mitte», die Swastika der vier Windrichtungen steht für «Region». Das ursprüngliche Keilschriftzeichen für Sonne bedeutet «Bewegung», der Pfeil steht für Geschwindigkeit. An dritter Stelle rechts veranschaulichen zwei rein figürliche Hieroglyphenzeichen abstrakter Begriffe: die nach der Sonne geneigte Pflanze bedeutet «Süden», der Vogel mit gesenktem Kopf steht für den Begriff «suchen».

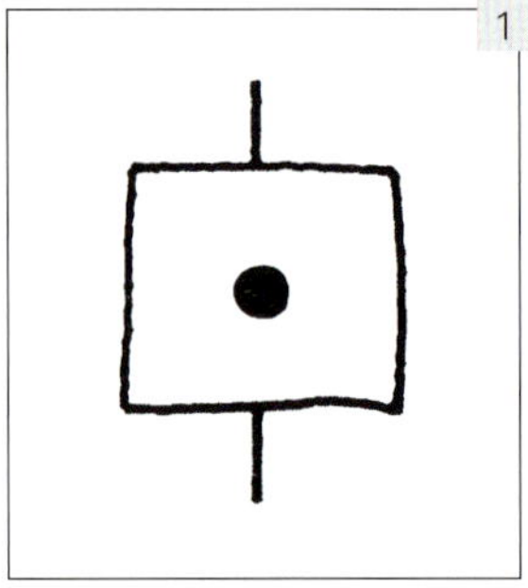

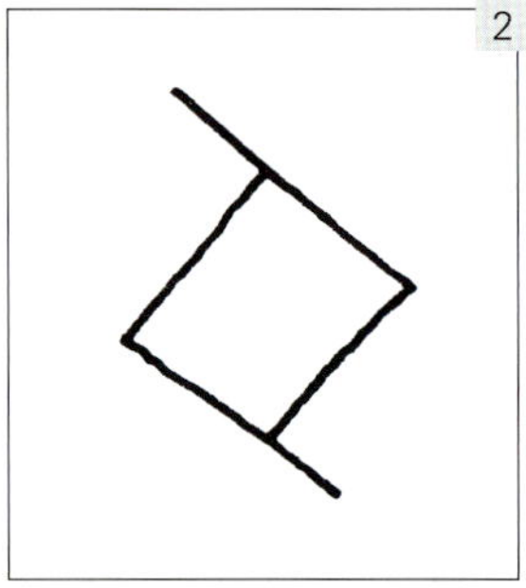

1 Mitte (chinesisch)
2 Bewegung (mesopotamisch)
3 Süden (ägyptisch)

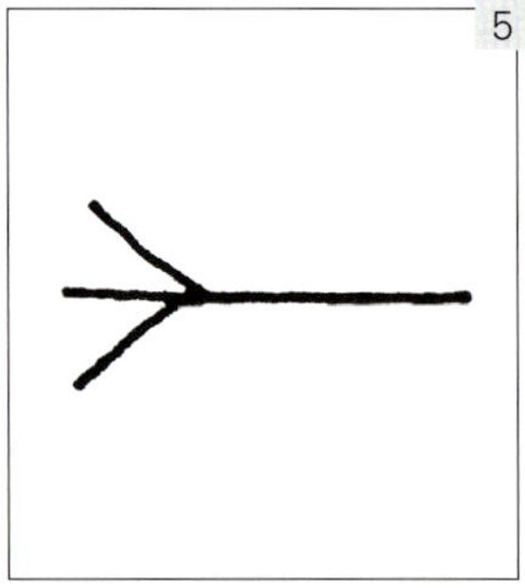

4 Region (chinesisch)
5 Geschwindigkeit (mesopotamisch)
6 Suchen (ägyptisch)

Das letzte Beispiel bringt sechs Zeichen, die an der Grenze des Bildhaften liegen: ein über oder unter der Linie plazierter Punkt bedeutet auf chinesisch «oben» bzw. «unten», ein offener Winkel heisst im Mesopotamischen «senken», ein diagonales Kreuz «schützen». Im ägyptischen Kreuzzeichen für «Gottheit» ist noch eine menschliche Form erkennbar, in der Hieroglyphe für «Tag» sind die Sonnenstrahlen am Morgen, am Mittag und am Abend noch erklärend angegeben.

Oben (chinesisch) 1
Unten (chinesisch) 2
Senken (mesopotamisch) 3

1
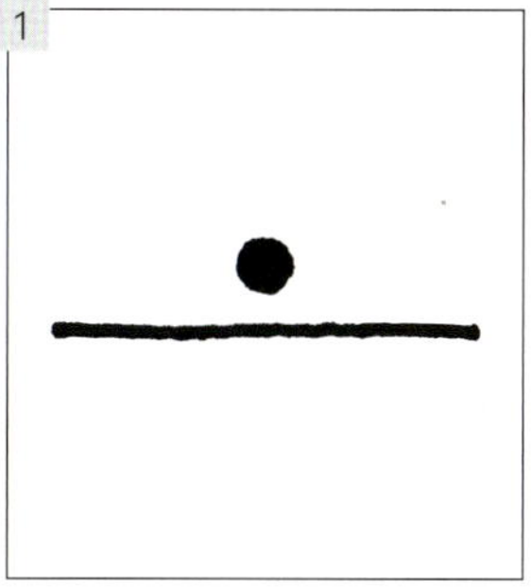
2
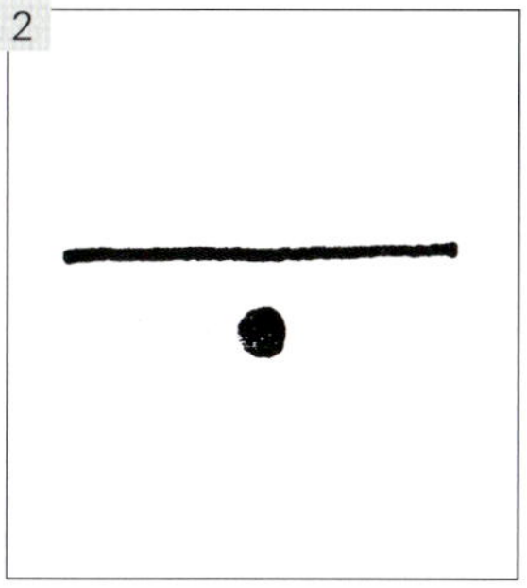
3
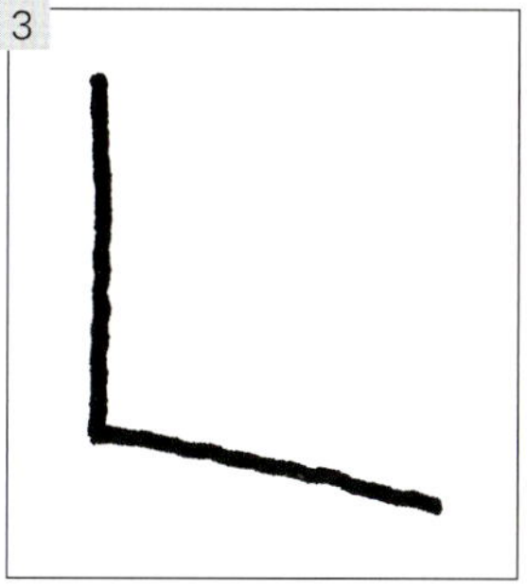

Schützen (mesopotamisch) 4
Gottheit (ägyptisch) 5
Tag (ägyptisch) 6

4
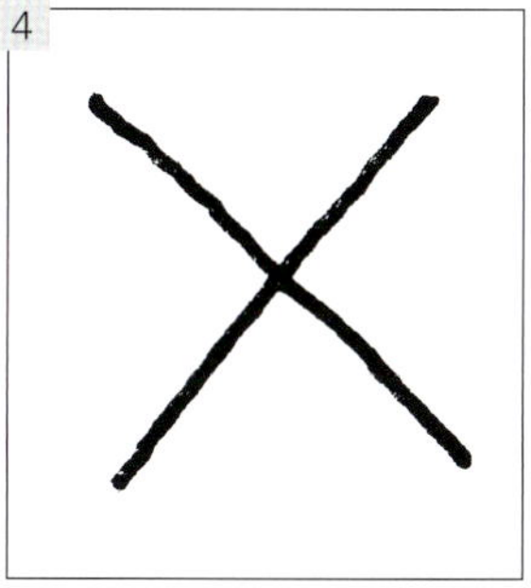
5

6

Die früheste Bilderschrift der Sumerer, um 3500 v. Chr. (Barton, Unger)

Fisch 7
Vogel 8
Ohren 9

7
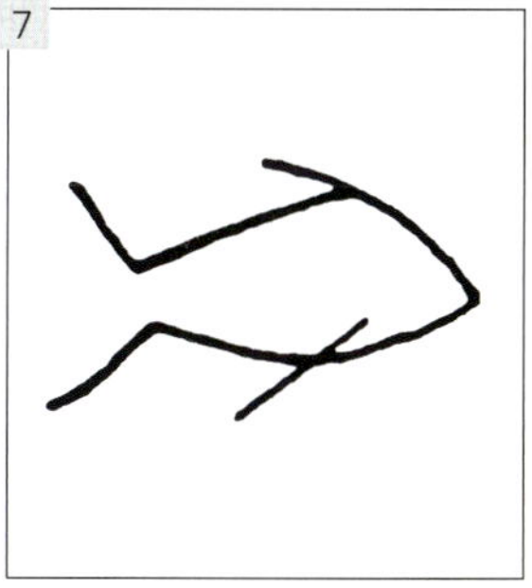
8
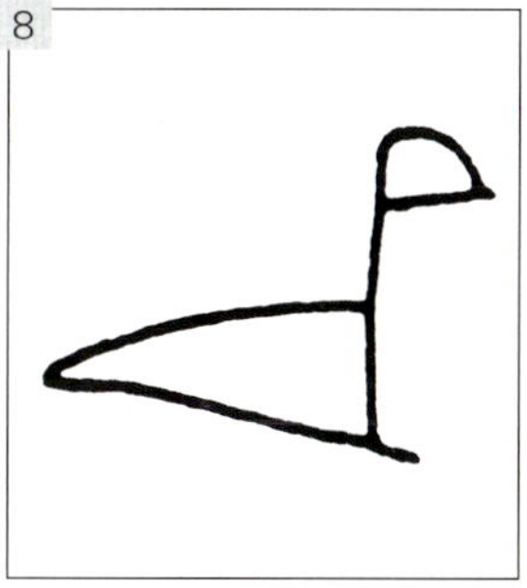
9
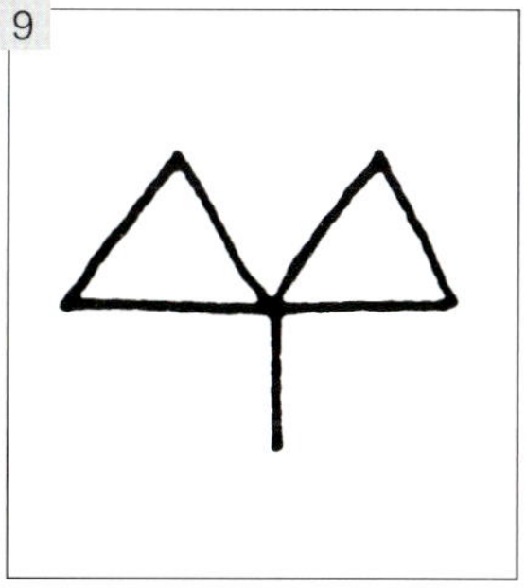

Herz 10
Hand 11
Feuer 12

10

11
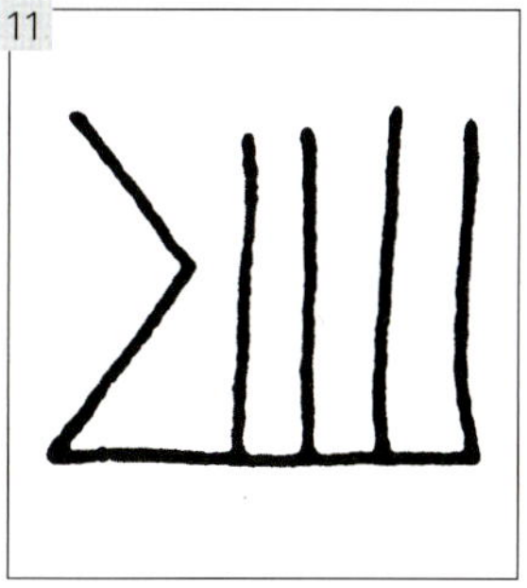
12
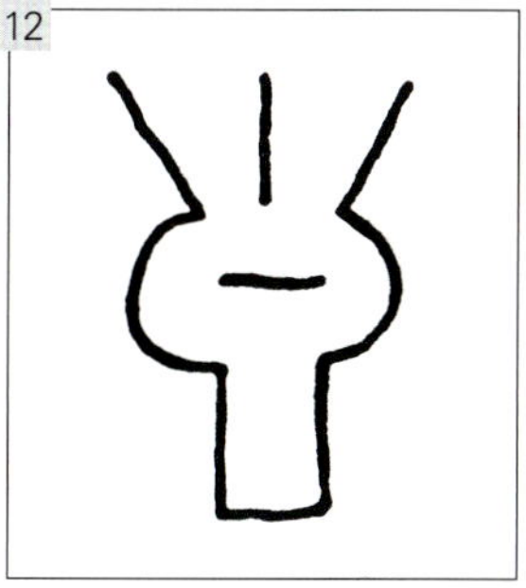

Vom Bildzeichen zum Ideenzeichen

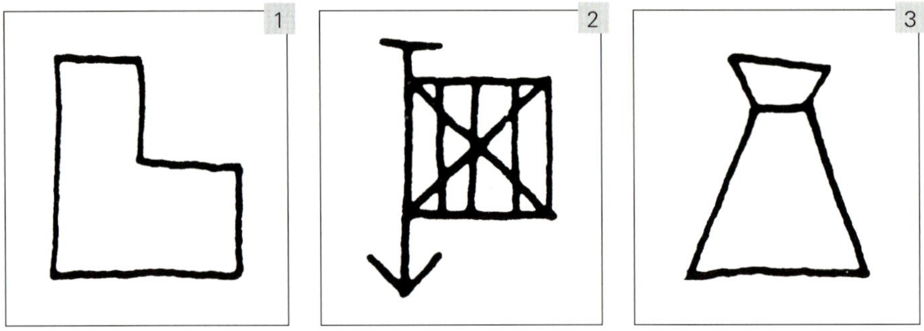

1 Stadt
2 Tür
3 Zelt

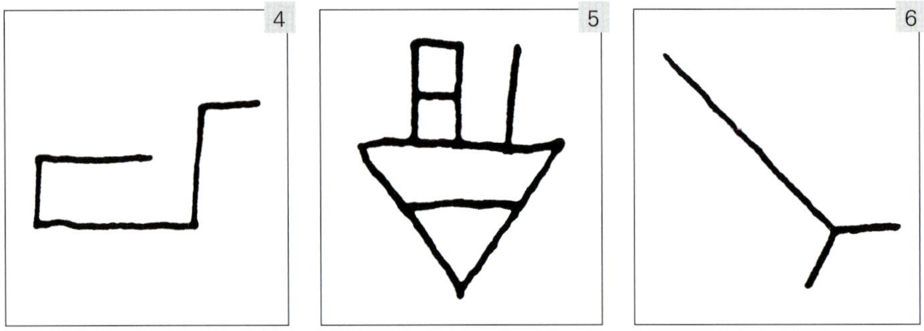

4 Schiff
5 Krug
6 Schneide

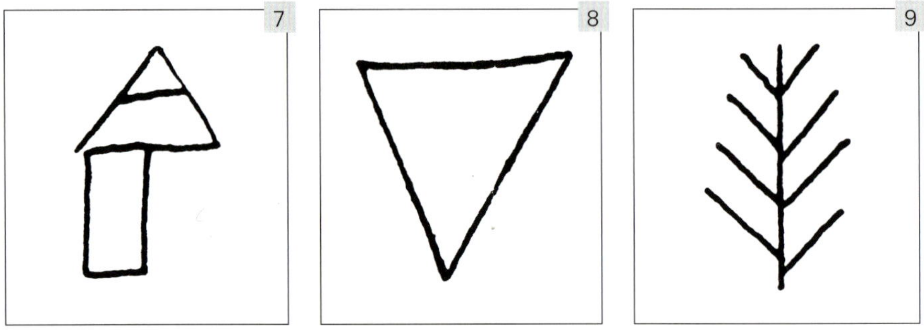

7 Kopf
8 Pflock
9 Getreide

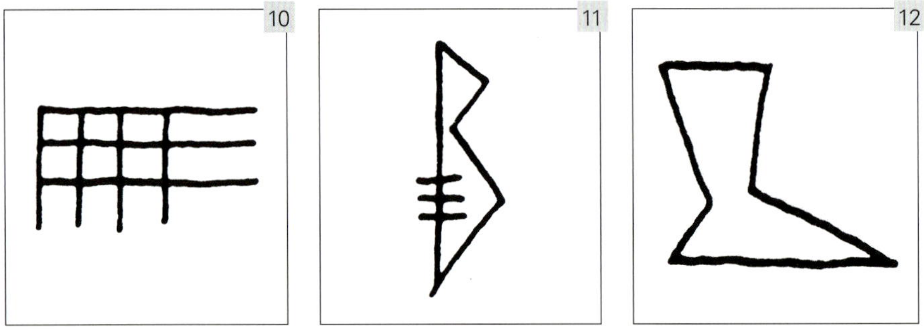

10 Gewebe
11 Mensch
12 Gehen

Essen 1
Garten 2
Herrin 3

1

2

3
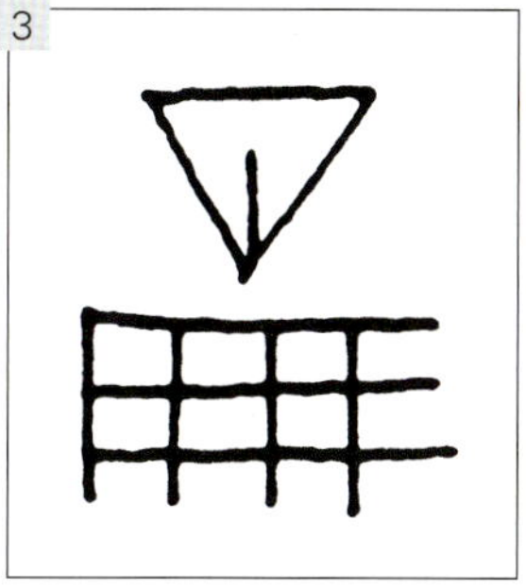

Königin 4
Anbinden 5
Fundament 6

4
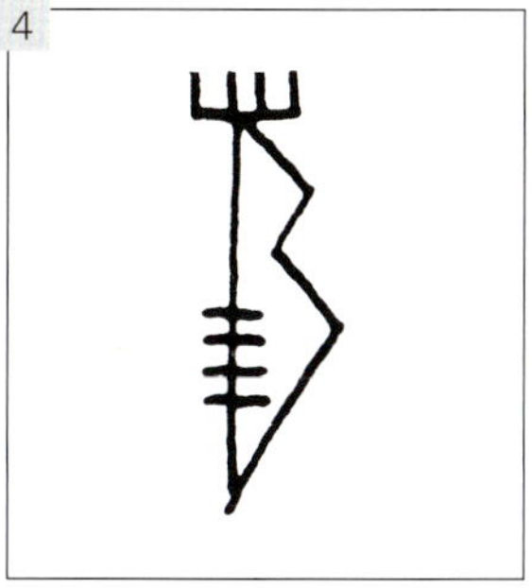
5
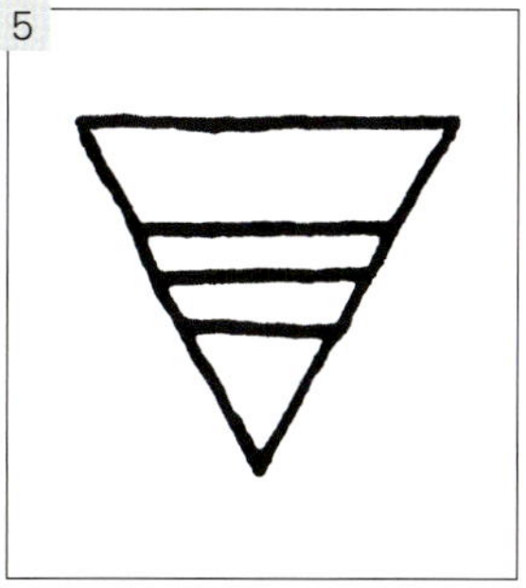
6

Seite 7
Wachsen 8
Sehen 9

7
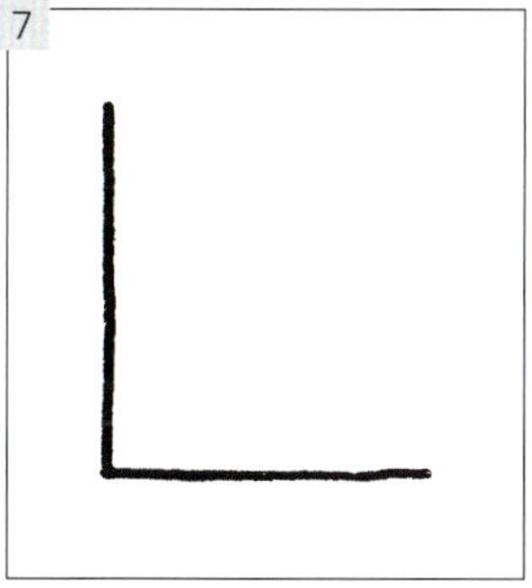
8
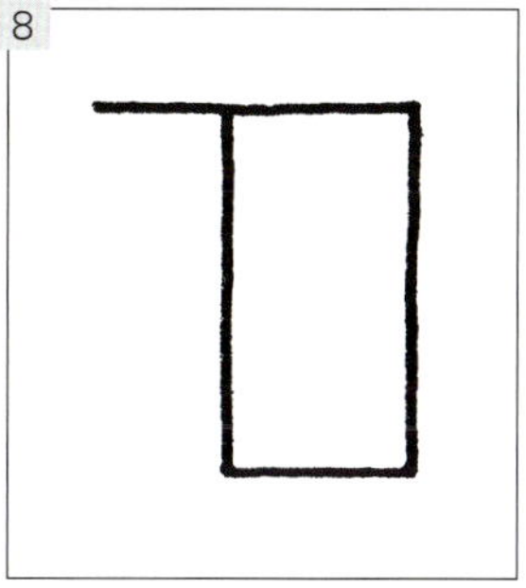
9
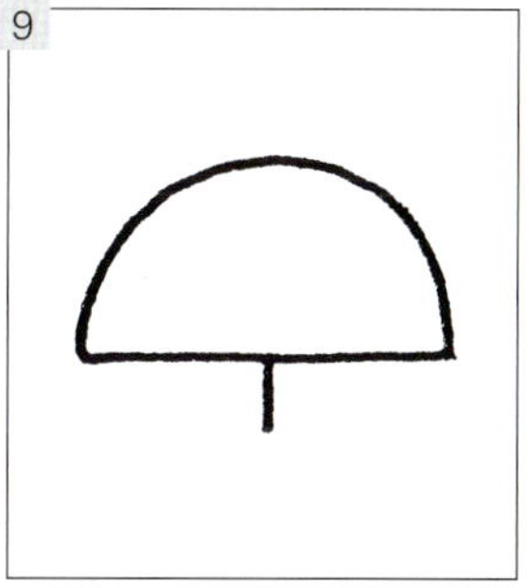

Umfassung 10
Präzision 11
Gottheit 12

10
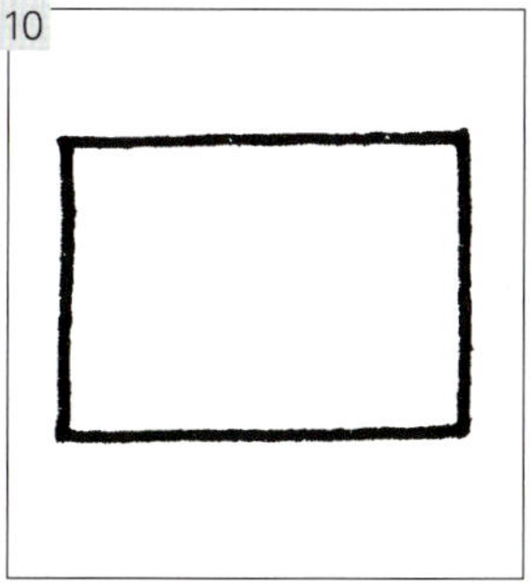
11
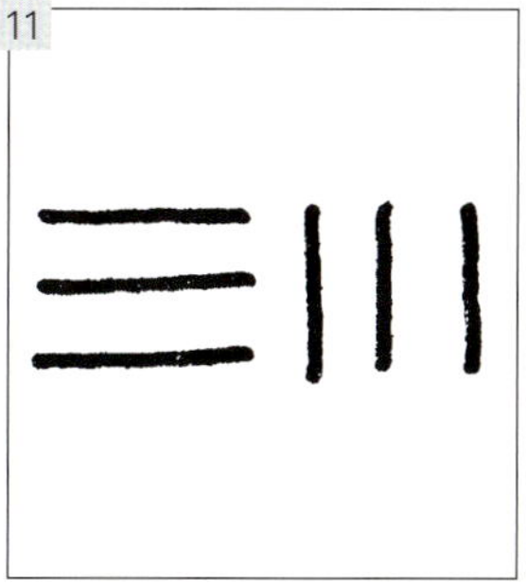
12
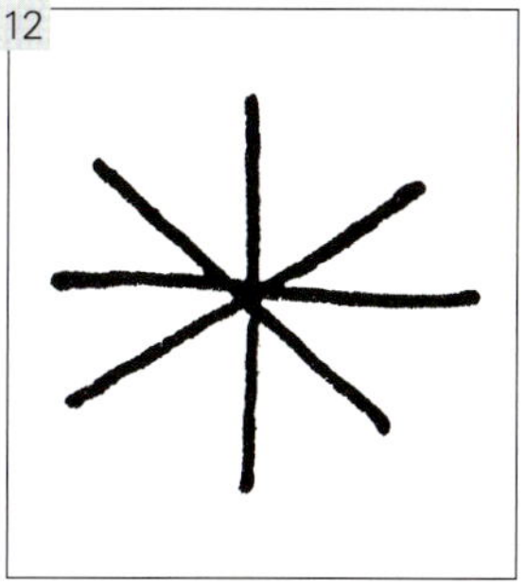

Die Keilschrift

Die Keilschrift verdankt ihren Namen den einzelnen gradlinigen Stricheinheiten, die durch Schräghaltung des einstechenden Griffels dem Strich eine längliche, dreieckige Form verleihen. Diese Einstechtechnik ist der Ritztechnik vorgezogen worden, da der vertiefte Strich keinen *Grat* durch die Materialverdrängung an den Rändern hinterliess. Ohne seitlichen Grat konnten die Tontafeln gefahrlos aufeinander geschichtet werden, ohne dass Material den Strich eindeckte oder verletzte. Die Keilschrift liefert eines der typischen Beispiele dafür, wie sich die Schriftform nicht allein aus geistiger Überlegung, sondern (auch) aus dem gegebenen Material heraus entwickelt hat.

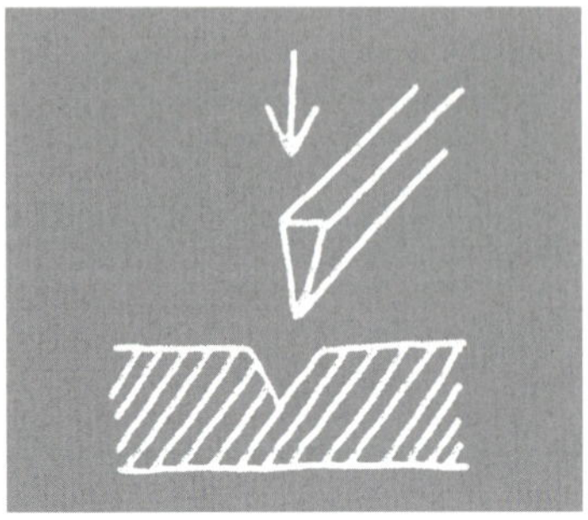

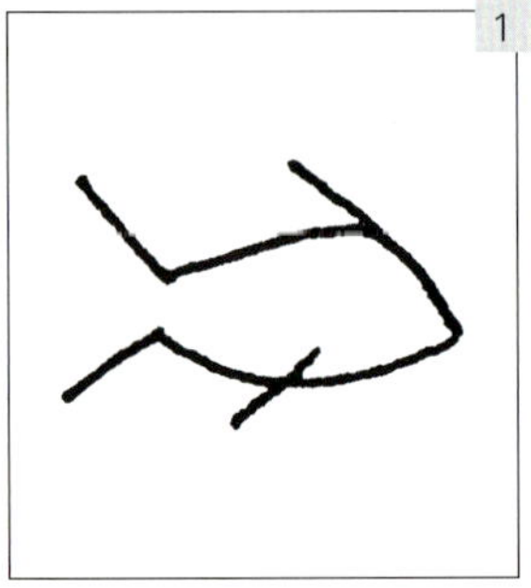

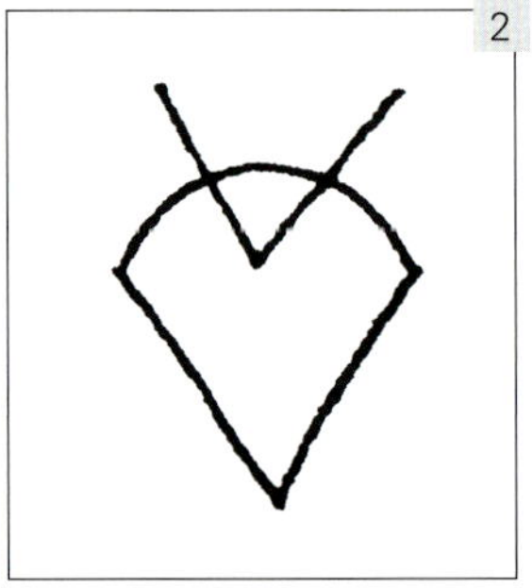

Sumerisch:
1 Fisch
2 Stier
3 Bein

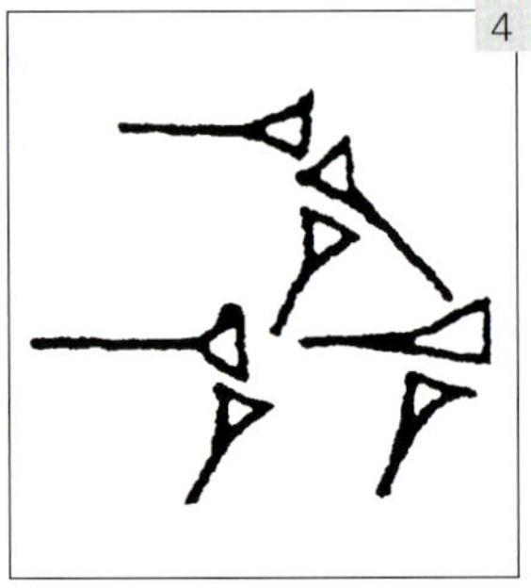

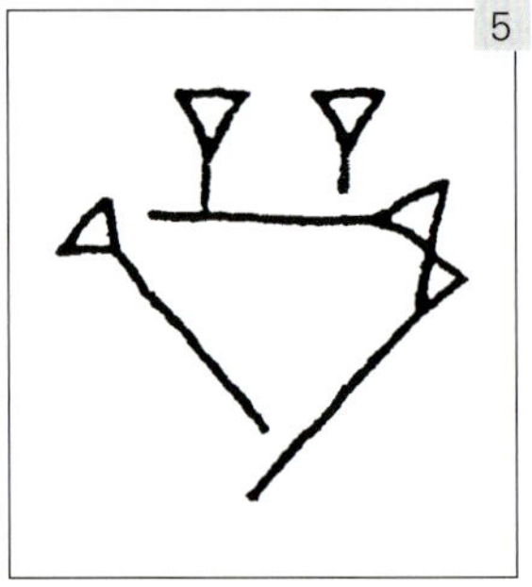

Babylonisch:
4 Fisch
5 Stier
6 Bein

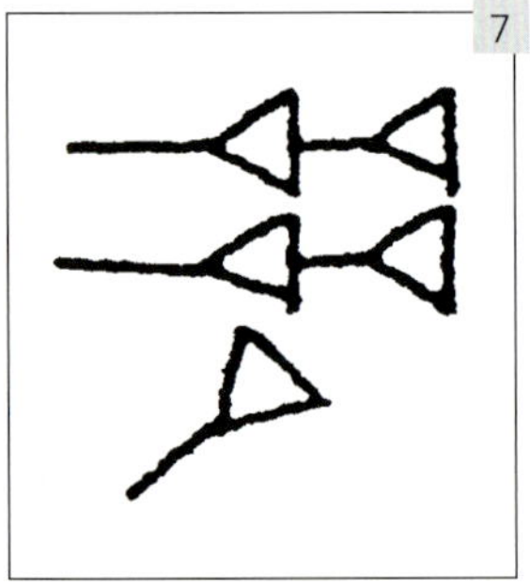

Assyrisch:
7 Fisch
8 Stier
9 Bein

Die ägyptischen Hieroglyphen

Ganz unten im Norden des Niltales, im Wüstenland, wurden schon aus dem 5.–6. Jahrtausend erstaunlich schöne Funde gemacht, die als Vorläufer der späteren Hieroglyphen gewertet werden können.
Der Nil ist die Lebensader Ägyptens. Im Rhythmus der Jahreszeiten überflutet er weite Teile des Landes, und mit dem Hochwasser wird fruchtbarer Schlamm abgelegt.
Hier war die Wiege eines an Phantasie reichen Volkes, begabt für Naturbeobachtung, geneigt zur Versunkenheit in Werk und Wort der Götter. Fasziniert von den Naturkräften, hat dieses Volk versucht, dieselben durch magische Zeichen zu beschwören. Je intensiver der Sonnenkult und der Kult des Todes war, desto reicher wurden die Hieroglyphen (heilige Bildzeichen), ausgehend vom einfachen Ritzzeichen bis zur Blütezeit der wunderschönen naturgetreuen Darstellungen der naturnahen Bildzeichen ausgebaut. Im Verlauf des 3. Jahrtausends v. Chr. entstanden Riesenmonumente, aus Blöcken der den Nil umrandenden Felsen. Dem Ausmass entsprechend wurden Zeichen eingraviert, die Zeit und Tod überdauern sollten.
Der Ausdruck «Hieroglyphe» steht ausschliesslich der Bilderschrift zu. Diese durch die Priester (Hüter der religiösen und politischen Tradition) geschaffenen Zeichen behalten durch drei Jahrtausende eine erstaunliche Stabilität in der Form. In vortrefflicher Stilisierung und Proportionierung spiegeln sie den Reichtum der Umwelt wider.

Die noch unmittelbar verständlichen Bildzeichen der Ägypter, um 3000 v. Chr.

Auge 1
Pflug 2
Horn 3

Sandale 4
Berg 5
Brot 6

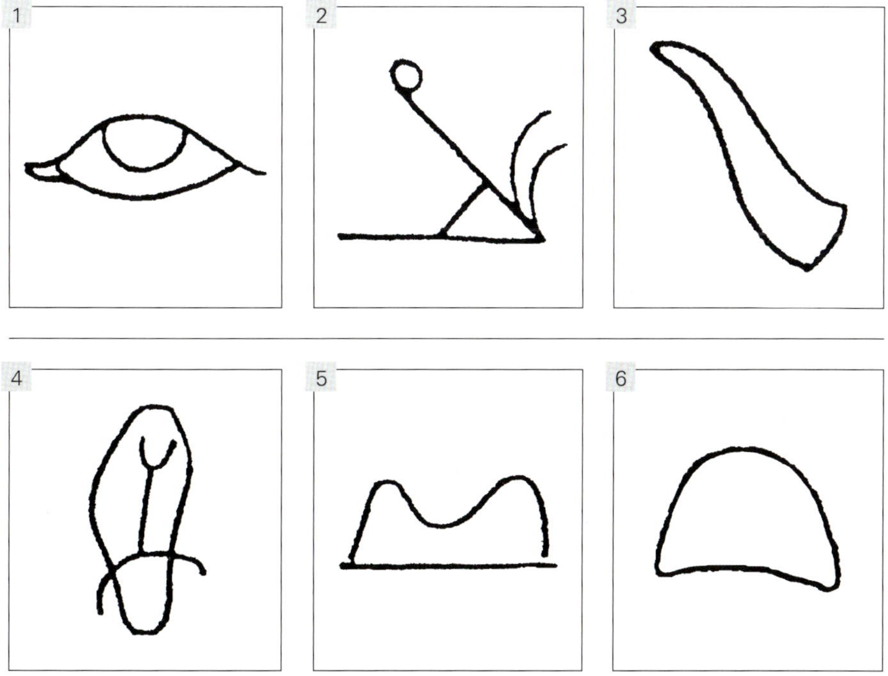

Die ägyptischen Hieroglyphen

1
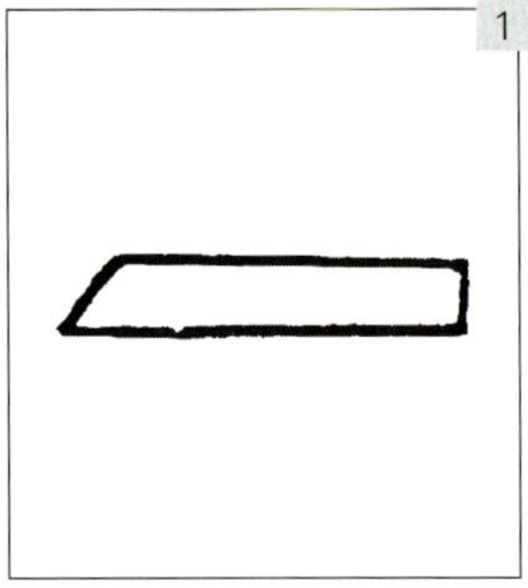

2

3

1 Wahrheit
2 Schlagen
3 Weinen

4

5

6
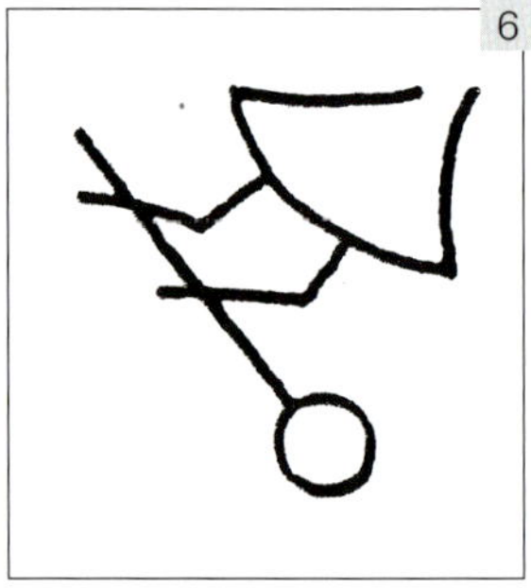

4 Gehen
5 Brechen
6 Rudern

7

8
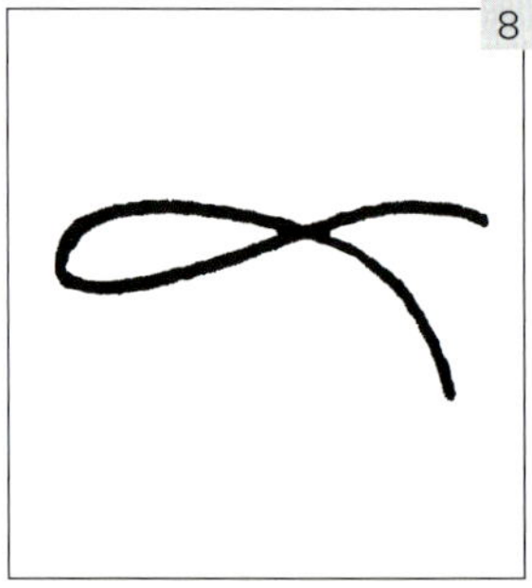

7 Stadt
8 Binden

9

9 Land

Sonne 1
Buch, Wort 2
Giraffe 3

1
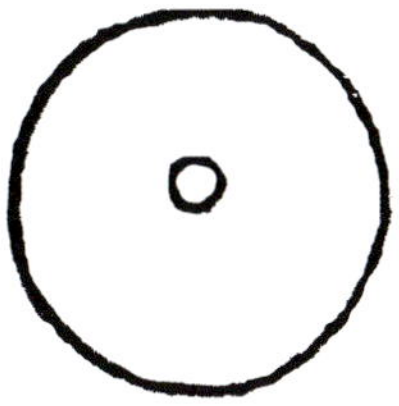

2
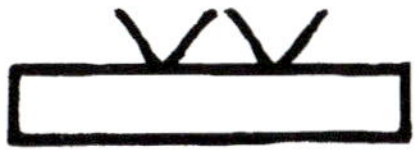

3
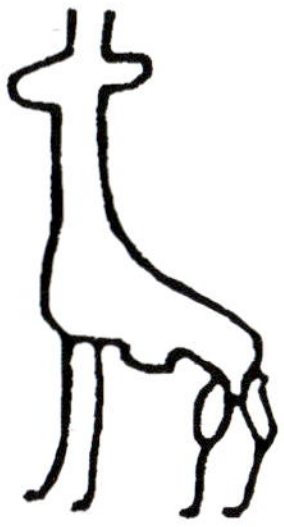

J (lautlich) 4
wr (lautlich) = gross 5

4

5

Winkel 6
Fell, Tierhaut 7

6
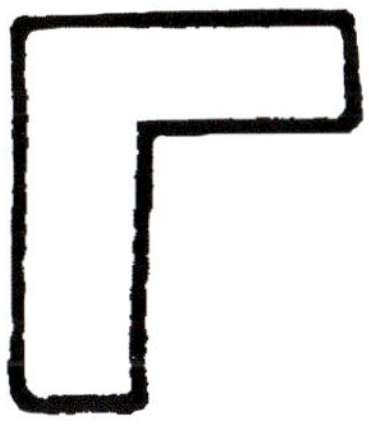

7

Blätter 8
Bogen 9

8
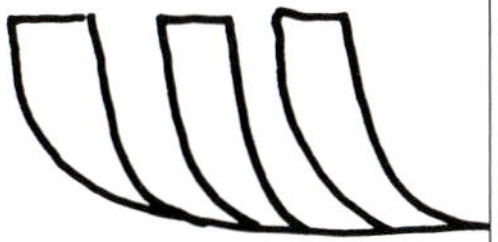

9

Ägyptisch-hieratische Schreibschrift

Parallellaufend zur monumentalen, an dieTradition gebundene Form der Hieroglyphen, entwickelte sich schon im Laufe des 3. Jahrtausends die einfachere, kursivere hieratische Schreibschrift. Die figürlich gemeisselten Zeichen wurden mit einem Rohrpinsel «flüchtig» auf Papyrus imitiert und brachten dadurch eine Vereinfachung der Zeichen. Im Verlaufe des 1. Jahrtausends v.Chr. kristallisierte sich die Schreibweise zu einem noch lapidareren Ausdruck. Es entstand so die demotische Schrift. In ihr ist der Zusammenhang mit den ursprünglichen Bildzeichen nur noch schwer zu erkennen.

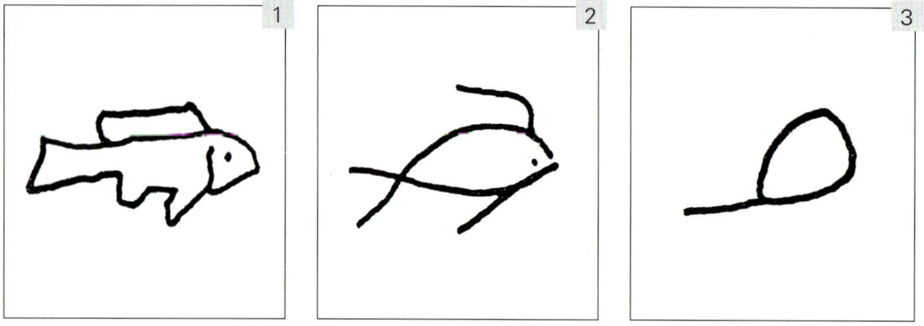

Fisch:
1 Hieroglyphe, 3000 v. Chr.
2 Hieratisch, 1500 v. Chr.
3 Demotisch, 500 v. Chr.

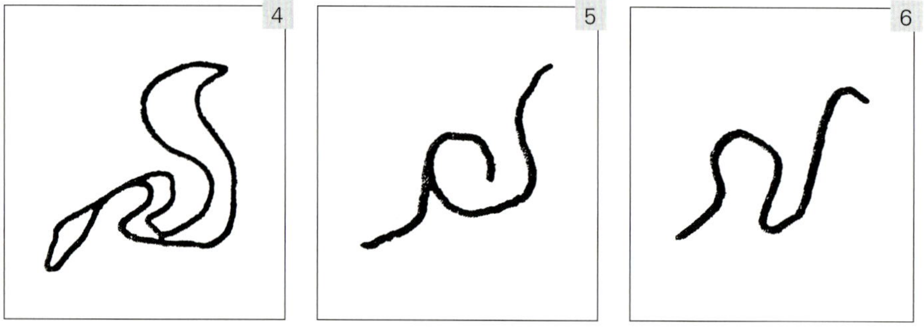

Schlange:
4 Hieroglyphe, 3000 v. Chr.
5 Hieratisch, 1500 v. Chr.
6 Demotisch, 500 v. Chr.

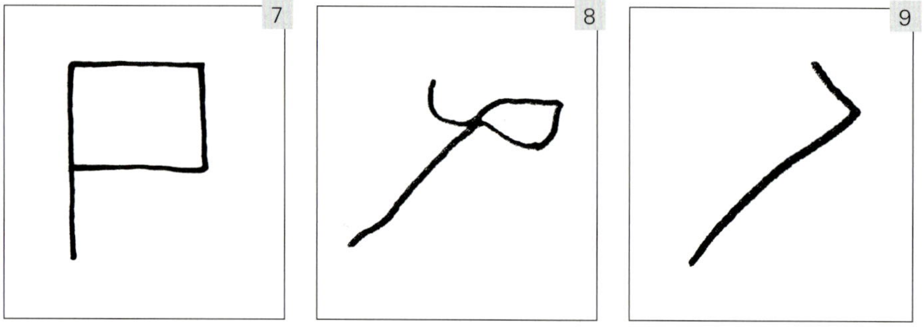

Gottheit:
7 Hieroglyphe, 3000 v. Chr.
8 Hieratisch, 1500 v. Chr.
9 Demotisch, 500 v. Chr.

Schriften auf Kreta

Gerade die Insellage mitten im Mittelmeer brachte Kreta vielfältige Kontakte mit Ägypten, Levante und Mesopotamien. Die kretische Schrift ist klar eine Übernahme aus dem Osten/Süden. Die Bildschriftzeichen der frühesten Kulturepoche Kretas erscheinen um 2000 v. Chr. Es sind figürliche Darstellungen, gespickt mit intellektuellen Vereinfachungen wie das Zeichen der gekreuzten Arme, das einen vollständigen Gedankenablauf in sich trägt. Der Vergleich mit den hieroglyphenartigen Zeichen und den Silbenzeichen weist auf eine klare Illustration des Unterschieds zwischen einer den Gegenstand umreissenden figürlichen Zeichnung und einer danebenstehenden körperlosen, rein linearen Zeichengestaltung.

Dabei ist es auch hier sehr interessant, die Darstellungen von Mann und Frau einander gegenüberzustellen, und dies im Vergleich mit den Zeichen für Kleid und Harnisch. Verdeckte Beine unter einer Bekleidung war von Anfang an der bildhafte Ausdruck für Weiblichkeit. Beim Krieger ist die Rockform des Harnischs weggelassen, um die männliche Gestalt klar auszudrücken. Faszinierend sind ebenfalls die verschiedenartigen Darstellungen von Tiergattungen: Schwein, Kalb, Schaf sowie die Vielfalt der Aussage im Kriegswagenzeichen aus Knossos.

1 Sich schützen mehr als ein Bild – ein Gedankenablauf

2 Ochse 2000 v. Chr., naturalistisch

3 «ru», 1500 v. Chr. linear

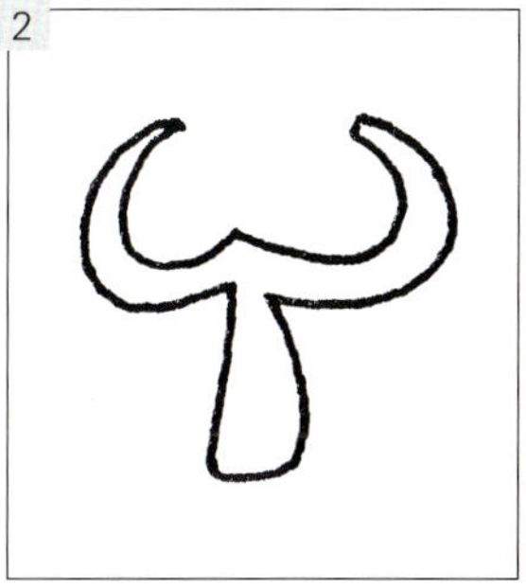

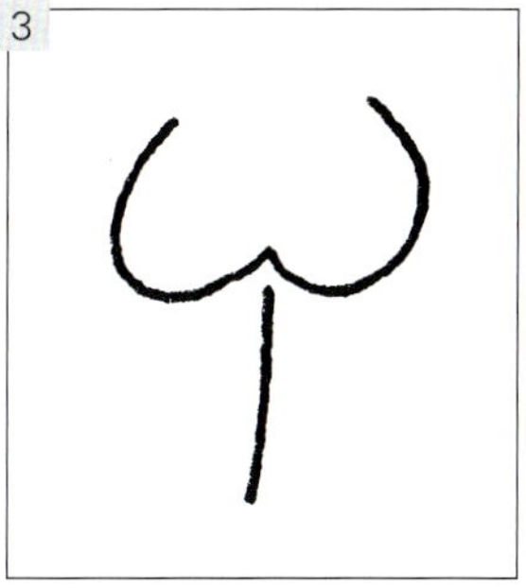

Schriften auf Kreta

1
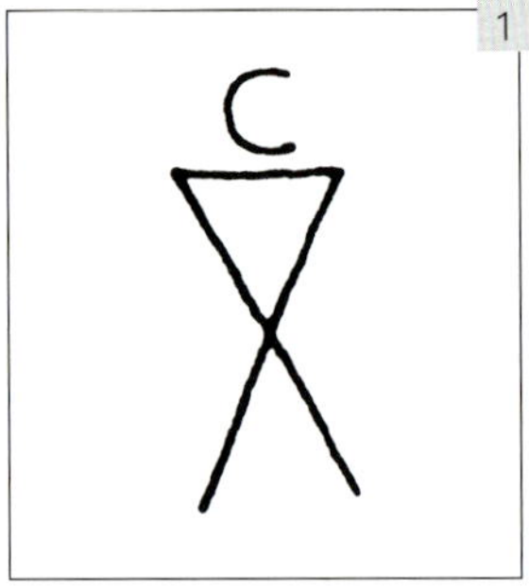

2

3

Zeichendeutung der Kriegswagen-Tafel von Knossos (Evans)

1 Mann
2 Harnisch
3 Krieger

4

5

6

4 Kleid
5 Frau
6 Schwein

7

8
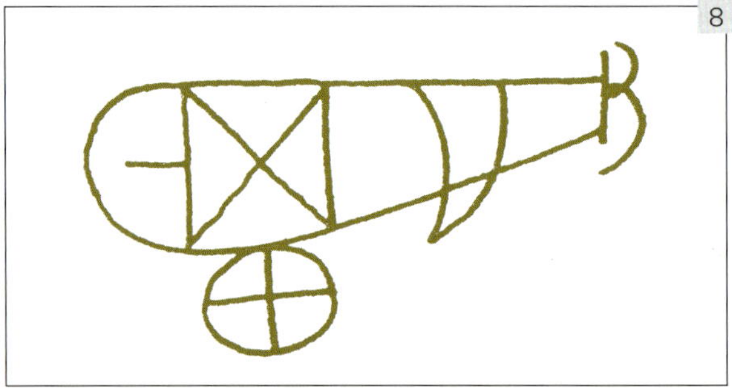

7 Kalb
8 Kriegswagen

9

Die kretischen Schriftzeichen wirken deshalb so geheimnisvoll auf den Betrachter, weil ihre Form bildhaft-gegenständliche Aussagen andeutet, den uneingeweihten Leser jedoch über den erklärenden Schlüssel vollständig im Zweifel lässt. Wahrscheinlich sind die hier zusammengestellten abgeschliffenen Bilderzeichen schon grösstenteils als Silbenschrift benutzt worden.

9 Schaf

Bilder-Silbenschrift aus Kreta, 1500 v. Chr.

Der geheimnisvolle Bereich zwischen konkreter Abbildung und abstrakten Zeichen (ohne genaue Definition) 1

1

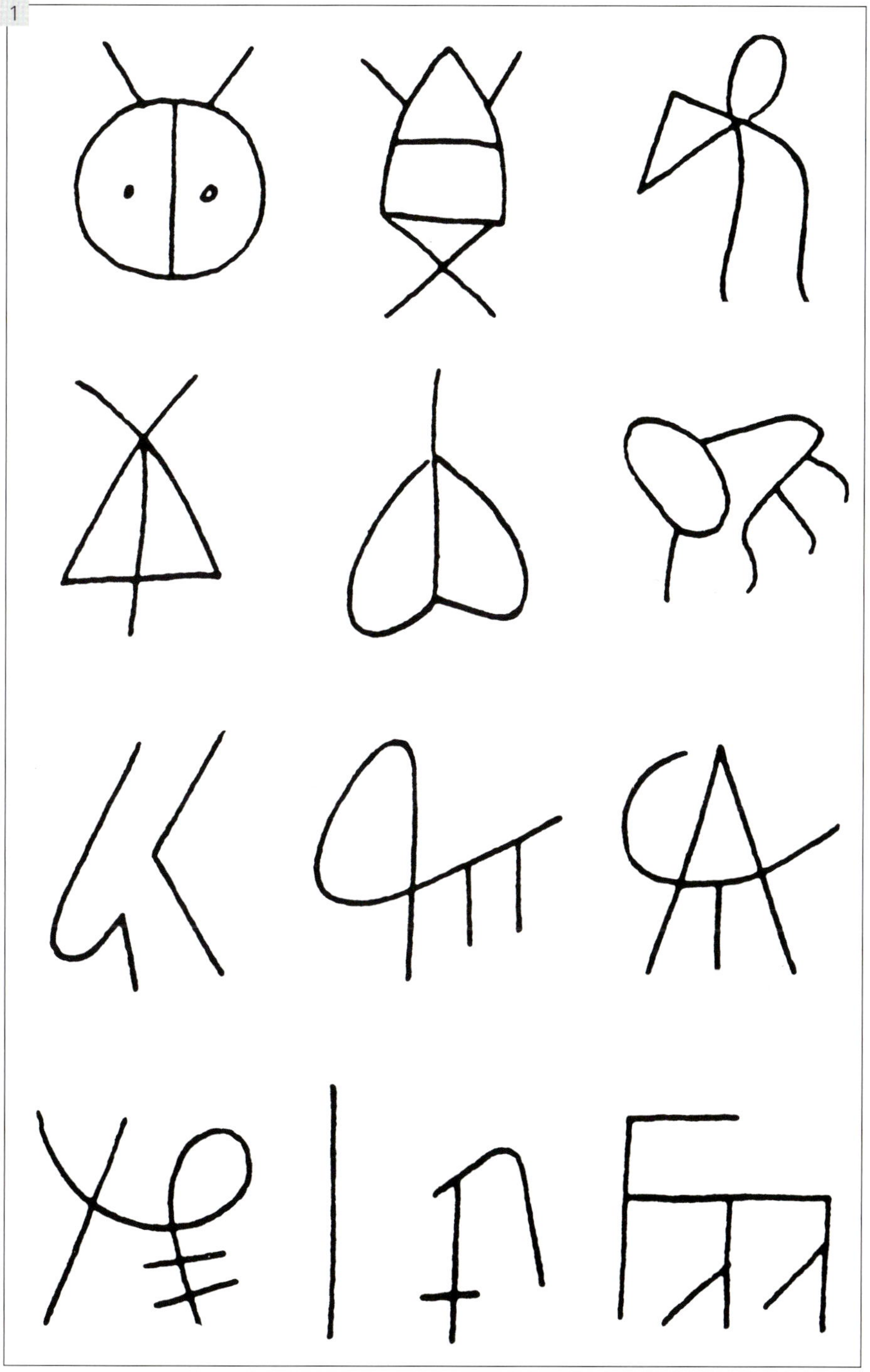

Schriften auf Kreta

Tonplatte mit Bild- oder Schrift-Zeichen, gefunden auf Kreta

Hethitische Bilderschrift aus Syrien

Im 2. Jahrtausend v. Chr. blühte in der Türkei, der anatolischen Hochebene, das Reich der Hethiter. Die aus diesem Reich übermittelten Schriftdenkmäler bestehen aus sehr schönen, erhabenen, in Stein gehauenen und später linear in verschiedenen Materialien eingeritzten Schriftreihen. Die Hethiter übernahmen von den ägyptischen Hieroglyphen und der mesopotamischen Keilschrift die Idee der Schrift, setzten diese aber graphisch eigenständig um. Es wird auch eine Verwandtschaft mit der Bilderschrift Kretas angenommen. Beim Betrachten der sehr typischen Zeichen erkennt man jedoch auch den Zug einer autonomen Erfindungskraft.
Eine bildhafte Aussage der Zeichen ist in den meisten Fällen nicht mehr klar zu erkennen, da diese auch schon bei den ältesten Funden stark abstrahiert sind. Eigentümliche «unlesbare» Begriffszeichen sind beispielsweise die Piktogramme, die für Gott, Land, Sonne, König und Haus gedeutet, wurden.

Hethitische Begriffszeichen, 1000 v. Chr. (Friedrich)

Gott 1
Land 2
Sonne 3

König 4
Haus 5

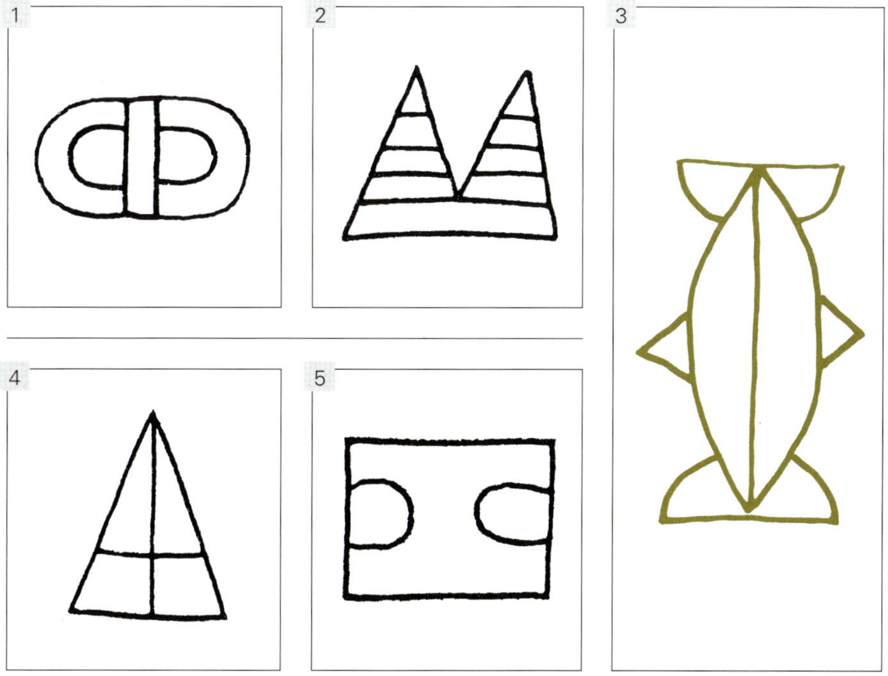

Hethitische Bilderschrift aus Syrien

Die hethitischen Bildzeichen wurden – wie alle bisher erwähnten Schriften – allmählich zur Fixierung von Silben und sogar Buchstaben umgewandelt. Die übliche Vereinfachung zur Schreibflüchtigkeit, aus der die eigentlichen Buchstabenzeichen entstanden, blieb bei der hethitischen Schrift aus. Ihr inschriftlicher Gebrauch erlischt etwa 700 v. Chr.

Hethitische Piktogramme als Silbenzeichen entziffert (Gelb)

1 «ka»
2 «tá»
3 «Hirsch»

4 «da/ta»
5 «ara»
6 «hu»

7 «sú/la»
8 «g»
9 «pu»

Bilderschrift der Osterinsel

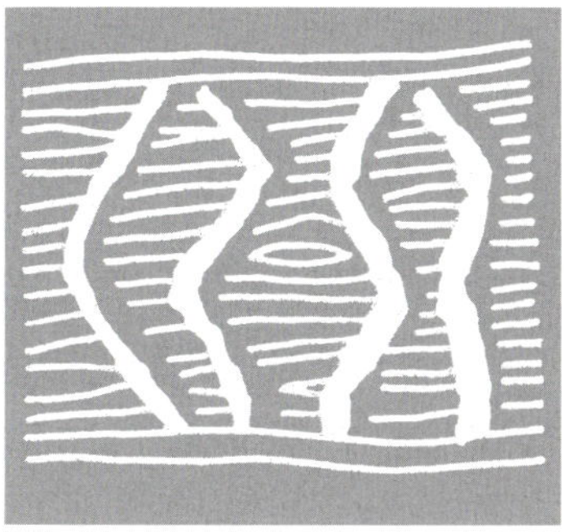

In Bezug auf die eigentliche Entwicklung des Begriffs «Schrift» bildet sie keine wichtige Stufe, da sie erst Jahrhunderte n. Chr. auftaucht. Es ist sogar fraglich, ob es sich überhaupt um eine Schrift handelt, vielleicht sind es nur Ornamente. Man nimmt an, dass die Zeichen der «sprechenden Hölzer», die zur Hauptsache Lebewesen (Menschen, Pinguine, Fische) oder Gegenstände (Ruder, Waffen etc.), darstellen, in erster Linie als Gedankenstützen bei Gesängen Verwendung fanden. Interessant für uns ist es, eine weitere Zeichenreihe kennenzulernen, in der wiederum der Gebrauch eines bestimmten Materials – das Holz – durch Einschneiden zu einer originellen Formgebung der Zeichen führte.

1 Die «sprechenden Hölzer» der Osterinsel

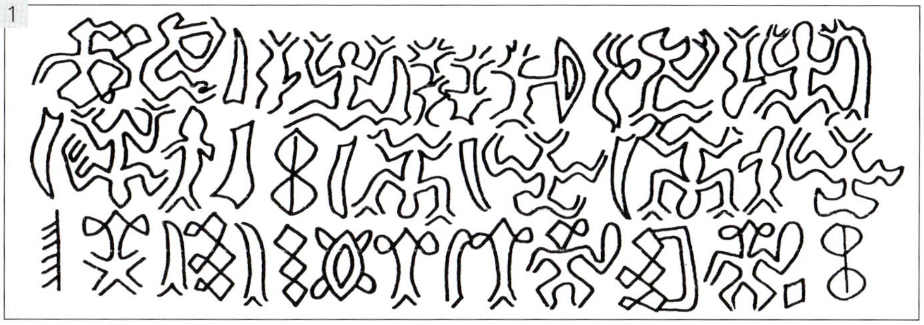

Das Langholz bietet beim Einschnitt in die Querrichtung zur Holzfaser nicht denselben Widerstand wie beim Einschnitt in die Längsrichtung. Dieser wechselnde Widerstand führte den Holzschneider zu einer Strichführung, die fast ausschliesslich quer zur Faser liegt, weil so die Linienbewegungen freier auszuführen sind als in der Faserrichtung. Horizontale, aber auch eigentliche Kreisformen sind dadurch nahezu ausgeschlossen. Viele Zeichen sind deshalb an den doppelten Strich-Enden offengelassen. Ein stark strukturiertes Material zwingt die Hand zur Vereinheitlichung der einzelnen Figuren. Die Schönheit ist in der Gleichwertigkeit der aneinandergereihten Bilder zu suchen, die wie in einem Gewebe geheimnisvoll zu einem Ganzen zusammenwachsen.

Bilderschrift der Osterinsel

Ein Felsbild der Osterinsel mit den verschiedenen Symbolen

Die Runenschrift

Die Runenschrift, die sich im nördlichen Europa im 1. Jahrtausend v. Chr. entwickelte, wurde vom verwendeten Grundmaterial, dem Holz, geformt. Die Schrift besteht aus quer zur Faser geschnittenen Vertikal- und Schrägstrichen. Neben dem Phänomen des Wechsel-Widerstandes beim Schneiden in der einen oder anderen Richtung kommt in diesem feuchten Klima noch hinzu, dass beim Nasswerden des Holzes die Fasern quillen und längsläufig geschnittene Linien sich leicht wieder schliessen.
Es ist nicht mit Bestimmtheit festzustellen, ob der späteren runischen Silben- und Buchstabenschrift eine eigentliche nördliche Ur-Bilderschrift zu Grunde liegt. Dass vor dem Eindringen der lateinischen Schriftformen eine Runenschrift schon bestand, bezeugen die überlieferten Runensteine. Es wird angenommen, dass die Ur-Zeichen anfänglich keine direkte Sprachfixierung besassen, sondern eher Geheimzeichen waren. Diese Tatsache würde die von jeher bekannte starke Abstrahierung der Zeichen deuten, die daher willentlich rätselhaft gehalten wurden. Etymologische Vergleiche haben die Namen einiger Runenzeichen nachgewiesen. Beim Betrachten des altgermanischen Runen-Alphabetes ist zu erkennen, dass diese Namen auf ein ursprüngliches bildhaftes Schriftsystem hinweisen, das in einzelnen Zeichen noch zu erkennen ist (Ochse, Mann, Pfeil etc.).

Runenschrift und deren bildhafte Namen (Jensen)

«ur» (u) Ochse 1
«reid» (r) Ritt, Weg 2
«madr» (m) Mann 3

«däg» (d) Tag 4
«ar» (a) Jahr 5
«epel» (e) Eigentum 6

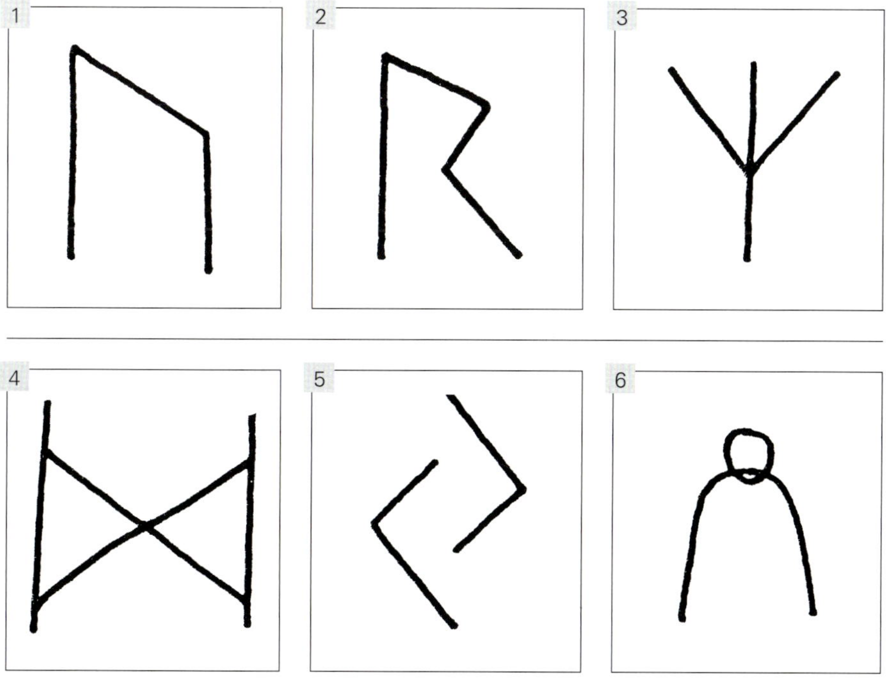

Die Runenschrift

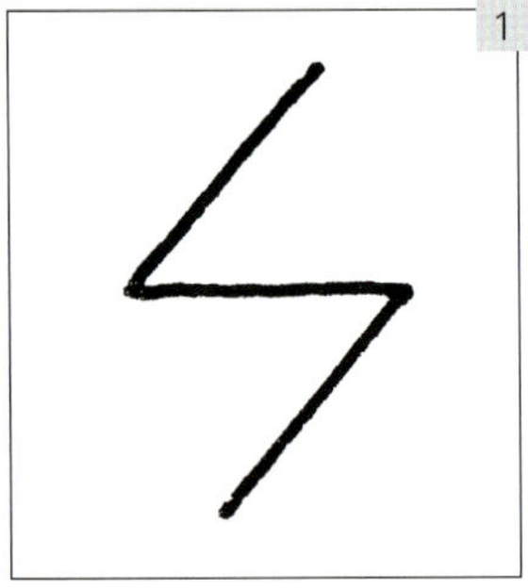
1

2

3

1 «sol» (s) Sonne
2 «tyr» (t) Pfeil
3 «bjarkan» (b) Birke

4

5

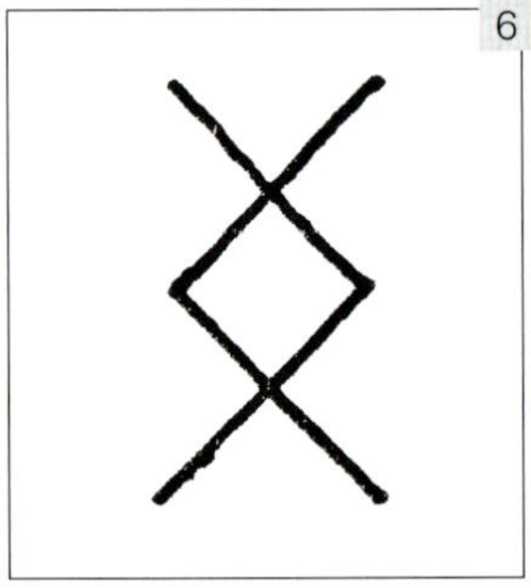
6

4 «iss» (i) Eis
5 «lagu» (l) Wasser
6 «ing» (ng) Gott

7

Die mysteriösen Zweigrunen des hohen Nordens sind Verschlüsselungssysteme für geheime Texte. Schon früh wurden die Runen im Sinne eines Alphabetes in Reihen festgehalten. Die Zweigrunen bezeichneten durch die Anzahl ihrer Zweige die Stelle des Buchstabens in der entsprechenden Reihe an.
Das nebenstehende Zeichen unseres Beispiels meint: der 4. Buchstabe (rechts) in der 3. Alphabetreihe (links), etc.

Die Zweigrunen

7 3. Alphabetreihe, 4. Buchstabe

8

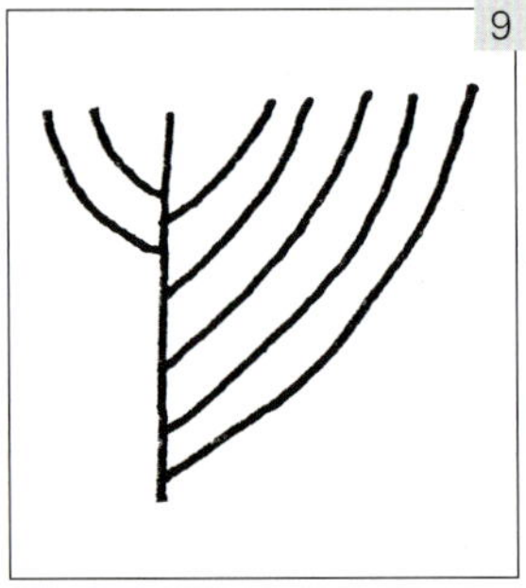
9

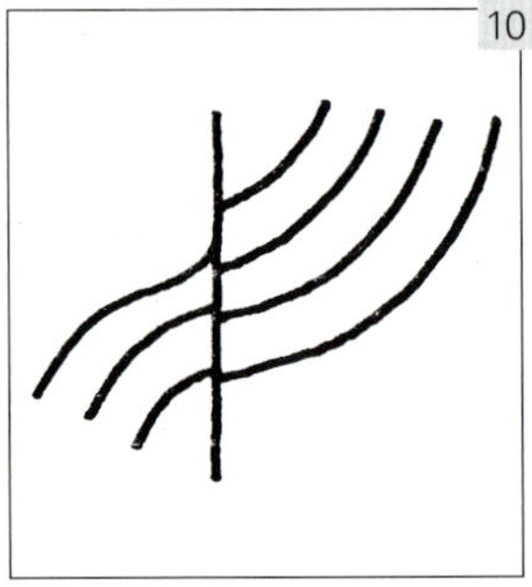
10

8 1. Alphabetreihe, 4. Buchstabe
9 2. Alphabetreihe, 5. Buchstabe
10 3. Alphabetreihe, 4. Buchstabe

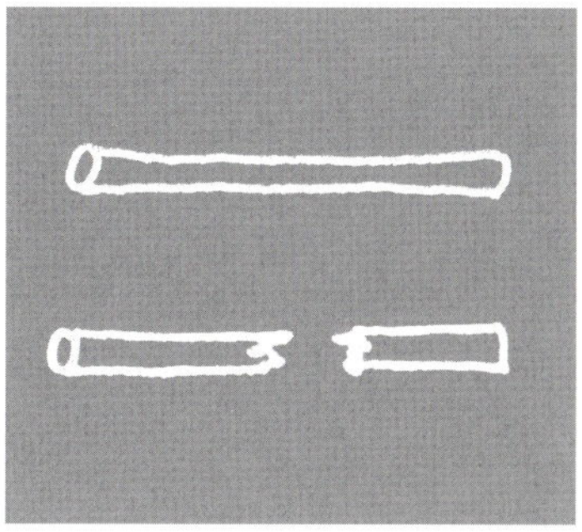

Schafgarbenspiel
yang (oben) und yin (unten)

Der Ursprung der Weisheit des Yi-King liegt im Dunkel des 3. Jahrtausends v. Chr. Es soll der Kaiser Fou-Hsi gewesen sein, der um 2800 v. Chr. die mündlich überlieferte Weisheit mit einem Zeichensystem fixierte. Dabei handelte es sich um die Philosophie der Begriffe «yang» und «yin» (männliches/weibliches Prinzip). Die älteste archäologisch nachgewiesene Schrift in China wird auf ca. 1800 v. Chr. datiert.
Der Weisheit Yi-King lag wahrscheinlich das Schafgarbenspiel zugrunde, ein Spiel mit ganzen und gebrochenen Stäbchen, das wohl von Zauberern und Priestern benutzt wurde. Die Abbildung der Stäbchen erfolgte einerseits durch eine ganze Linie für «yang», andererseits durch eine unterbrochene Linie für «yin». Aus diesen Grundelementen wurden die eigentlichen Zeichen zusammengestellt, und zwar in der ersten Reihe zu acht Trigrammen oder Elementarzeichen.

Yang – yin 1

1

Chinesische Weisheit des Yi-King

Mit Hilfe von 8 Grundzeichen (Trigrammen) wird die gesamte Weisheit des Yi-King ausgedrückt, indem diese Dreigliederzeichen zu Sechsgliederzeichen (Hexagrammen) gekuppelt werden. So entstehen die 64 Weisheitszeichen (siehe nachfolgende Seite).

Dreimal «yang» bedeutet Himmel, auch Vater, Kopf, Härte

Dreimal «yin» bedeutet Erde, auch Mutter, Kleid, Zärtlichkeit

«Yin» aussen mit «yang» innen bedeutet Wasser. Man findet die Darstellung des aktiven Elements, des Flusses, zwischen den ruhenden Ufern des Festlandes fliessend

«Yang» aussen, «yin» innen bedeutet Feuer. In diesem Zeichen steht der Himmel über und unter der Erde. Der Blitz kehrt vom Himmel auf die Erde zurück

Einmal Himmel über zweimal Erde ist eine fast zeichnerische Wiedergabe für den Begriff von Gebirge

Zweimal Himmel über der Erde bedeutet Wind, der auch die Stimme des Himmels ist. Das gleiche Zeichen bedeutet ebenso Wald, weil darin der Wind hörbar ist

Oben Erde, unten zweimal Himmel bedeutet: See. Mit einem gewissen Vorstellungsvermögen ist die Spiegelung des Himmels im Wasser sichtbar

Zweimal Erde über dem Himmel bedeutet: Donner. Die Kräfteverhältnisse sind vertauscht, und es kommt zur Spannungs-Entladung.

Erklärungsversuch für drei Hexagramme:

11

Die Erde ist vom Himmel getragen. Der Schöpfer hat die Erde durchdrungen. Das Zeichen bedeutet Frieden

12

Der Himmel ist vollkommen von der Erde getrennt, es besteht keine Verbindung zwischen oben und unten. Das Zeichen bedeutet Entfernung, Stillstand, Fäulnis

34

Das über dem Himmel stehende Trigramm Donner sagt etwas über Schöpfungskraft, Macht und Grösse aus

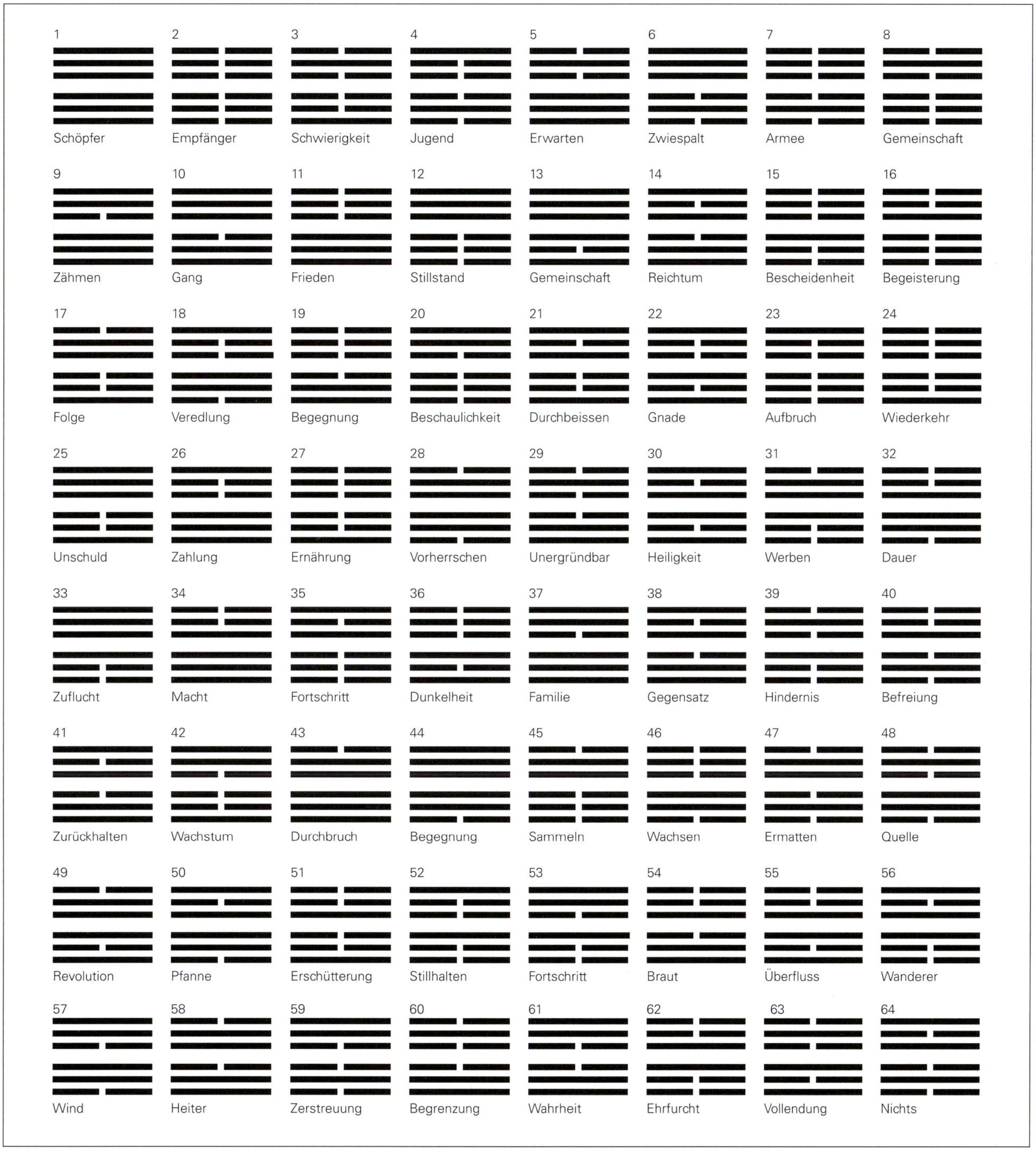
1
Schöpfer
2
Empfänger
3
Schwierigkeit
4
Jugend
5
Erwarten
6
Zwiespalt
7
Armee
8
Gemeinschaft
9
Zähmen
10
Gang
11
Frieden
12
Stillstand
13
Gemeinschaft
14
Reichtum
15
Bescheidenheit
16
Begeisterung
17
Folge
18
Veredlung
19
Begegnung
20
Beschaulichkeit
21
Durchbeissen
22
Gnade
23
Aufbruch
24
Wiederkehr
25
Unschuld
26
Zahlung
27
Ernährung
28
Vorherrschen
29
Unergründbar
30
Heiligkeit
31
Werben
32
Dauer
33
Zuflucht
34
Macht
35
Fortschritt
36
Dunkelheit
37
Familie
38
Gegensatz
39
Hindernis
40
Befreiung
41
Zurückhalten
42
Wachstum
43
Durchbruch
44
Begegnung
45
Sammeln
46
Wachsen
47
Ermatten
48
Quelle
49
Revolution
50
Pfanne
51
Erschütterung
52
Stillhalten
53
Fortschritt
54
Braut
55
Überfluss
56
Wanderer
57
Wind
58
Heiter
59
Zerstreuung
60
Begrenzung
61
Wahrheit
62
Ehrfurcht
63
Vollendung
64
Nichts

Chinesische Bilderschrift

Ob bei der Entstehung der archaischen Bilderschrift Chinas die Zeichen des Yi-King Pate gestanden haben, ist nicht bewiesen. So kann etwa das prähistorische Zeichen für Wasser sehr gut mit demjenigen des Yi-King verglichen werden. Könnten nicht auch in den Bildzeichen Feuer und Erde Spuren des Yin- und des Yang-Zeichens erkannt werden?

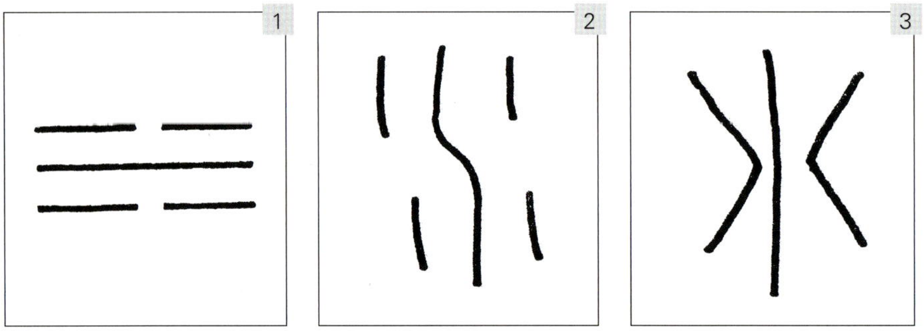

Wasser
1 (Yi-King)
2 Prähistorisch
3 Prähistorisch

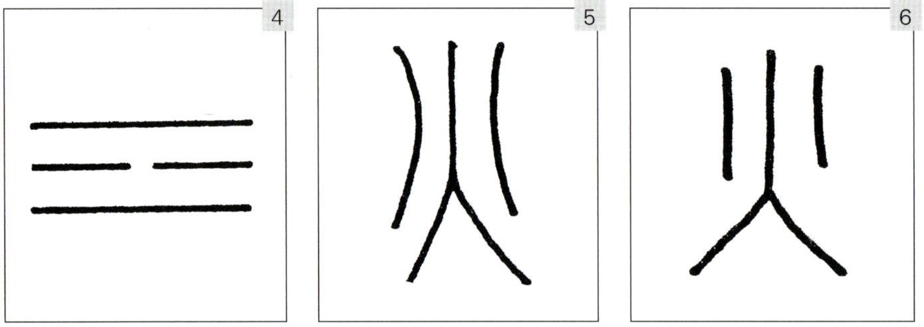

Feuer
4 (Yi-King)
5 Prähistorisch
6 Prähistorisch

Erde
7 (Yi-King)
8 Prähistorisch
9 Prähistorisch

Es ist so, dass die chinesische Schrift sehr früh schon auf bestehende symbolische Ausdrücke und Gegenstände zurückgreift. So wurde z. B. einem Verbannten als Zeichen der Aussöhnung und der Rückkehr ein Ring zugesandt. Das alte Ringzeichen wurde durch die Führung des Schreibpinsels so zum Viereck gebildet und bedeutet immer noch «Wiederkehr».

Ring der Versöhnung 1

1

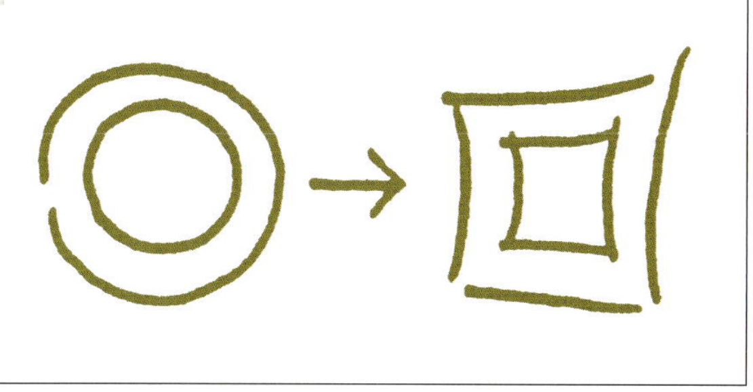

Dieses Beispiel trägt die Erklärung in sich, weshalb in der chinesischen Pinselschrift ursprüngliche Kreis- und Bogenformen in kurze, geradlinige Fragmente zerteilt wurden, da mit dem Pinsel keine Stossbewegungen ausgeführt werden konnten: die Pinselhaare werden gezogen. Die chinesische Schrift zählt Zehntausende von Zeichen, und die Entwicklung ist noch nicht abgeschlossen. An diesem Reichtum sind die Eigenschaften der ausgeprägten Einsilbigkeit der Sprache schuld. So bedeutet die Silbe «fu» senden, reich, Vater, Weib, Haut u. a. m. Jeder dieser Begriffe muss mit einem anderen Zeichen zusammen ausgedrückt werden, um vom Leser unterschieden und verstanden werden zu können. Diese Schrift hat den Vorteil behalten, über Provinzen und Landesgrenzen hinaus (Korea, Japan) als Bilderschrift von der gesamten, weit ausgedehnten vielsprachigen Bevölkerung Ostasiens gelesen werden zu können. Durch eine starke Sprach-Zersplitterung in viele Dialekte spielte bei den Chinesen die Gebärdensprache eine wichtige Rolle. Als Beispiel dafür können drei Zeichen angeführt werden, bei denen man verschiedene Stellungen der Hände zur Erklärung der Aussage gebraucht. Im ersten sind es voneinander abgekehrte Hände, die den Begriff «verkehrt» andeuten, im zweiten sind es willkommen heissende Hände, die «Freundschaft» bedeuten, während sich im dritten Zeichen zwei Hände über dem Kopf zum untertänigen Gruss schliessen und «Fürst» bedeuten.

Verkehrt 2
Freundschaft 3
Fürst 4

2

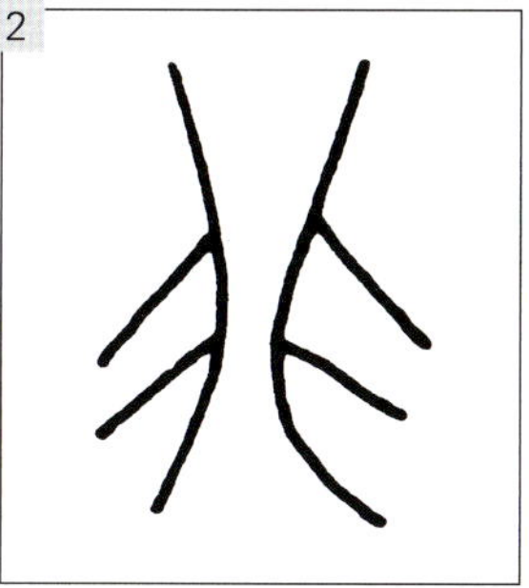

3

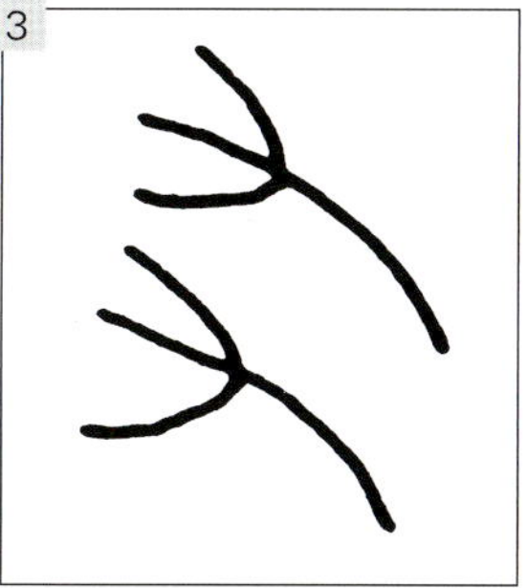

4

Chinesische Bilderschrift

Archaische Figuren der chinesischen Bilderschrift

1 Erde
2 Regen
3 Feld

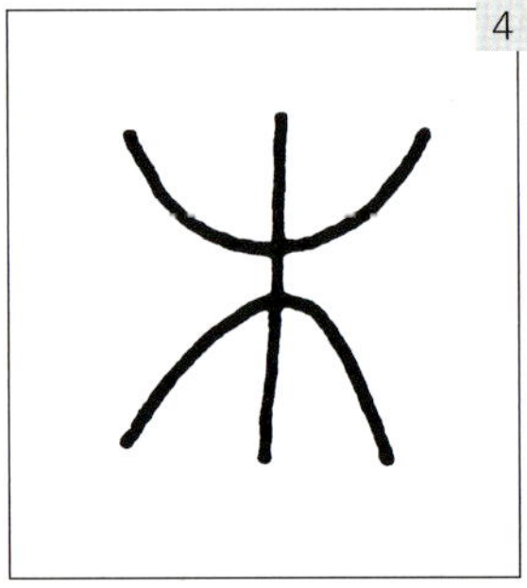
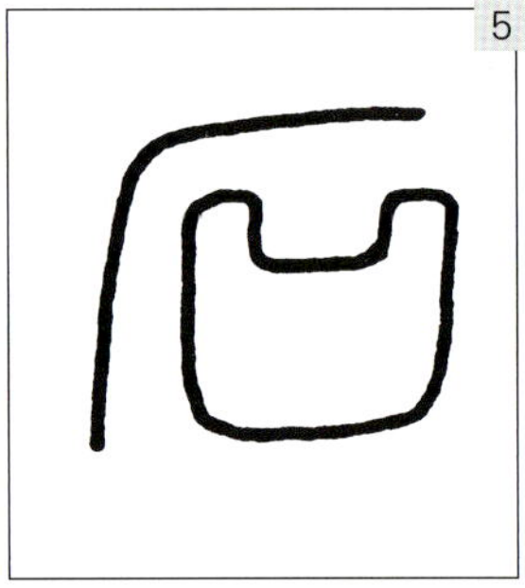

4 Baum
5 Stein
6 Überfluss

7 Vogel
8 Fisch
9 Feder

10 Schildkröte
11 Gefangen
12 Leiden

Mann 1
Kind 2
Frau 3

1

2

3
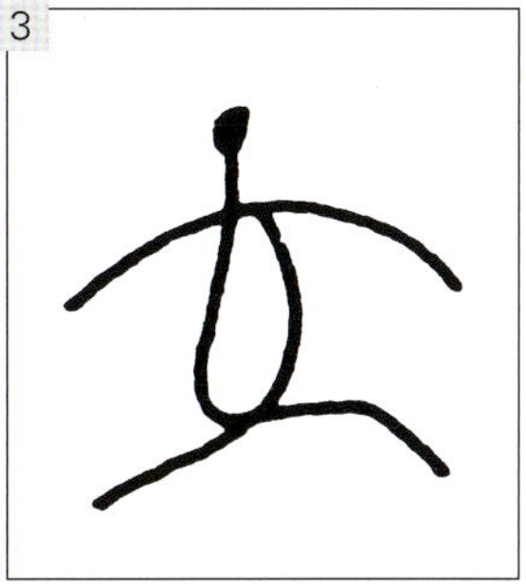

Schwanger 4
Etwas 5
Früh 6

4

5

6

Boot 7
Schirm 8
Karren 9

7
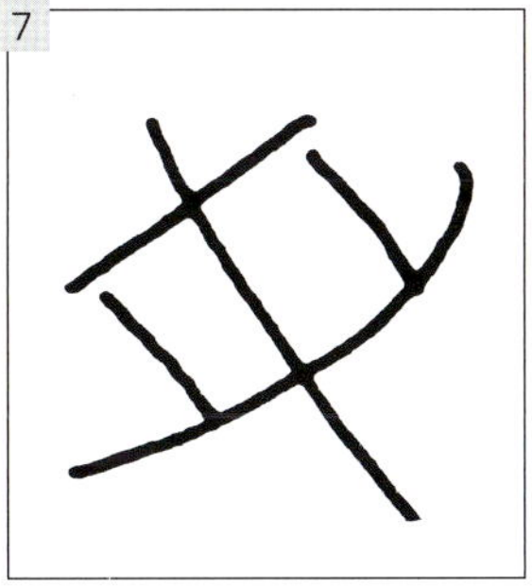
8

9

Bohren 10
Mass 11
Richtung (Strom) 12

10

11

12
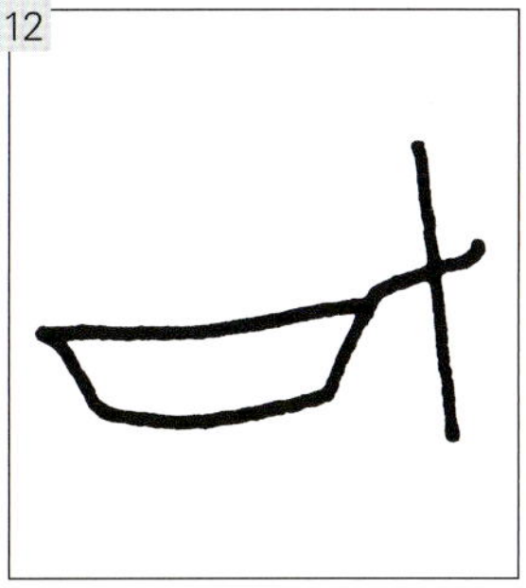

Teil 3

Zeichen und Symbole

Einleitung

Beim Betrachten von Bildern, Skulpturen, Bauwerken, Zierat, ja selbst von Ornamenten auf Gebrauchsgegenständen – angefangen bei den Funden der Steinzeit bis zur heutigen Malerei – stellt sich immer wieder die Frage: Was ist damit gemeint? Was verbirgt sich dahinter? Das Bildhafte oder die Verzierung ist ja zumeist nicht eindeutig in der Aussage oder verständlich «lesbar». Der Betrachter vermutet einen dahinterliegenden Sinn und sucht nach einer Deutung. Diese oft schwer fassbare Aussage einer Darstellung wird auch mit dem Ausdruck «symbolischer Gehalt» bezeichnet. Dieses Symbolische im Bild ist ein unausgesprochener Wert, es ist ein Mittler zwischen der erkennbaren Realität und dem mystischen, unsichtbaren Reich der Religion, der Philosophie und der Magie; sie reicht deshalb vom bewusst Verständlichen bis in den Bereich des Unbewussten. Insofern kann man sagen, dass der Künstler oder Kunsthandwerker in Wirklichkeit ein Vermittler zwischen zwei Welten – einer sichtbaren und einer unsichtbaren – ist. In älteren Zeiten wurde das Kunsthandwerk an sich als etwas «Wunderbares» angesehen, und sein symbolischer Wert war um so grösser und bewundernswerter, je vollkommener das Werk in seiner ästhetischen Perfektion den Gehalt zum Ausdruck brachte. Typische Beispiele sind die Ikone, deren Schönheit, vielfach unterstützt durch eine gewisse Stilisierung, vollständig darin aufgeht, den symbolischen Gehalt durchscheinen zu lassen und den Betrachter zu erleuchten oder die Grabtüre von Kefer-Yesef in Palästina aus der römischen Epoche.

China: Der Lebensbaum. Der Baum war die erste Behausung, seine Früchte waren Nahrung und seine Blüten Verheissung

Sonne

Der Sonnenkult darf als der verbreitetste und der früheste Kult angesehen werden. Im Sonnensymbol kommt der Begriff «Mitte» zum Ausdruck als Bestätigung eines sehr früh erwachten Gefühls für die zentrale Bedeutung der Sonne. Das Sonnenzeichen besteht fast immer aus zwei Elementen: der körperhaften Scheibenform und der Angabe der Ausstrahlung. Manchmal wird das Auftreffen der Strahlen auf die Erdoberfläche dargestellt. Dass die Sonne nicht nur als «wohltuend», sondern auch als «brennend» empfunden wird, kommt in südlichen Regionen klar zum Ausdruck.

Die Sonne ist alles:
Tag und Nacht,
Wärme und Kälte,
Wirken und Schlafen,
Leben und Tod.
Im Norden ist ihr Geschlecht weiblich,
im Süden männlich

1
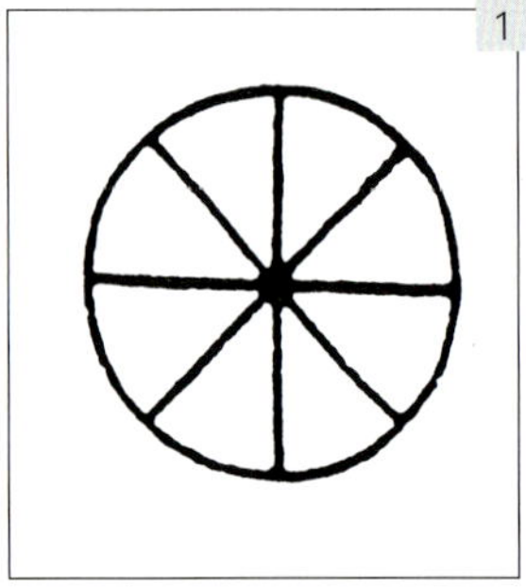

2
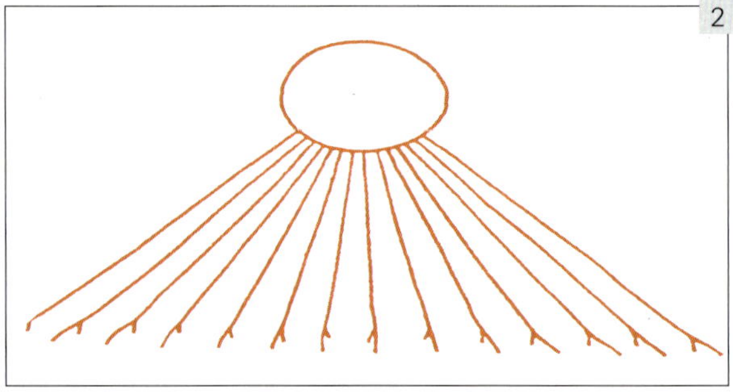

1 Sonnenrad;
die vier Himmelsrichtungen,
christliches Radkreuz
2 Ägyptische Hieroglyphe
der Aton(Gott)-Sonnenscheibe
mit Strahlenhänden

3
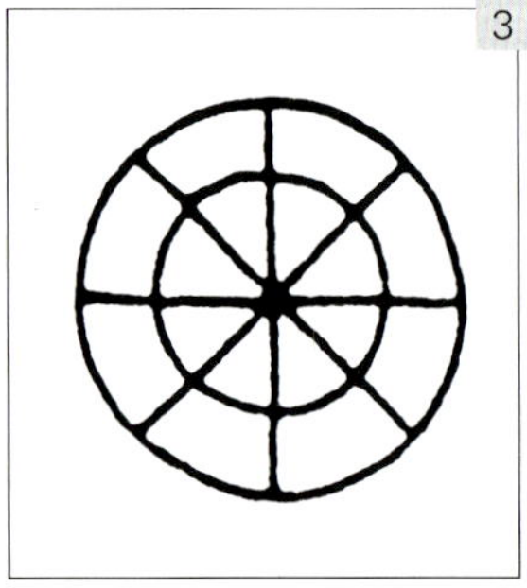

4
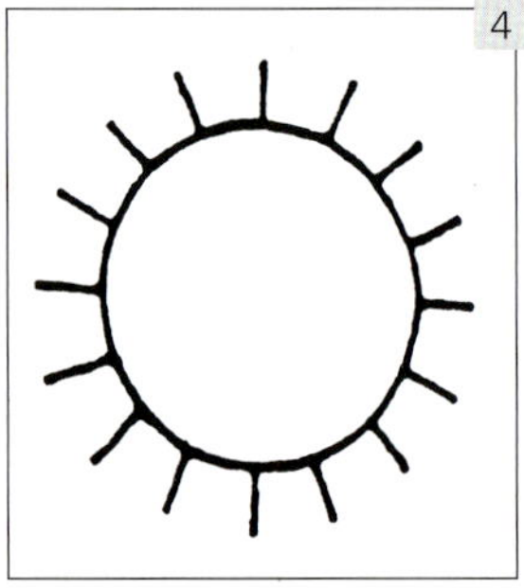

5

3 Sonnenrad;
innere Ausstrahlung: Sonne,
äusserer Kreis: Erde
4 Strahlensonne;
wird als weiblich gedeutet
(Vulva)
5 auf einer indischen Münze

6

7
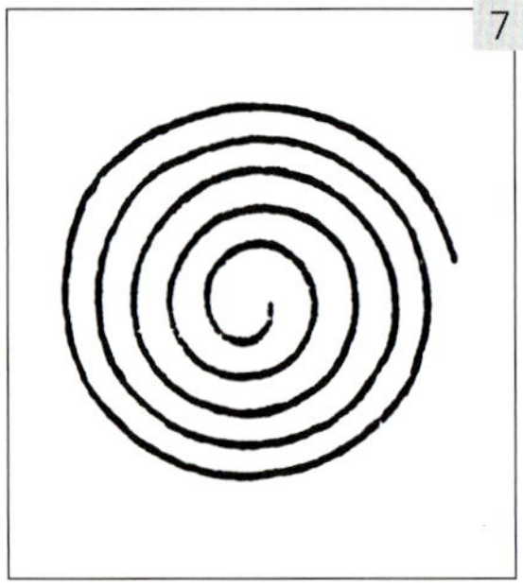

8

6 Kreta, in Metall getrieben
7 Keltisches Kultzeichen;
Versinnbildlichung des Lebens
(Ein- und Ausatmung)
8 Auf indischen Münzen;
die Strahlen sind wie aggressive
Waffen (Hitze)

Sonne

Aussergewöhnliche Sonneninterpretation 1
Nordisches Kultzeichen; gilt sowohl als Sonnensymbol als auch als Symbol der Spinne 2
Auf indischen Münzen; die Strahlen sind wie aggressive Waffen (Hitze) 3

1

2
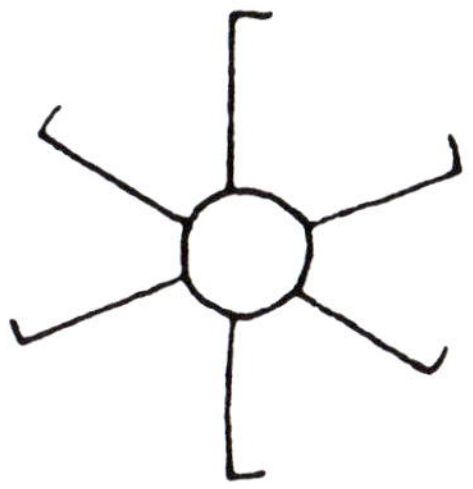
3

Auf Bauernhäusern in den Alpen. Im Gegensatz zum Süden sind die Strahlen wärmend (liebe Frau Sonne) 4 5
Rotierende Sonne; keltisch 6

4

5

6

Auf einem römischen Grabmal 7
Indisches Ornament im Sandstreuverfahren 8
Knossos, Sonne in einer geschlossenen Welt 9

7

8
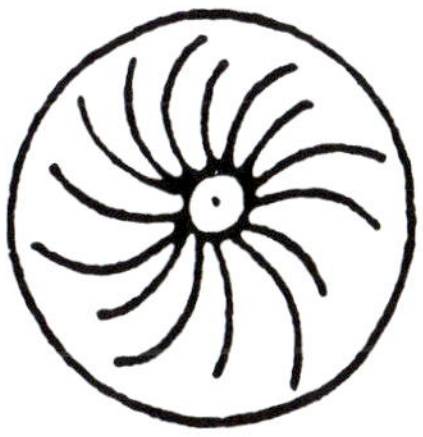
9
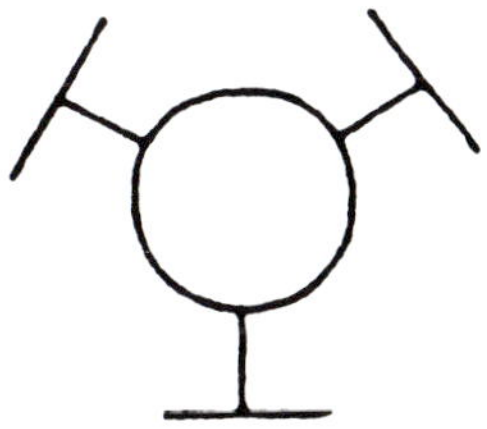

Trojanische Fusssonne 10
Indianerzeichnung auf Leder, das Kamin ist angedeutet 11
An einem Bauernhaus in den Alpen (Gryon) 12

10

11

12
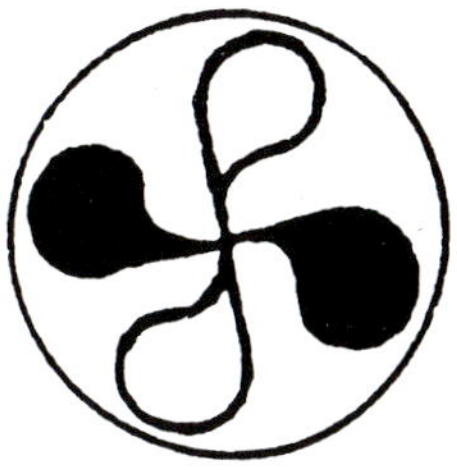

Sterne

Bei den klassischen Sternenformen enden die Spitzen der Strahlen auf einer unsichtbaren Kreislinie, die Strahlung verliert sich im Weltall. Je grösser die Anzahl der Strahlenspitzen, umso stärker erscheint das Flimmern.
Zudem animiert der Stern mit seiner symmetrischen Anordnung zu vielerlei Abwandlungen, er war und bleibt ein ideales Zeichen zum verzierenden Fabulieren.

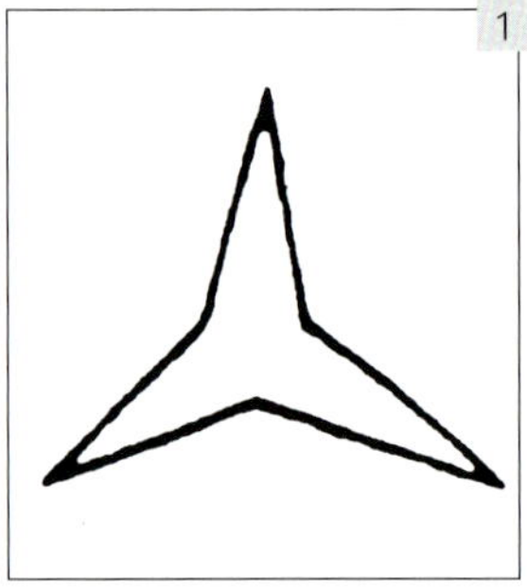
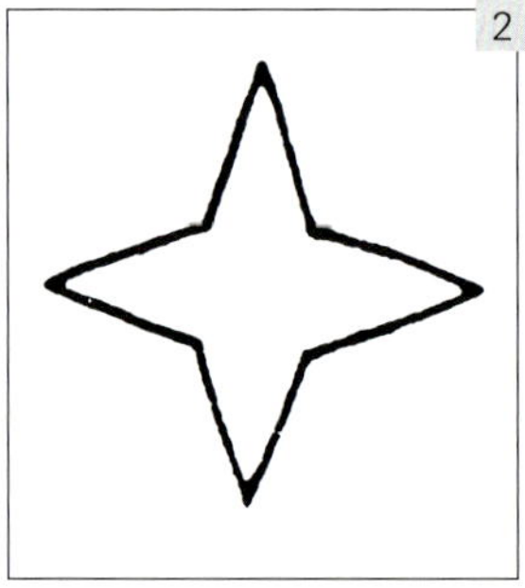

1 Trinitätsstern
2 Vierstern, Abendstern; die vier Himmelsrichtungen
3 Fünfstern; Stern von Bethlehem

4 Sechsstern; Willkommenssymbol an Gaststätten
5 Textilmotiv aus Ghana

6 Achtstern; das Gesetz, Zeichen der Richter

Pentagramm; auch Druidenfuss, 1
Schutz gegen Unheil an Häusern,
Amulett. Alter unbestimmt
Gestürzter Druidenfuss; 2
mittelalterliches Zauberzeichen
«die schwarze Hand»
Davidstern, Siegel Salomos; 3
Es glänzte in seiner Schönheit
lange vor Jerusalem.
Zwei Dreiecke ineinander sind
ein Dualitätsbegriff

1

2

3

Septagramm; Zusammenwirken 4
der sieben Weltkräfte, Schutz,
ewige Wiederkehr
Zwei vereinigte Quadrate; 5
Mittelalterliches Symbol für
Dornenkrone
Blumenstern; 6
Fruchtbarkeitssymbol

4

5

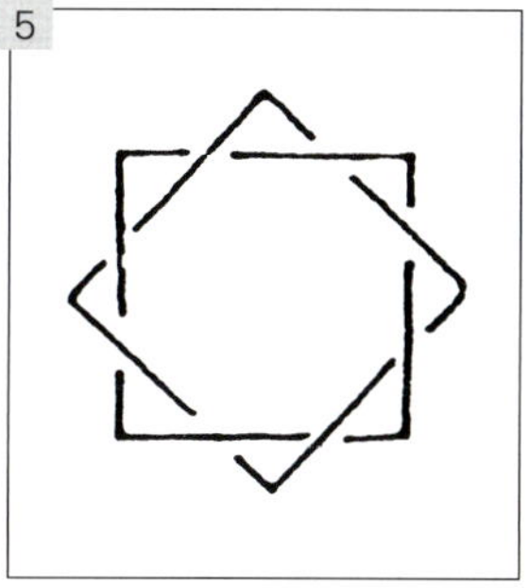

6

Japanisches Familienwappen 7
aus dem frühen Mittelalter
Stern aus Äthiopien,
in Stein gehauen 8
Orientalische Teppichweberei 9
aus dem frühen Mittelalter.
Gewobene Teppiche bedecken
seit Gilgamesch Wände
und Boden

7

8

9

Arizona, Hopi-Keramik 10
Zwei übereinander gelegte 11
Viersterne, Windrose

10

11

Mond

Der Mond symbolisiert seit jeher eine Art Volksverbundenheit und Popularität. In vielen Ländern wird der Mond angebetet und verherrlicht (Mondsucht). Ferner zeigt der Mond die Jugend und – zusammen mit der Venus – die Mutter. Formale Vergleiche wie die der Mondsichel mit dem Gehörn des Rindes, mit der Welle des Wassers, mit Wurzel, Schlange und Phallus haben zu vielsagenden, welt- und lebenumfassenden Grund-Symbolen geführt.

1

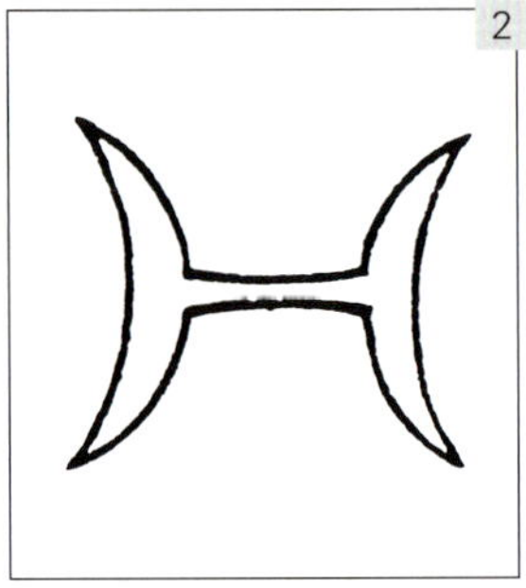

2

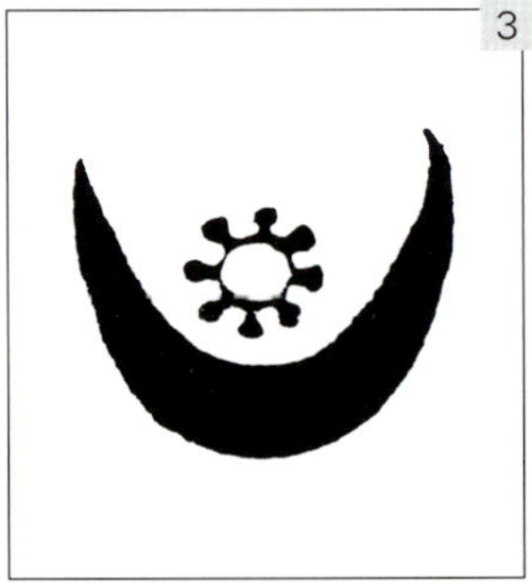

3

1 Islamisches Sinnbild
2 Lebenssymbol, Zeitablauf (zu- und abnehmender Mond)
3 Ghana, Mond und Stern; Treue, Zärtlichkeit, Ornament

4

4 Mittelalterliches Wasserzeichen; Mond im Kosmos

Alle fliegenden Tiere sind begabte Geschöpfe mit «überirdischen» Fähigkeiten. Schlangen, aber auch alle Seetiere in den unergründlichen Tiefen mahnen an Unfassbares, Geheimnisvolles. In den Grosstieren wiederum sah man übernatürliche Kräfte walten, während die kleinen Insekten den Menschen auf andere Weise an das Wunderbare erinnerten. In allen Zivilisationen finden sich Symbolzeichen aller Lebewesen als fundamentaler Ausdruck von Leben, Wachstum, Befruchtung, usw. Tiere spielten von jeher im menschlichen Unterbewusstsein als Archetypen des Instinktiven eine wesentliche Rolle.

Schlangen

Äskulapstab; Wahrzeichen des griechischen Gottes der Heilkunde und der Ärzte 1
Caduceus; Hermesstab, 2 Schlangen winden sich um einen Stab, Symbol für göttliche Vorsehung 2
Schlange von Wolken getragen; Nordamerikanische Indianerzeichnung 3

1

2

3
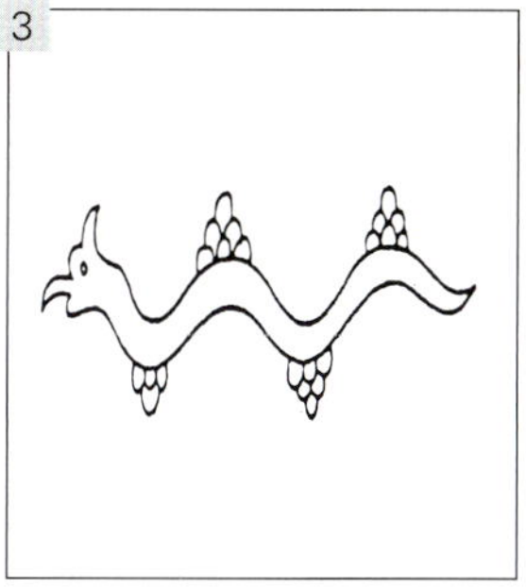

Schlange und kosmisches Ei; Griechenland (Das Ei ist Keim des Lebens) 4
Uruborus; weltweites Symbol für ewige Wiederkehr 5
Altmexikanischer Keramikstempel; Interessant ist die Zweiköpfigkeit 6

4
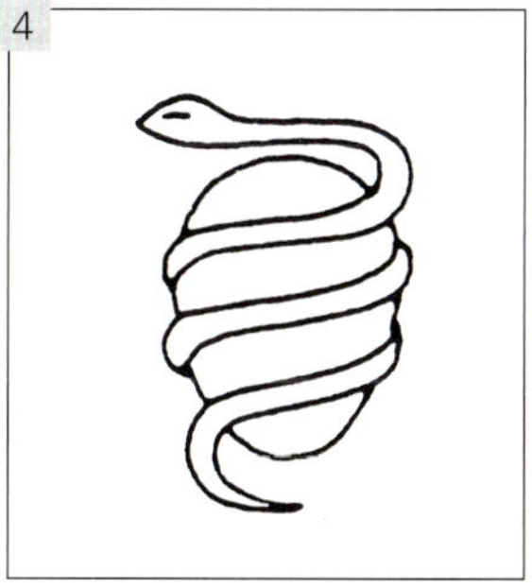
5
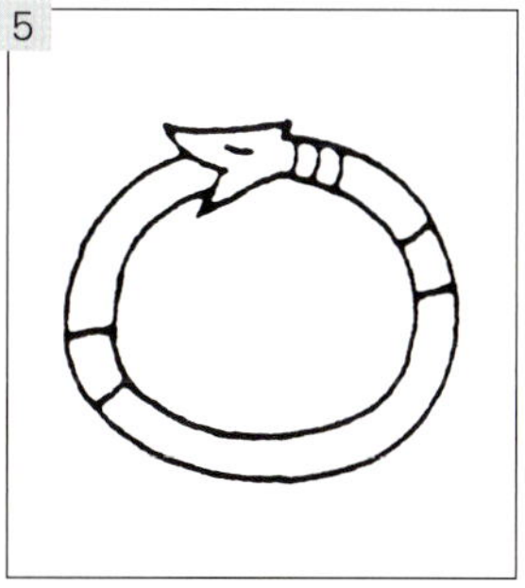
6

Swastika-Sonnensymbol; Indien 7
Dahomey; Zauberstab in Form einer Schlange 8

7
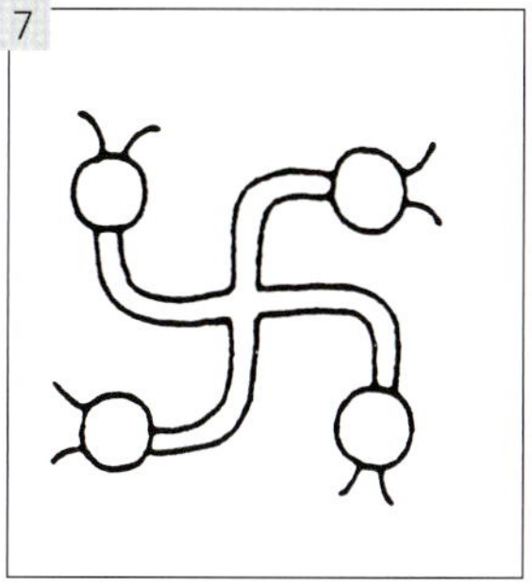
8
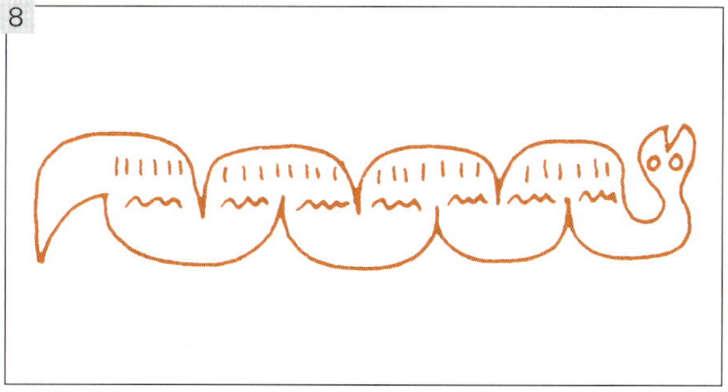

Tiere

1

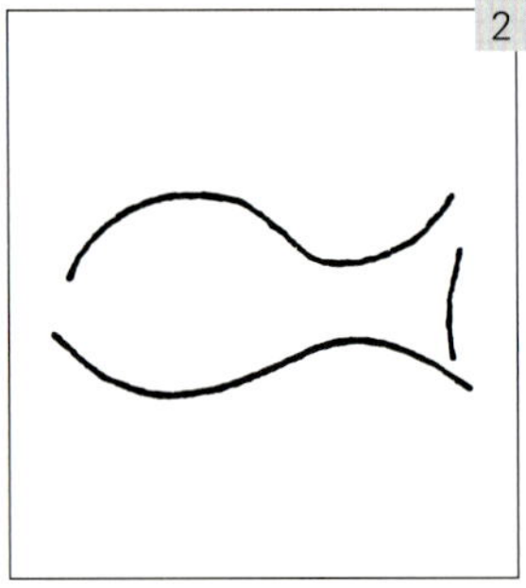

2

3

Seetiere

1 Seepferdchen; Französische Zeichnung, Geleiter der Seelen ins Jenseits

2 Christos = Xristo = Ichtos (= Fisch) christliches Kennzeichen an den Wänden der Katakomben in Rom

3 Nautilussymbol; Griechenland, das Geheimnis des Meeres

4

5

4 Chinesisches Doppelfischsymbol; Porzellanmalerei

5 Dreifacher Fisch mit gemeinsamem Kopf; spanische Buchmalerei, Dreieinigkeit

6

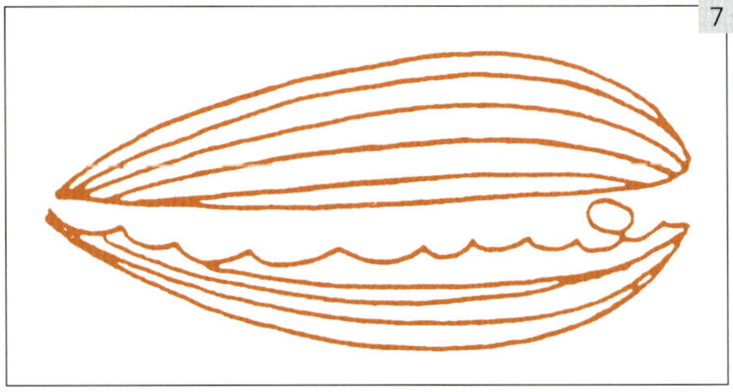

7

6 Dreifacher Fisch mit gemeinsamem Kopf; chinesische Porzellanmalerei

7 Indonesisches Cauri (Muschel) Symbol für Vulva mit einer Perle als Klitoris,

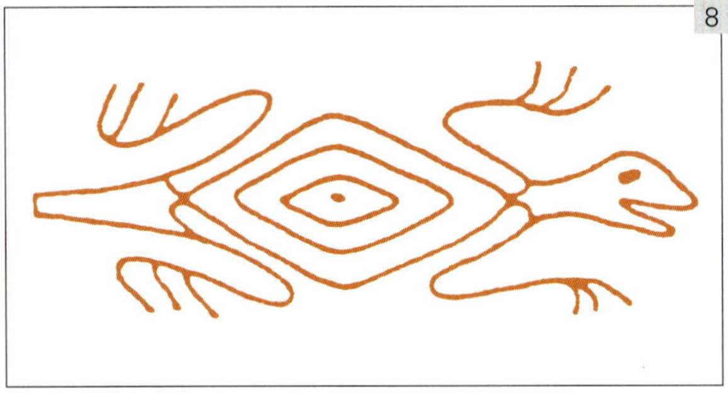

8

9

8 Doppeldarstellung Eidechse und Krokodil. Altmexikanischer Keramikstempel

9 Oktopus, Tintenfisch

Seetiere

Krebs; nordische Weberei, Rückwärtsgang: Unglück, Panzerwechsel: Neugeburt 1
Frosch; afrikanischer Gewichtsstein 2
Kröte; indische Keramik, Gebärmutter, Hautsekrete ergeben ein Hexengebräu 3

1

2

3

Skorpion; Amulett aus Tibet, tödliche Bedrohung, Höllentier 4
Doppelkrokodil; Textilstempel aus Ghana 5

4

5
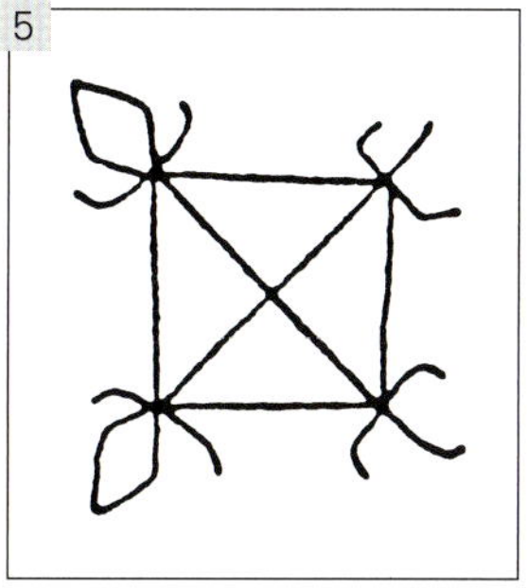

Nilpferd; Fayence, Ägypten. Die blaugrüne Fayence-Glasur ist Symbol des Wassers (Lebensraum) und Fruchtbarkeit. Die Pflanzen der Umgebung sind aufgemalt 6

6

Tiere

1

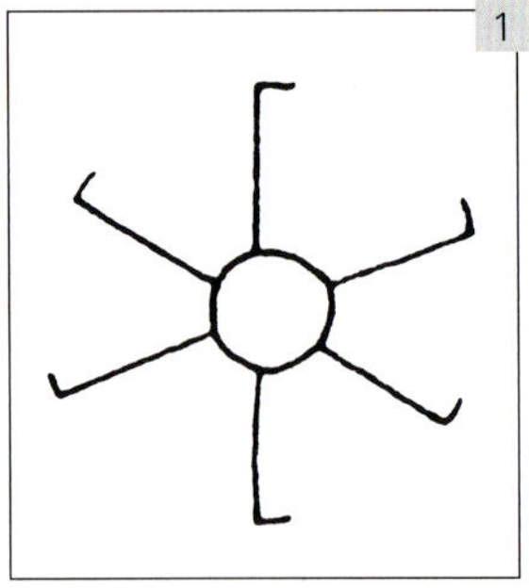

2

3

Kleintiere

1 Spinne; Nordische Zeichnung, Archetyp eines Tiersymbols mit negativer Resonanz
2 Chamäleon; Symbol der Unbeständigkeit, Falschheit (Farbwechsel)

3 Schnecke; Wasserzeichen, Harmonie, Gutmütigkeit (trägt ihr Haus), Todessymbol (die im Grabe schläft)

4

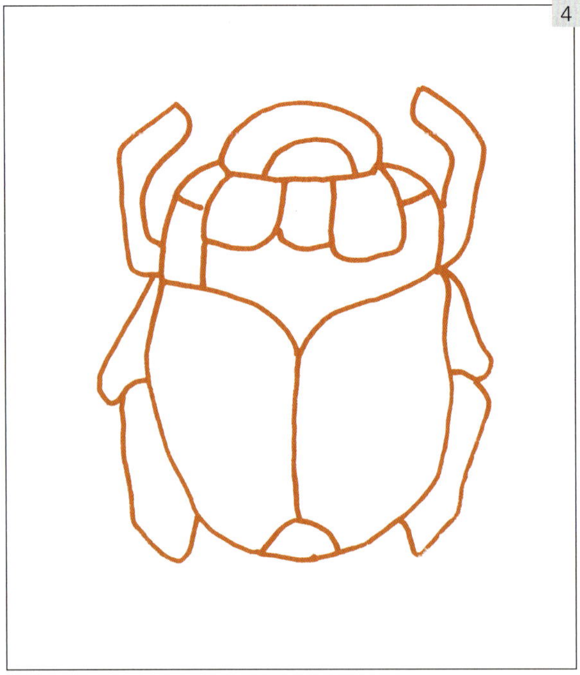

5

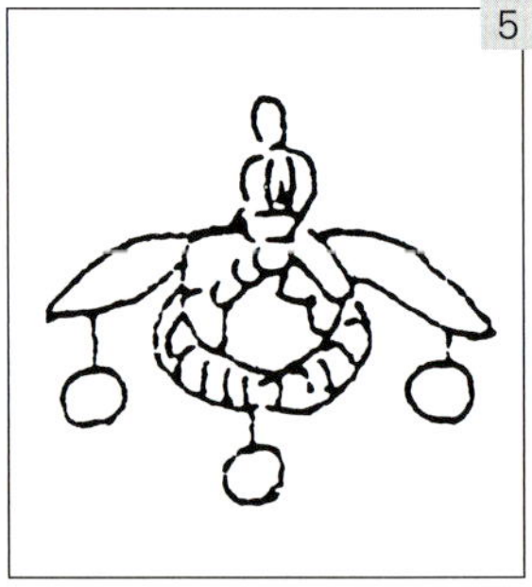

4 Skarabäus; Halsschmuck des Tutanchamun, rollt Mist zu Kugeln, um darauf Eier abzulegen, Sonnenvergleich
5 Zwei Bienen; Frühminoischer Schmuck, Fleiss, Honig, Stachel

Die enge Verbundenheit zwischen dem Menschen und den Tieren in und um das Haus machen diese zum privilegierten Gefährten. Sie ernähren, bewachen, helfen harte Arbeit zu verrichten. Hund oder Pferd werden vielfach zum treuen Freund. Was da an unausgesprochenen Gefühlsregungen fliesst, grenzt oft an das Symbolhafte.

Haustiere

Schwein; auf alter Spielkarte, 1
Symbol der Unreinheit,
besonders im Judentum,
Glückssymbol
Lamm Gottes; Frankreich, auf 2
einem Schlüssel, Knecht Gottes,
Opferlamm
Hahn; Sibirien, aus Leder, 3
Künder des neuen Tages,
Überwinder der Finsternis,
Wetterhahn

1

2

3

Esel; Ägypten, Malerei, christlich: 4
Krippe, Einzug in Jerusalem,
gutmütig, aber störrisch
Katze; Wasserzeichen, 5
in Ägypten geheiligt,
schwarze Katze: Unheilbringer
Hund; Ghana, Ritzfigur, 6
ältestes Haustier, treu, Hüter

4

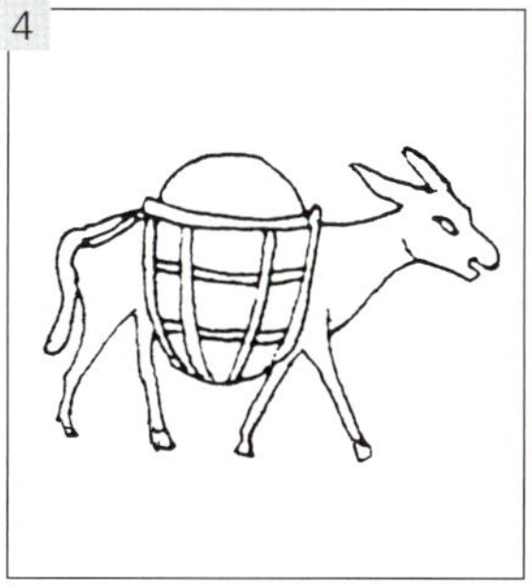

5

6

Pferd; iberisches Steinrelief, 7
Freund des Menschen,
seine Hufe schlagen Quellen auf,
apokalyptischer Reiter
Kuh; phönizisch, Elfenbein, 8
Mütterlichkeit, Ernährerin,
in Indien ist sie heilig

7

8

Tiere

1

2

3
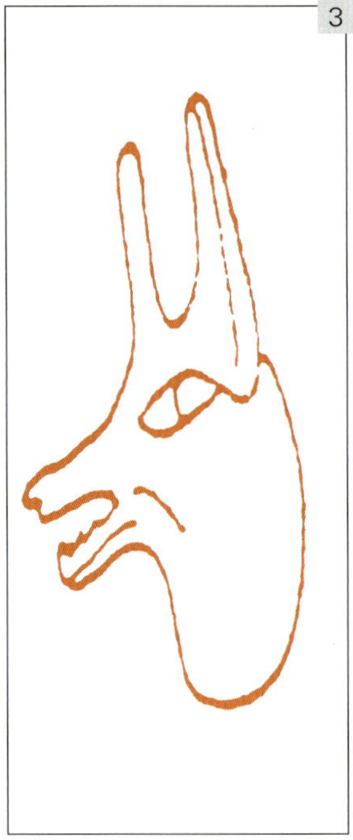

4

5
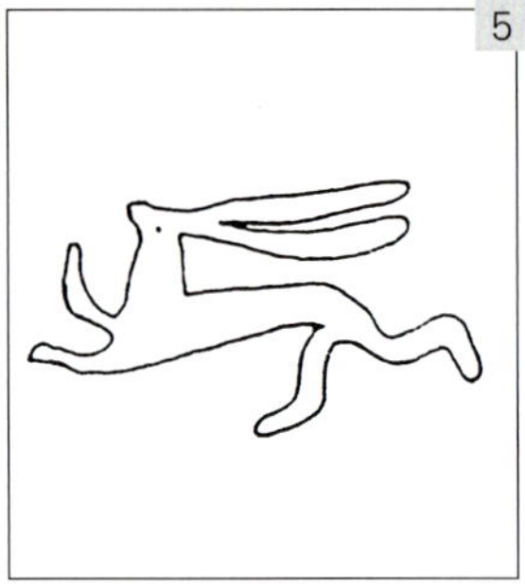

6

7

Säugetiere

1 Kamel; als Krug, Palästina, Inbegriff von Mässigkeit (Durst), Demut, Gehorsam
2 Bär; ambivalent: gutmütig und böse, wegen des Aufrechtganges: Mittler zwischen Himmel und Erde
3 Schakal; Ägypten. In Ägypten verehrt als bewahrer der Mumien

4 Stier; aus Ton, Russland, vitale Stärke, Zeugungskraft, das Gehörn: Mondsichel
5 Hase; Griechenland, auf Krug, er schläft tags und wacht nachts. Fruchtbarkeit

6 Pavian; Ägypten, Hässlichkeit, Geilheit, Symbol wegen Menschenähnlichkeit als Sonnenanbeter (heilig)
7 Schreiender Kojote; Präkolumbisch, alles, was schlecht ist in der Welt

Fabelwesen

Der Sinn der Zusammenstellung von Tierarten ist für den Nichteingeweihten nicht immer klar

In der Mythologie finden sich aussergewöhnliche Tiere wie z.B. Jonas im Walfisch.
Sie beleben Legenden und Märchen. Eine andere Art sind Mischwesen, die aus Kombinationen von verschiedenen Gattungen fabuliert worden sind. In Mesopotamien finden sich Löwen-Menschen, in Ägypten Götterbilder mit Tierköpfen. Die mittelalterliche Kunst Europas kennt groteske Geschöpfe. In der modernen Malerei (Chagal, Picasso etc.) finden sich Mischwesen jeglicher Art. Die Zusammenstellung der Tierarten ist für den Nichteingeweihten nicht immer klar.

Indischer Elefantenfisch 1
Frühasiatischer Löwenkentaur; Krieg 2

1

2

Gefügelter Steinbock; persisch 3
Greif; altorientalisch, Herrscher über die Erde (Löwe) und über die Luft (Adler) 4

3

4

Ziegenfisch; babylonisch 5

5

Mischwesen

Fabelwesen, die in fernen Weltgegenden hausen sollen (Holzschnitt aus dem 16. Jahrhundert)

Basilisk; 1
Mischung aus Hahn und Drache
Wölfin; kapitolinisch, 2
Romus und Remulus,
Symbol der Aggressivität, gerade
hier aber «Aufzucht»

1

2

Jonas entsteigt dem 3
Rachen des Wales;
mittelalterlicher Holzschnitt,
Auferstehung
Dämon mit Dreispitz; 4
akkadisch
Drache; China, gestickt, 5
Urwesen, das von Helden
getötet werden musste

3

4

5

Einhorn; mittelaterlicher 6
Holzschnitt, phallische
Bedeutung, erscheint oft in
Begleitung einer Jungfrau,
Empfängnis Jesu
Biblisches Symbol; 7
Klug wie die Schlange,
harmlos wie die Taube

6

7

Goldener Hirsch; Sibirien, 8
Geweih, das sich erneuert,
Vergleich mit Lebensbaum
Pferdespinne; 9
Metallgravur, Kaukasus

8
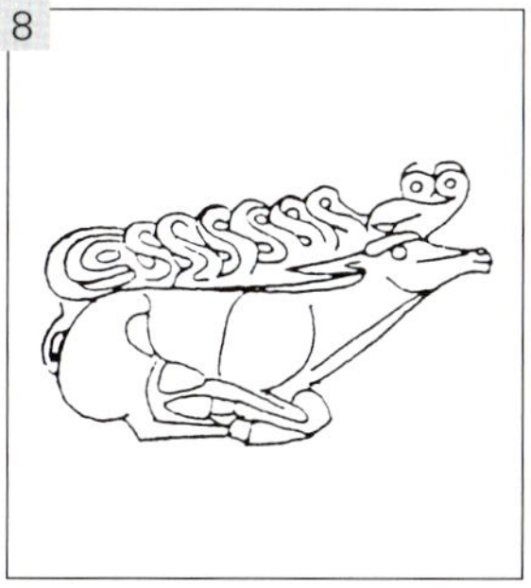

9

Flugwesen

1 Adler;
Symbol Karls des Grossen,
gestickt auf Seidenmantel

2 Falke; Gobelin, Frankreich,
Sonnensymbol (hoher Flug),
Ernährer (Jagdhilfe), Wappentier

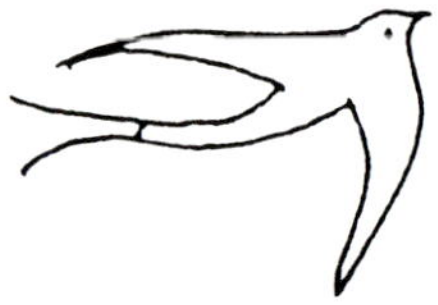

3 Strauss; Holzschnitt, Paris,
Sonne brütet Eier aus:
Auferstehung

4 Storch; Glückssymbol,
Schlangenfresser, Frühlings-
wiederkehr: Auferstehung

5 Schwalbe; Griechenland,
auf Krug, als Zugvogel Sinnbild
des Frühlings, Fruchtbarkeit

6 Pfau; byzantinische Malerei,
Sonnenvogel (Rad), Hochmut,
Reittier Buddhas

7 Gans; Ägyptische Wandmalerei,
Potenzmittel. Formationsflug:
grosser Symbolgehalt

8 Kranich; China, Holzschnitt,
grosse Flugfähigkeit: Ausdauer,
Rückkehr im Fühjahr:
Wiedergeburt

Rabe; Indianerzeichnung, böses Vorzeichen, Rabenmutter 1
Adlerkopf; Machtsymbol, auf vielen Flaggen zu finden 2

1

2
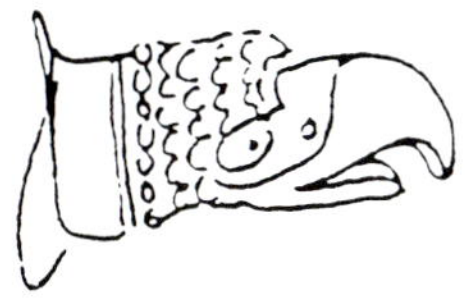

Pelikan, der mit seinem Blut die Jungen nährt, Symbol für die Aufopferung Jesu Christi 3

3

Schwan; Sibirien, aus Filz, biegsamer Hals: Edelkeit 4
Eule; auf einer Amphore, im Orient Totenvogel, im Abendland Weisheit 5

4

5

Schmetterling; Mexikanisches Felsrelief, seelische Wandlung (Metamorphose), kleiner Liebesgott, Schwerelosigkeit 6

6

Pflanzen

Der Baum ist seit Urzeiten eines der wichtigsten Symbole. Seine Wurzeln greifen in das Unbekannte der Erde, der Stamm war Hauptmast der primitiven Behausung, und das Geäst schien bis in den Himmel zu greifen.
Ob nun die Rose als Symbol der Liebe überreicht wird, ob sie mit Blüte und Stachel eine Dualität aussagt, oder ob sie im Emblem einer politischen Partei erscheint, war und bleibt sie ein ausgeprägtes Symbol.
Früchte werden als Nahrung gegessen und werden zugleich als Samen für neues Leben gepflanzt.

1

1 Lebensbaum; Symbol für den Lebensrhythmus des Werdens und Gehens (Zeichnung des Autors)

Lebensbaum; 1
Maibaum, Rune
Totenbaum; 2
Beschwörungszeichen, Rune
Ginkoblatt, Dualitätssymbol 3

1

2
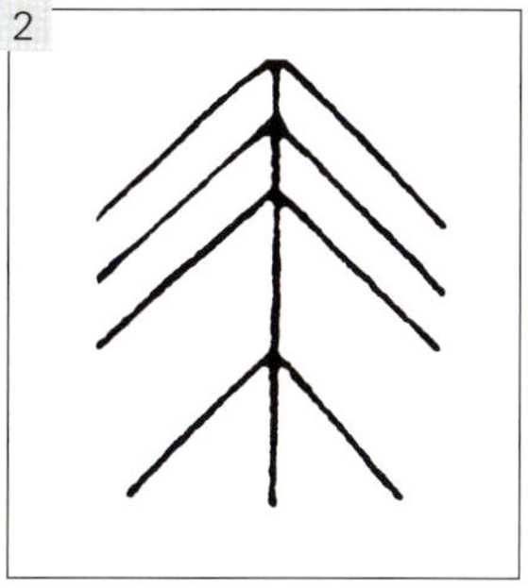
3
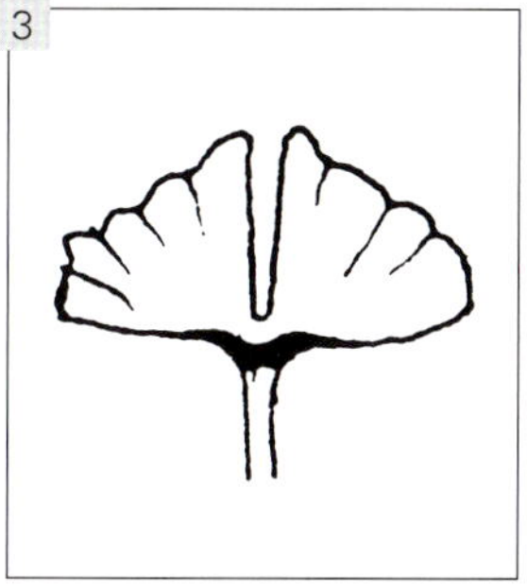

Lindenblatt, auch Speerspitze; 4
Umgekehrtes, gestochenes
Herz, ungeschützte Körperstelle
Siegfrieds
Kleeblatt; Wohlergehen, 5
im Gegensatz zum Vierblatt
Vierblatt; Ungewohnte 6
Erscheinung, Glück,
ungeschlossen: zwei Swastikas

4

5

6

Lotusblume aus kosmischem Ei; 7
Indische Malerei,
Vergötterung in Ägypten
Mistel; Glücksbinger, 8
Abwehrmittel, Immergrün,
Unsterblichkeitssymbol
Granatapfel; 9
Viele Kerne: Fruchtbarkeit,
Heilmittel gegen Unfruchtbarkeit

7

8

9

Rose; Wasserzeichen, Liebe, 10
doch die Dornen stechen,
rote Rose: Blut
Efeu; Immergrün; 11
Unsterblichkeit, anschmiegend,
Freundschaft, Zärtlichkeit
Nelke; Nägelein (Frucht), 12
Symbol des Leidens Christi,
Liebespfand

10
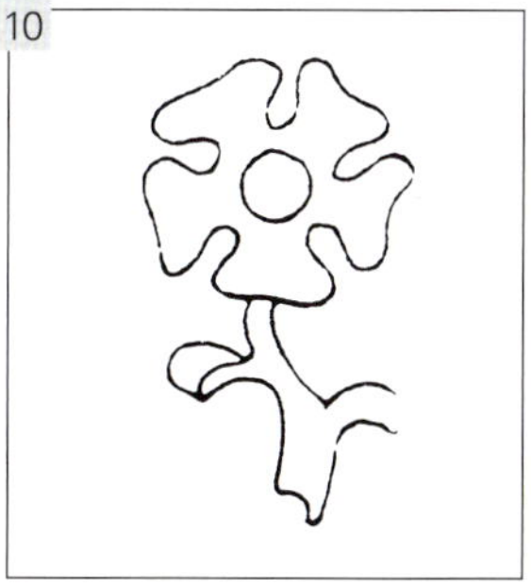
11

12
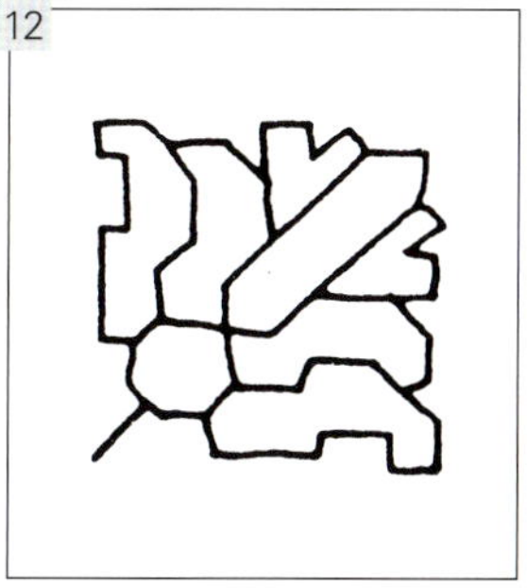

Pflanzen

1

2

3

1 Orchidee; Griechisch Orchis: Hoden, Fruchtbarkeit
2 Sonnenblume; Dreht sich nach der Sonne: Treue in der Liebe, Motiv auf Bauernhäusern in den Alpen
3 Stilisierte Blume; Webereimotiv aus dem Norden

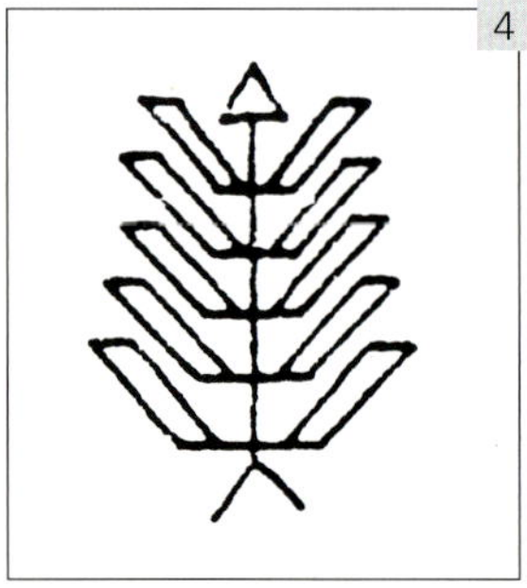
4

5

6

4 Ähre; Aussaat: Wachstum, Ernte: Leben, christliches Symbol der Eucharistie, Webereimotiv aus dem Norden
5 Nelkenzweigornament aus Japan
6 Lilie; Reinheit, Liebesakt (Phallus in Vulva), Zeichen der Macht

7

8

7 Chrysantheme; gesticktes japanisches kaiserliches Emblem, Sonnensymbol
8 Tulpe; Fruchtbarkeitssymbol, Motiv auf Bauernhäusern in den Alpen

9

9 Margerite; Liebessymbol, Motiv auf Bauernhäusern in den Alpen

Der Mensch

Eine Abbildung des menschlichen Körpers allein bringt selten eine eindeutige symbolische Aussage.
Bilder des Lebens der sich liebenden, sich bekämpfenden, sich vergnügenden Menschen sind die Grundmotive der Darstellungen in allen Zeiten. Hinter der abgebildeten Geschichte liegt meistens eine symbolische Aussage. Diese anzudeuten ist nicht der Sinn dieser Arbeit, die als Grundthema nicht die Figur, sondern das Symbol hat. Als Beispiel sind lediglich zwei sich vergnügende Menschengruppen angedeutet. In stilisierter Form hingegen bestehen vielartige Menschenzeichen mit Symbolgehalt.
Viel eher sind es Körperteile, die als Symbole immer wieder auftreten. Hände und Füsse sind von starker Aussagekraft. So ist die segnende Hand Fatimas in der islamischen Welt zum weitverbreiteten Talisman geworden. Im buddhistischen Bereich ist es die Fusssohle, welche zur Besinnung einlädt. Andere Körperteile, die in irgendeiner Weise Leben und Tod versinnbildlichen, sind ebenfalls stark symbolhaltig, vor allem die Geschlechtsorgane, das Auge, aber auch das unsichtbare Herz und nicht zuletzt das oft mit Trop fen angedeutete rinnende Blut.

Familie

Symbolische Darstellung der Familie, Ghana
1 Liebesakt
2 Schwangerschaft
3 Familie (Volk Egbo)

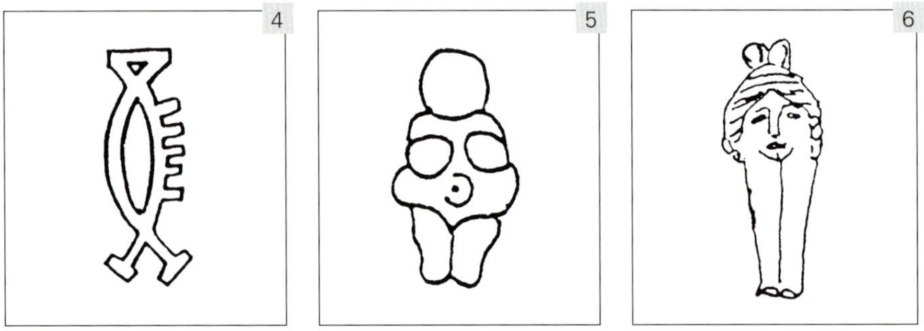

4 Liebe zu fünf Frauen
5 Venus von Willendorf; steinzeitlich; Fruchtbarkeitskult
6 Baoba; Terrakotta, Kleinasien, Fruchtbarkeit, Abwehrzauber

Mittelalterliche Darstellung der menschlichen Gestalt (gemalt oder gedruckt)

Ägyptisches Kreuz 1
Lichtträger 2
Mann 3

1

2

3
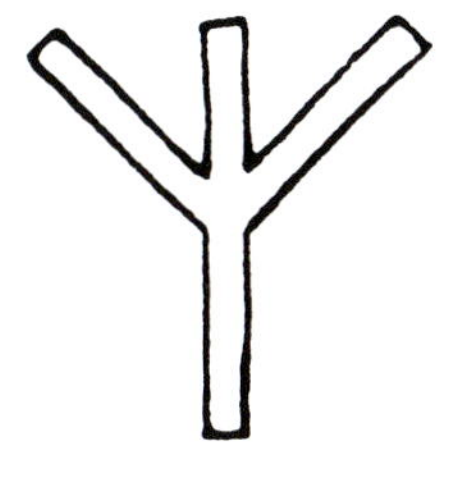

Frau 4
Liebesakt 5
Schwangerschaft 6

4
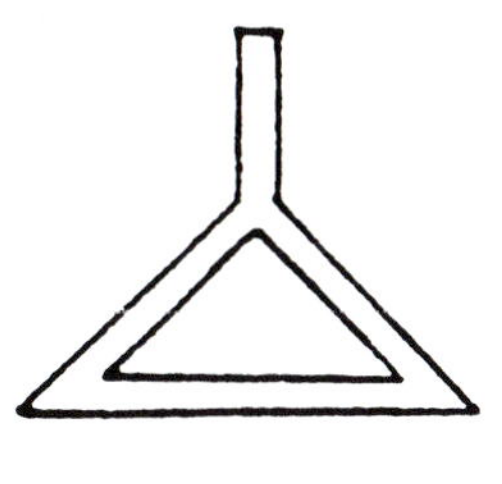
5

6
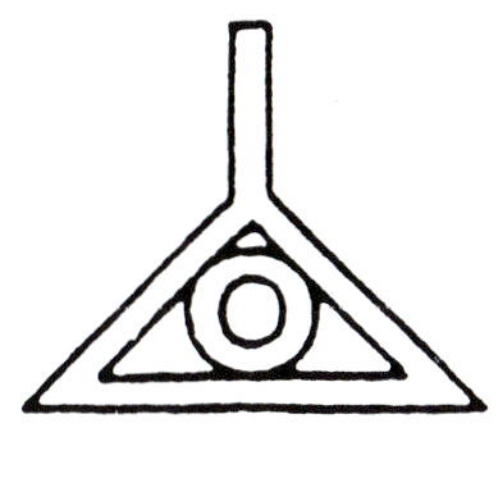

Geburt 7
Familie 8
Brüder 9

7

8

9

Streit 10
Tod 11
Witwe 12

10

11
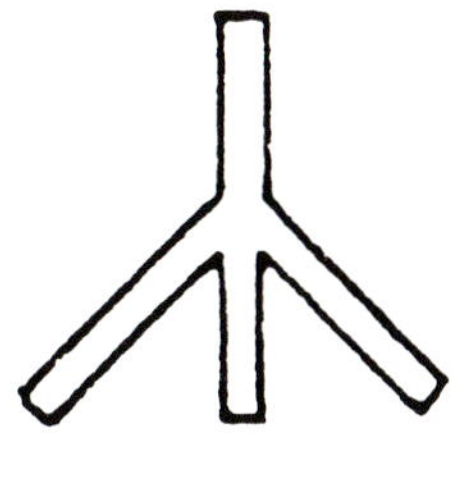
12

Der Mensch

1

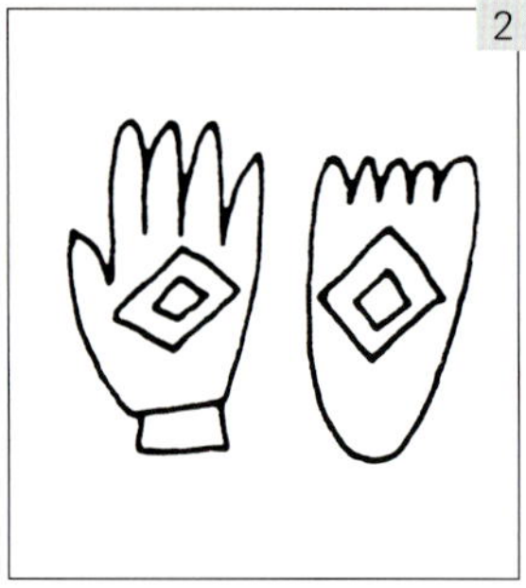
2

3

Menschlicher Körper

1 Handsymbol; Altmexikanischer Stempel
2 Ex-Votozeichen an indischer Kultstätte
3 Handsymbol; Steinzeitliche Felsenzeichnung

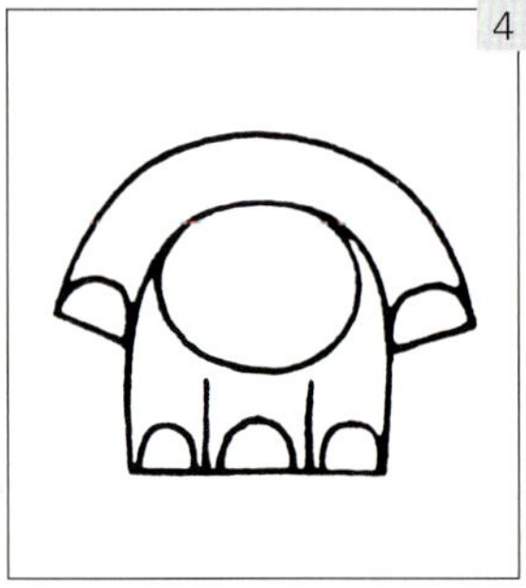
4

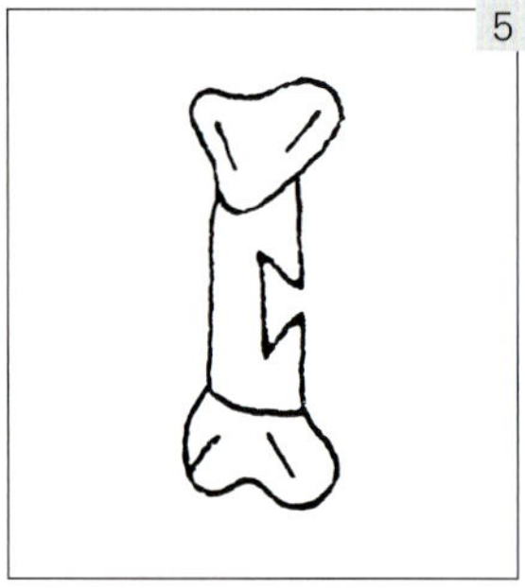
5

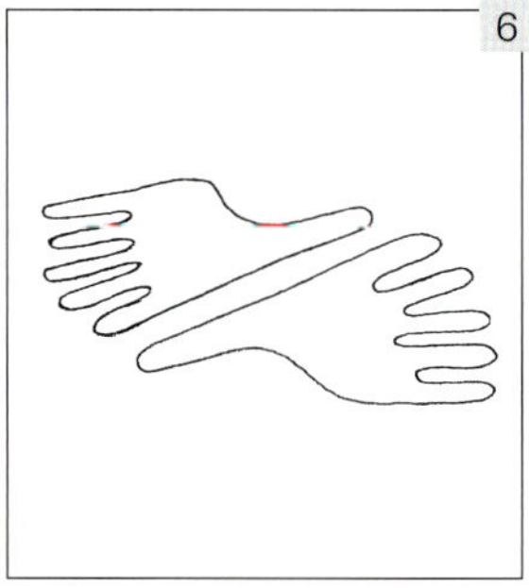
6

4 Handsymbol; Holzschnitt, Kongo
5 Knochen; Nordamerikanische Indianerzeichnung
6 Handsymbol; Altmexikanischer Stempel

7

8

7 Hand der Fatima
8 Herz; Zentrales Lebensorgan, stark symbolgeladen, Sitz der Gefühle, auch der Angst (Herzklopfen)

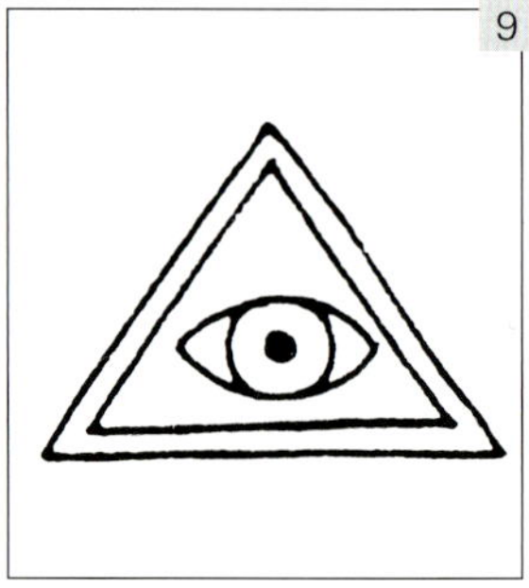
9

9 Das Auge Gottes; Christliches Symbol der Dreieinigkeit

Mais; Peru, aus Gold, Indianer; 1
Hauptnahrung, Symbol für die
Entstehung des Menschen
Pflug; Mittelalterlicher 2
Holzschnitt, Eindringen in die
Mutter Erde: Geschlechtsakt

1

2

Joch; Italienische Malerei, Japan: 3
Yoga, Dienst/Unterfang
Brot; phönizisch, Terrakotta, 4
Hauptnahrung, Brot des Lebens,
Eucharistie: der Leib Christi
Sichelschwert; Afrika, 5
Erntewerkzeug, Mondsichel

3
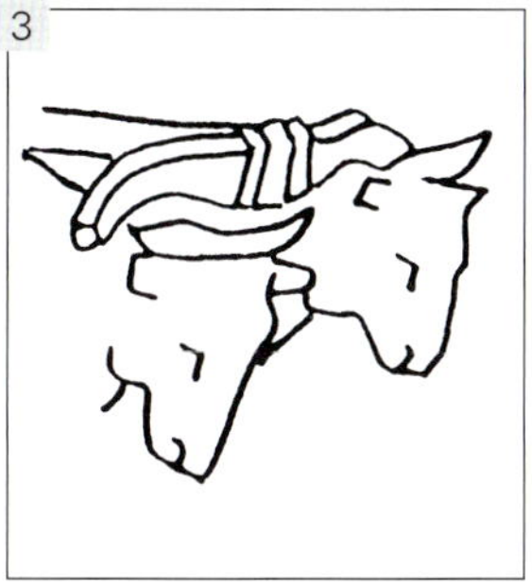

4
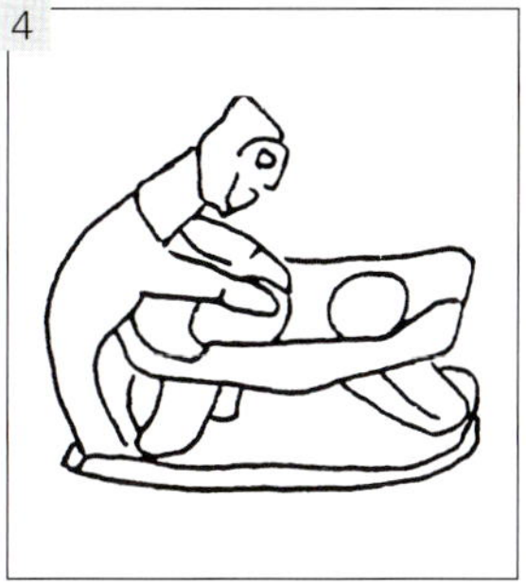

5
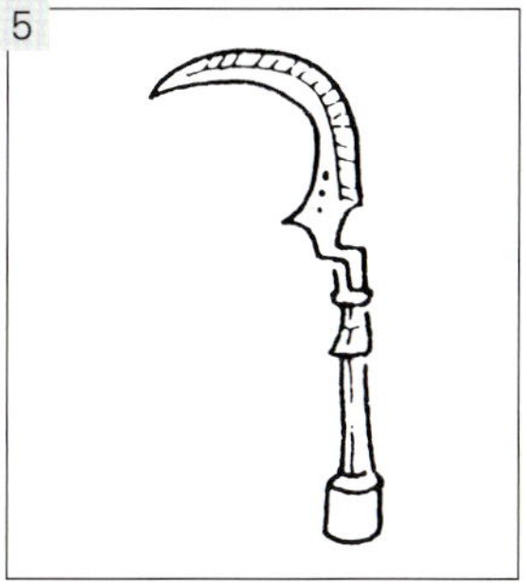

Frauenhände haben die 6
Geschicklichkeit, die eigenen
Haare, Zwiebeln oder Teig
kunstvoll zu flechten; Zopf
Brezel: Symbol einer Wiege 7
Brunnen; Wasserzeichen, 8
gibt primäres Lebenselement,
Zugang zur Unterwelt

6
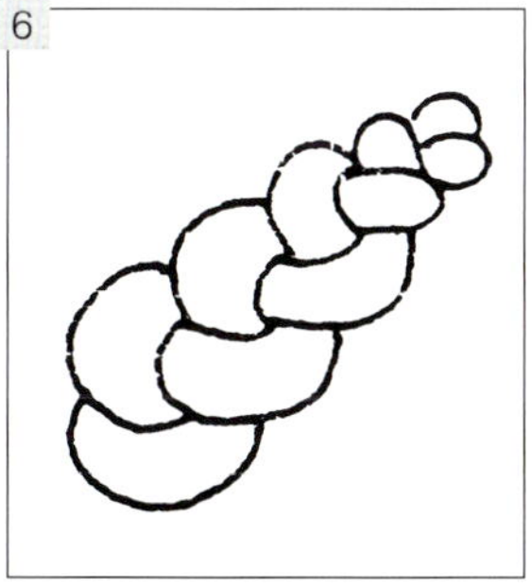

7

8
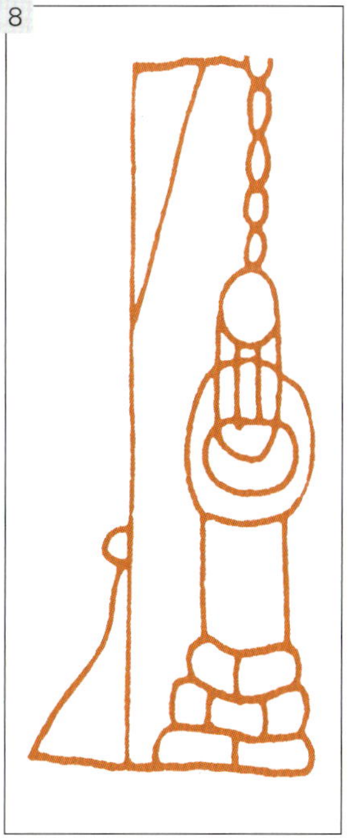

Auf dem Backgrund; 9
Hausornament des Bäckers
Steinerne Handmühle; Kaukasus 10

9
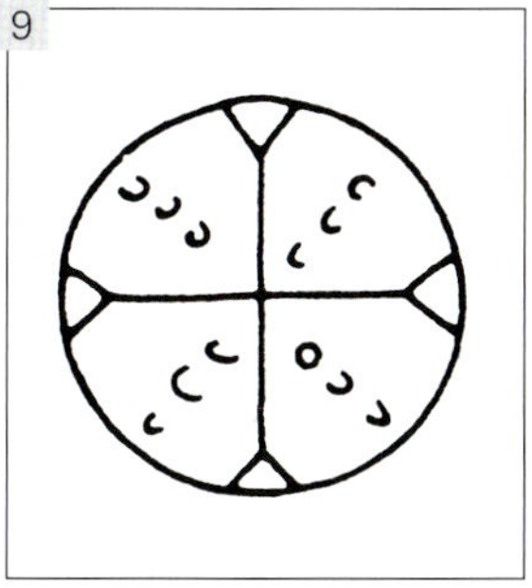

10
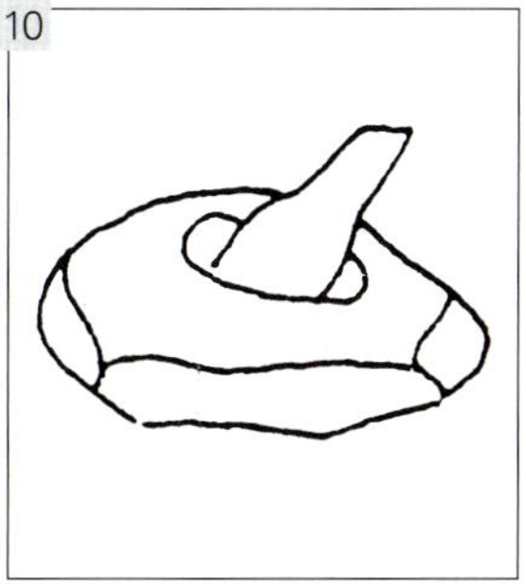

Ernährung des Menschen

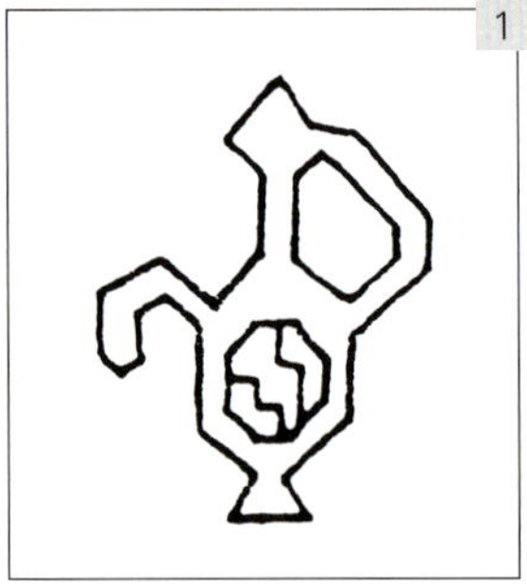

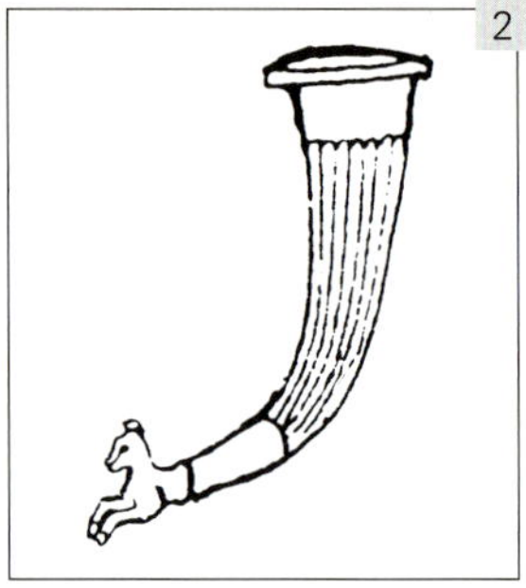

1 Krug; Orient, gewoben
2 Trinhorn; Orient, Silber, zum Fest einer Weihe
3 Traube; Wasserzeichen, Wein: Bachus, aber auch Eucharistie: das Blut Christi, Weinstock: Baum des Messias

Der Kosmos in Menschengestalt, Malerei auf einem ägyptischen Sarg

Gegenstände

Gegenstände des Alltags haben selten einen eigenständigen symbolischen Gehalt. So bekommen die gewöhnlichen Werkzeuge wie z. B. Hammer und Sichel eine ungewöhnliche Bedeutung, indem sie – übereinander dargestellt – zum Symbol des Kommunismus werden. Alleinstehende Objektsymbole sind Gegenstände, die mit ausserordentlichen Lebensabschnitten wie Geburt, Heirat, Tod etc. in Zusammenhang stehen. Auch Waffenzeichen sind dadurch symbolhaltig, dass sie mit dem Todesakt in Verbindung stehen. Die Axt findet sich in fast allen Kulturen der Welt. Sie galt als heiliges Opferinstrument. Die Doppelaxt versinnbildlicht diese Dualität noch stärker; auf den Kopf eines Stieres gepflanzt, wird sie gar zum göttlichen Bild.

Wagen; Zeichnung, China, Symbol für Bequemlichkeit 1

Stundenglas; Deine Zeit läuft ab 2

Waage der Gerechtigkeit 3

1

2

3

Hufeisen; Glückssymbol 4

Schlüssel, Petrusschlüssel; Lösung von Geheimnissen 5

Leiter; Verbindung zwischen Himmel und Erde 6

4

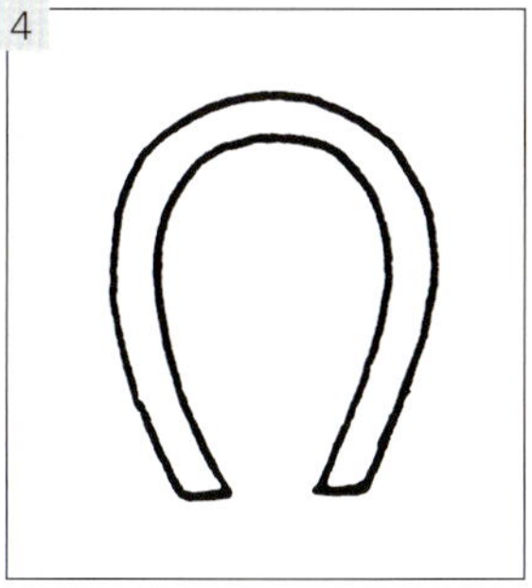

5

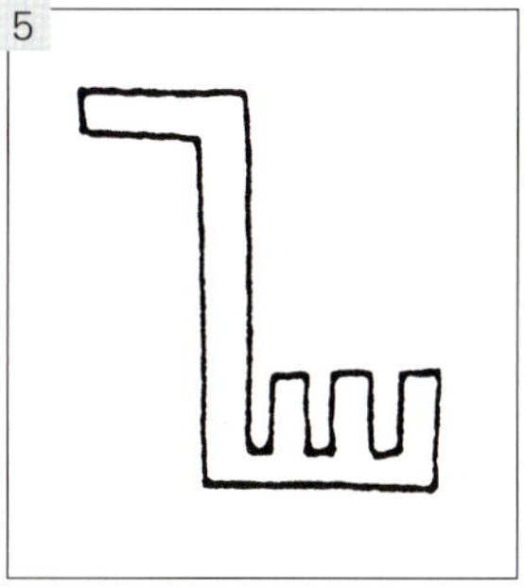

6

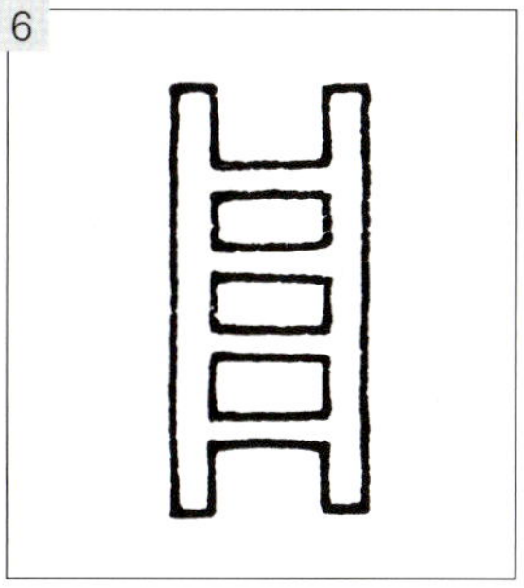

Gegenstände

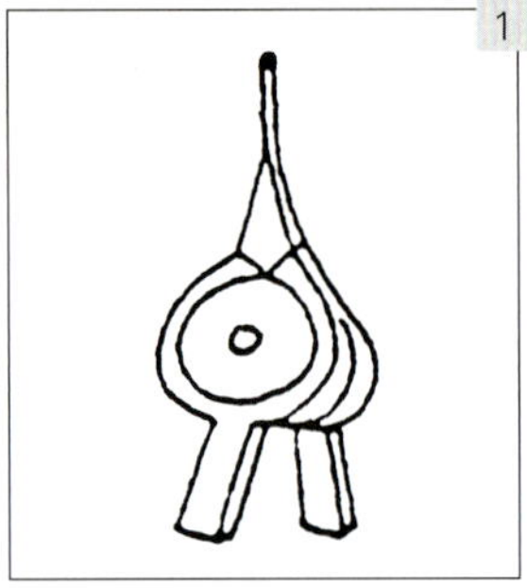
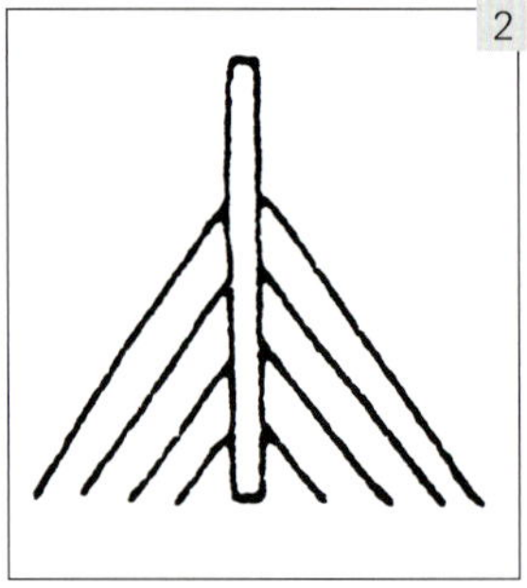

1 Blasebalg; Vergleich mit Atmung, Lebensrhythmus
2 Hexenbesen; Rune
3 Der grosse Maueranker; Schutz

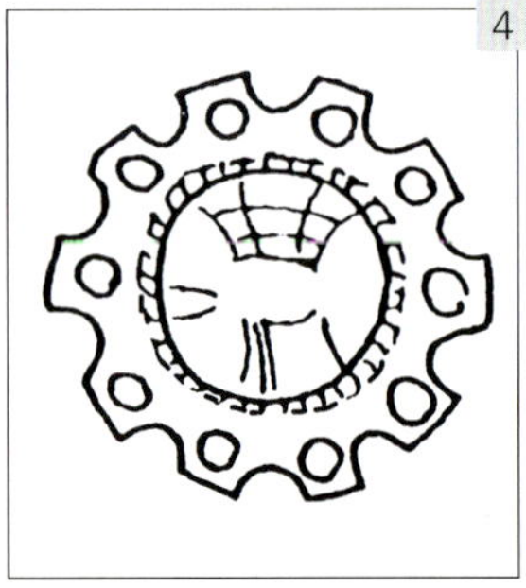

4 Van Eyck; Detail, Spiegel der Seele, magischer Bezug zwischen Vor- und Abbild, sich sehen – sich verlieren
5 Ring und Quaste; altes Bauernsymbol für Sexualverkehr
6 Dolch; versilbert, Georgien. Hinrichtung, auch Gerechtigkeitssymbol

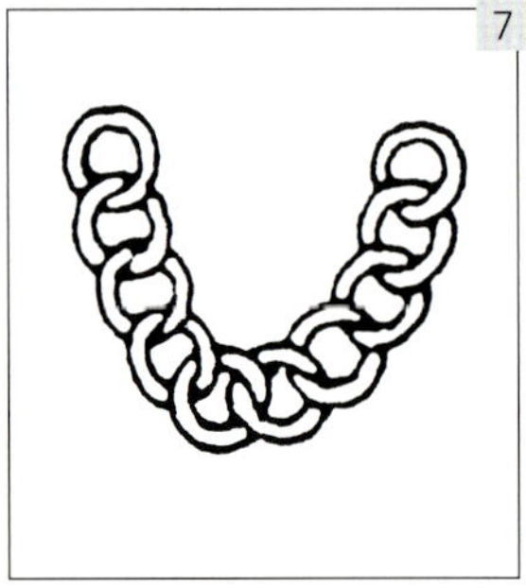

7 Kette; Symbol für Bindung, Kettenwirkung: Fortpflanzung
8 Attribut des Donnergottes Thor; Amulett, Finnland

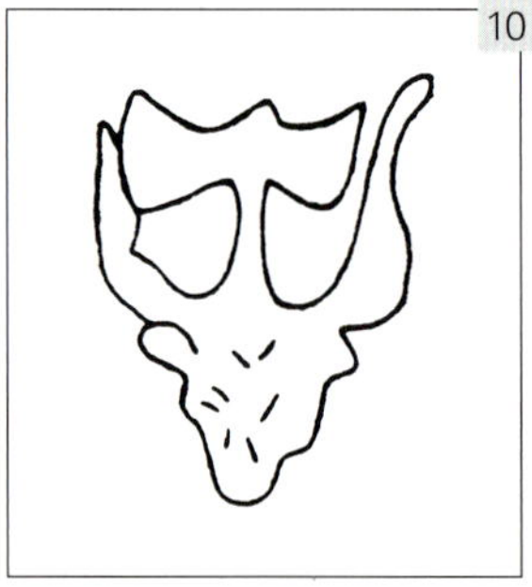

9 Arche Noah; aus Queen Mary's Psalter, Symbol der Errettung durch die Taufe
10 Kreta, auf Grabmal, Zusammenfassung von Symbolen: Macht und Gericht

Naturelemente und Vergnügen

Regenbogen; Friedenssymbol 1
Quelle; spanische Buchmalerei, 2
Unerschöpflichkeit,
ewiges Leben

1
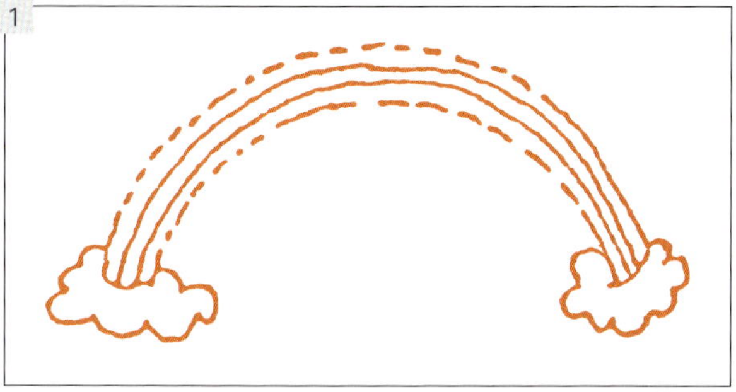

2

Regen aus den Wolken; 3
aztekische Wandmalerei,
Hoffnung, Frieden
Das babylonische Gebirge; 4
Wohnort der Götter
Blitz; göttliche Macht, 5
Zorngericht,
Gewitterregen: Fruchtbarkeit

3
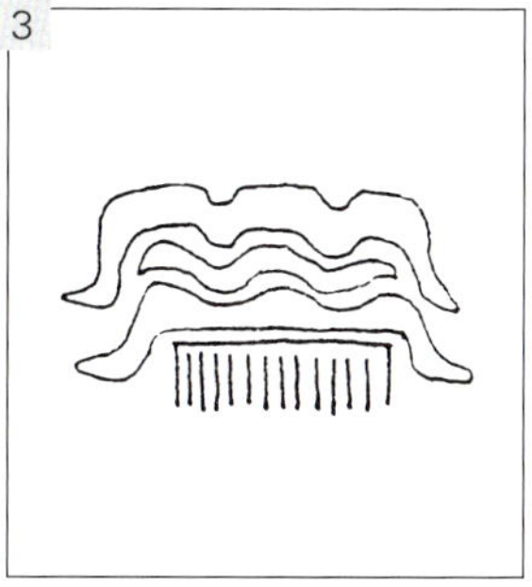

4

5

Spielbrett; Auch Weltschema 6
Lurenbläser 7
(Kathedrale von Chartres)
Felsbild, Skandinavien
Ein neues Gesicht; 8
Holz, Türkei

6
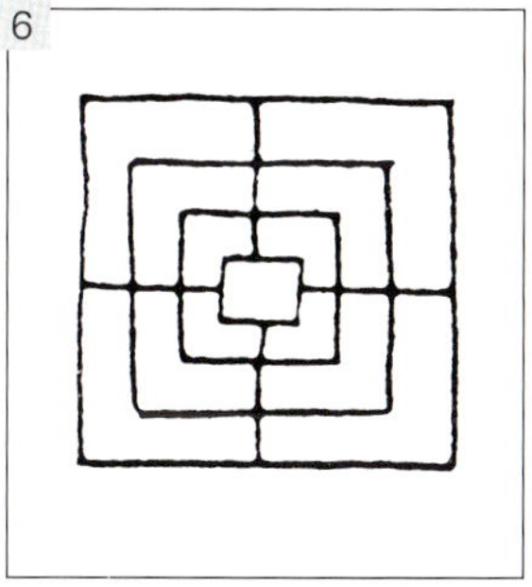

7

8

Etruskisches Fresko
Symbole für Ausgelassenheit
(Kathedrale von Chartres)
Harfenspielendes Pferd 9
Tänzer 10
Geigenspielende Maus 11

9

10

11

Der Krieg

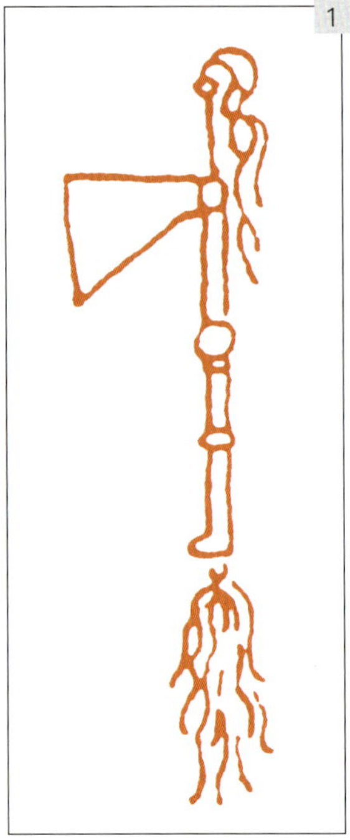

1 Tomahawk; Indianische Wurfwaffe, Tabaks- und Friedenspfeife: zusammen für Friede
2 Kukri, Doppeldolch; Indien, symbolisches Wappenzeichen für Sieg
3 Pfeil und Bogen; Wasserzeichen, eine der wichtigsten Waffen aller Zeiten, Symbol für Macht

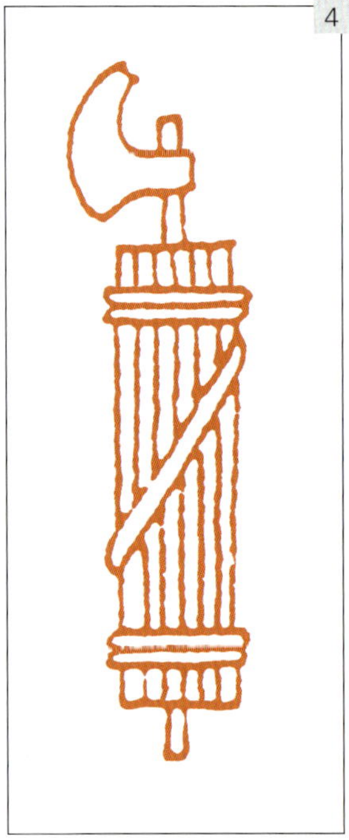

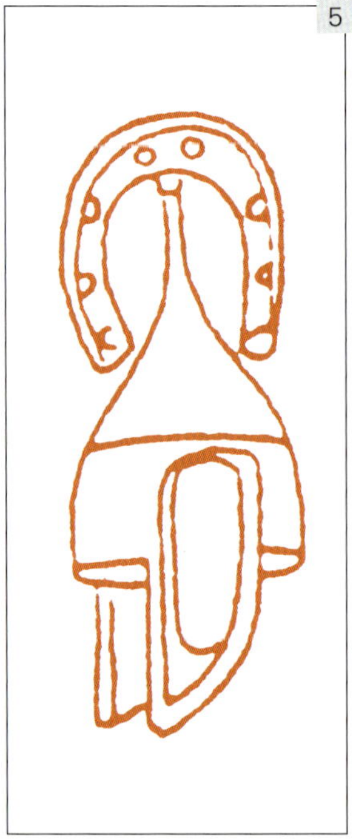

4 Rutenbündel; Fasces, Rom, Staatsgewalt
5 Helm; Griechenland, Schutz, Unsichtbarkeit, Erhebung

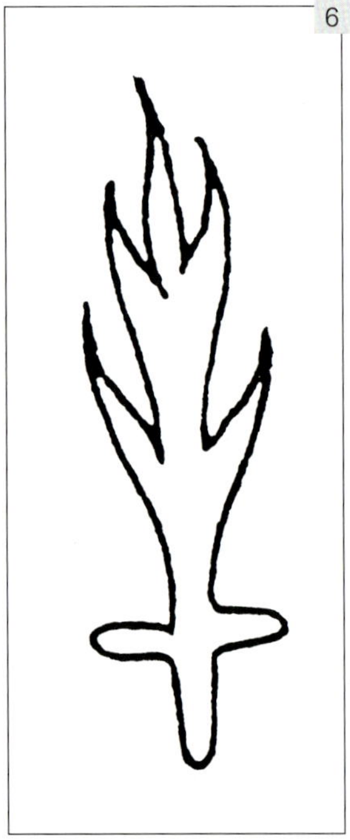

6 Feuerschwert Cherubs; Vertreibung aus dem Paradies, Schwert: Ritterschlag

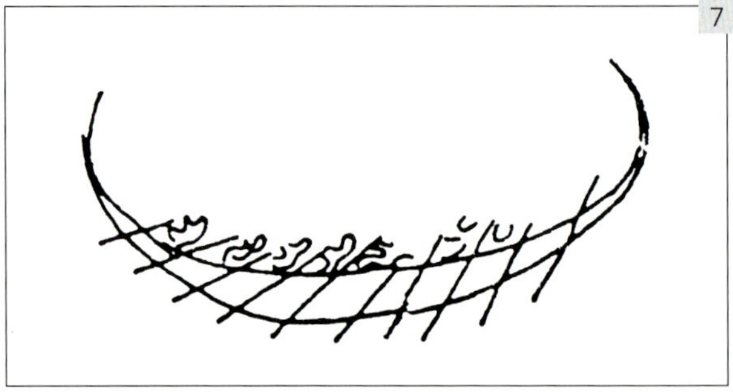

7 Wikingerboot; Angriff zur Eroberung

Schlinge; 1
Allgemeinverständliches Todessymbol

Tod mit Sense und Stundenglas, 2
Symbol für die Vergänglichkeit

Aschenurne; Etruskisch 3
Symbol für Träume

Totengräber; Graffito, 4
Katakomben in Rom

Symbolisches Totenhaus; 5
Katakomben in Rom

Wikinger-Nachen; 6
Die letzte Fahrt

1

2

3

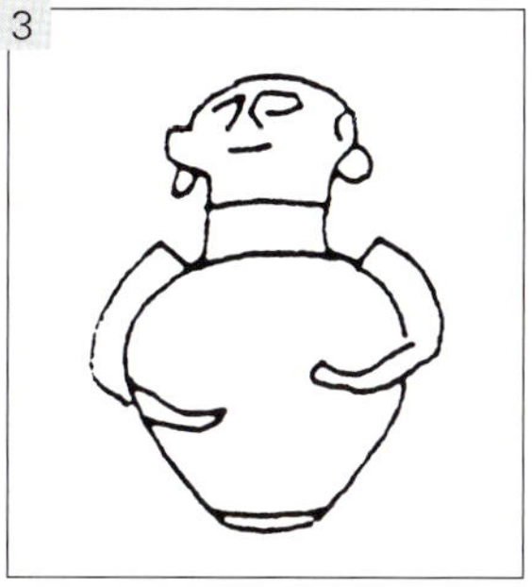

4

5

6

Mythologische Gestalten

1

2

3

1 Triskelis; Griechisches Symbol für Bewegung
2 Nordamerikanische Indianermalerei
3 Fussabdruck Buddhas in der Erde hinterlassen; Nepal, beachtenswert sind die vielen Symbole mit Hinweisen auf die allumfassende Liebe zum Leben

4

5

4 Janus; Doppelgesichtiger römischer Gott, Doppeldeutigkeit, Zwiespältigkeit, sieht alles
5 Der einäugige Zyklop; Terrakotta, ungemeisterte Kraft

6
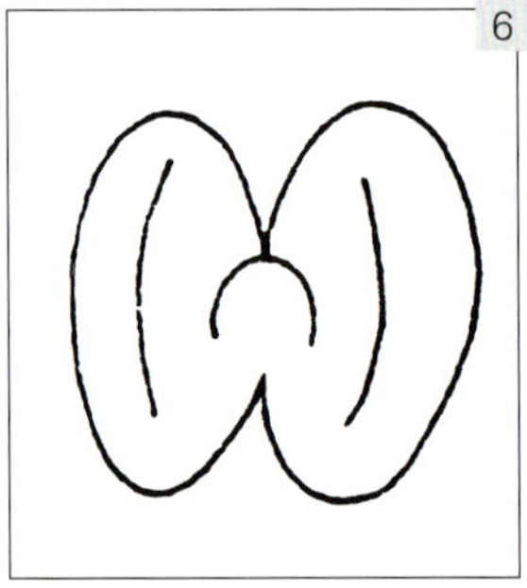

7

8

6 Vulva; Indien, Tantrasymbol
7 Tlaloc; altmexikanischer Regengott
8 Triskekilis mit Gesicht

9

9 Riese, Gegner der Götter, Helfer der Menschen

Diadem aus Silber; Sibirien 1
Lorbeerkranz; Sieger 2
Laterne im Tempel Nikon; Japan 3

1

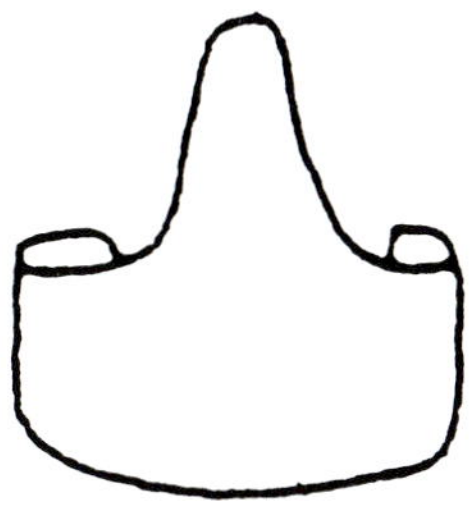

2

3

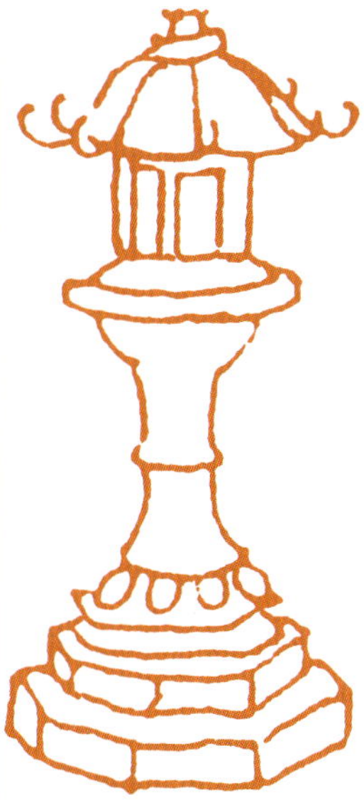

Bischofshut; Bestickt, 4
Kopfbedeckung der Katholischen Würdeträger
Öllämpchen; Palästina 5

4

5

Ägypten, Ausschnitt aus der Narmer-Palette (Relief auf Steinplatte) um 3000 v. Chr.

Kultstätten

Der Mensch hat sehr früh an Übermächte geglaubt. Er richtete Gottesstätten auf, vor denen er sich Beschwörungen und Ritualen hingab. Dazu benötigte er Gegenstände, Rinnsale wie Wasser, Wein oder Blut, welche in religiösen Zeremonien der Gegenwart immer noch zugegen sind.

1

1 Menhir in der Bretagne

2

3

2 Zwei Arten von prähistorischen Dolmen
3 Indianertotem; Übernatürliche Tierwesen, Schutzgeist eines Clans

4
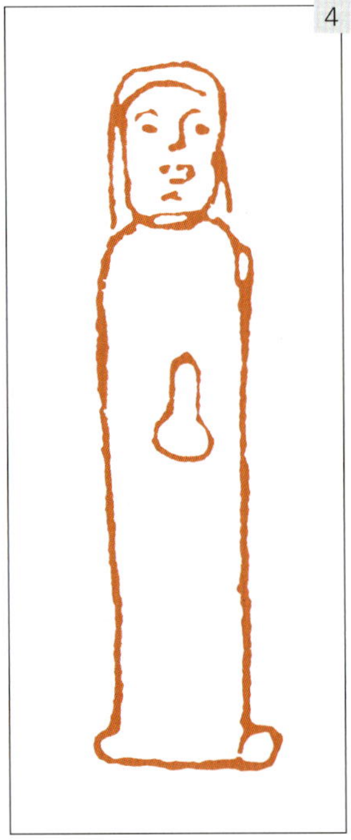

5

4 Hermesstatue; Griechenland
5 Runenstein

6
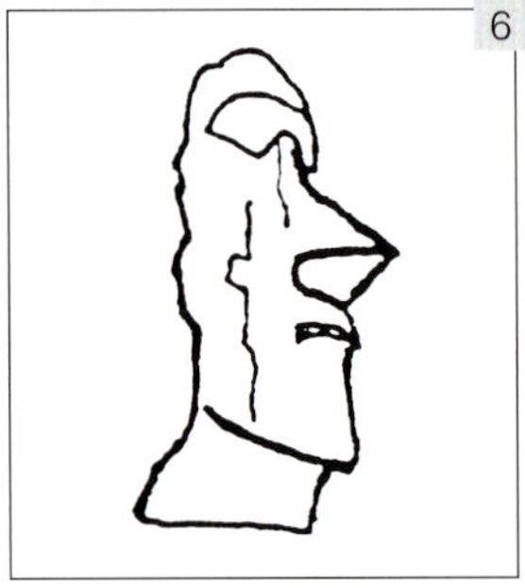

7

6 Auf der Osterinsel
7 Mekka, auch Kaaba; Schwarz behängter Kubus, umschliesst den schwarzen Stein Abrahams

Belzebub, kanaanäische Gottheit 1
Eva reicht Adam den Apfel. 2
Reims, Kathedrale, 13. Jh.

1

2

Moses empfängt die 3
Gesetzestafeln

3

Religionen

1 Der Turmbau von Babel, die grosse Stadt Babylon

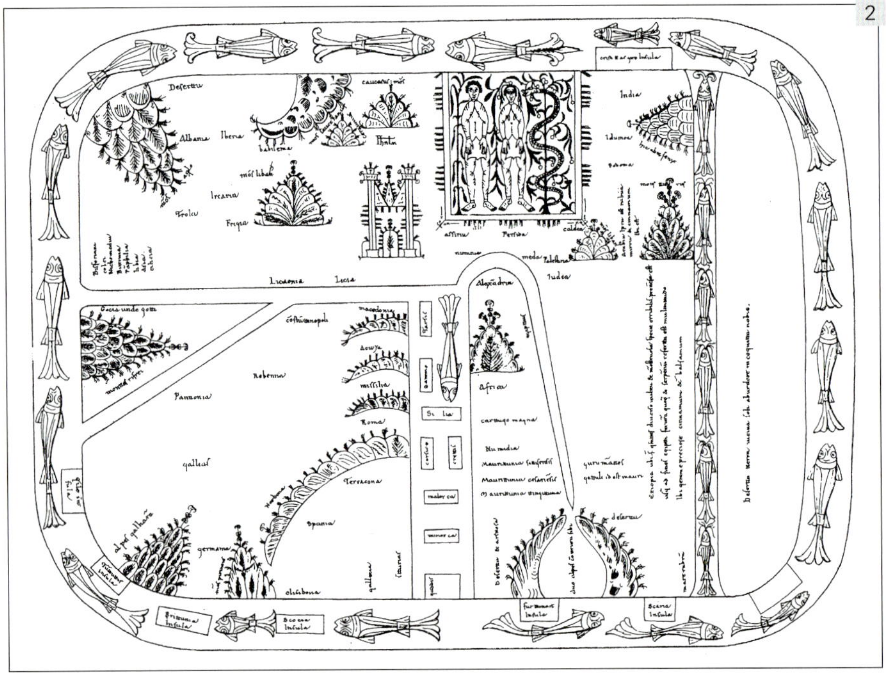

2 Die Weltkarte des Mönchs Beatus aus dem Jahre 787. Die rechteckige Welt wird vom Weltmeer umrandet. Dieser spezielle Typ der Weltkarte (Beatus-Karte), im Grunde auch eine T-Karte, findet sich bis ins hohe Mittelalter

Der Glaube an eine höhere Macht hat den Menschen von jeher dazu gedrängt, sich einen Gegenstand zur Anbetung zu schaffen. Die Gottheit selbst darzustellen war unvorstellbar. So hat er zur Anbetung eines überirdischen Wesens oft nur ein Zeichen auserkoren, sozusagen als Symbol des Allmächtigen. Das Symbolische im Bild ist ein unausgesprochener Wert, es ist ein Mittler zwischen der erkennbaren Realität und dem mystischen, unsichtbaren Reich der Religion, der Philosophie und der Magie; sie reicht deshalb vom bewusst Verständlichen bis in den Bereich des Unbewussten.

Judentum

Siebenarmiger Leuchter; In 7 Tagen Erschaffung der Welt 1
Das Siegel Salomos; Glaubenszeichen des Juddentums 2

Die Gesetzestafeln 3

1

2

3

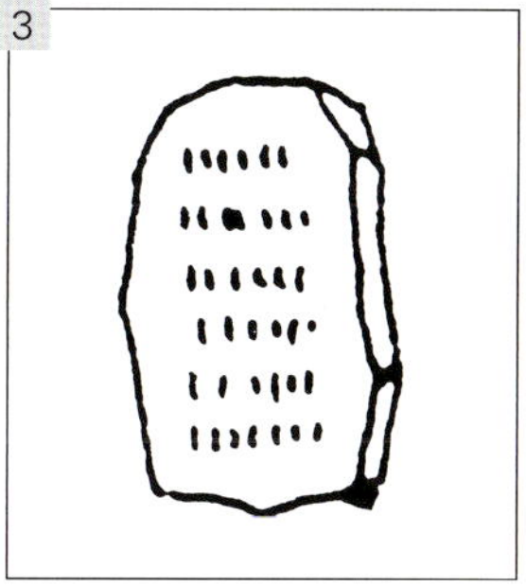

Islam

Minarett 5
Mondsichel; Symbol des islamischen Glaubens 6
Die Hand der Fatima 7

4

5

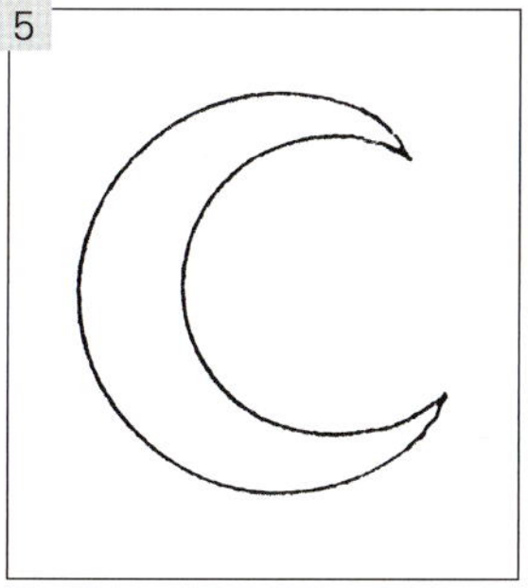

6

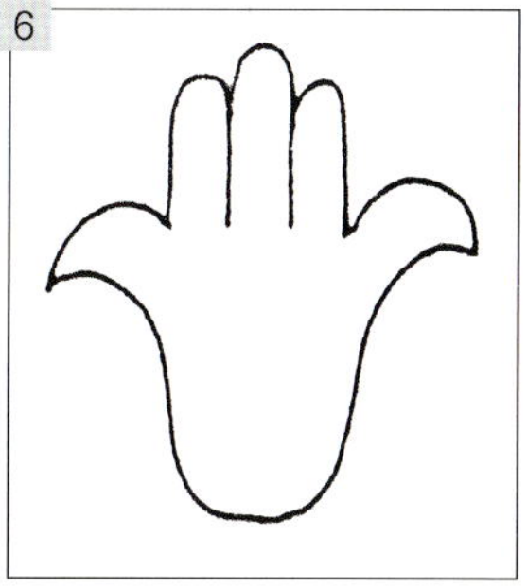

1

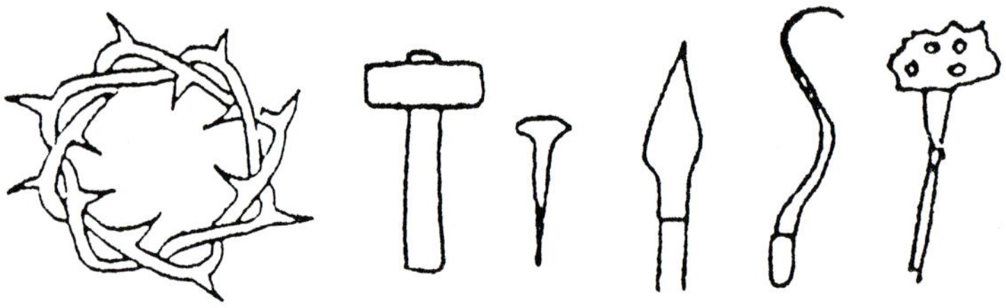

Katholizismus

1 Gegenstände, die in bezug auf die Kreuzigung Christi zu Symbolen erhoben wurden

2

3

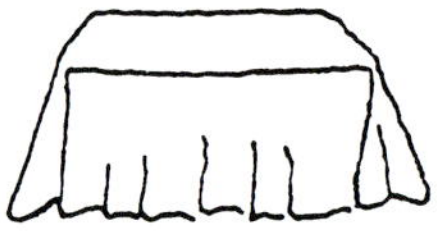

4

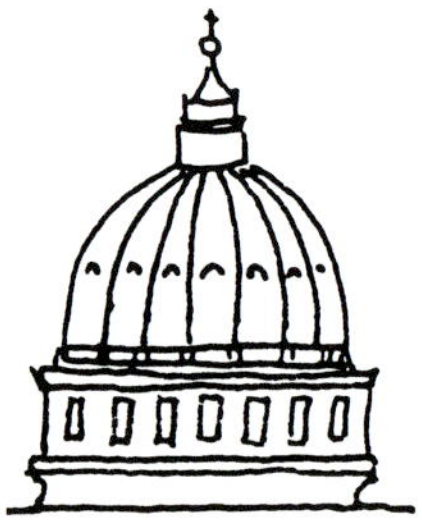

2 Kruzifix
3 Hungertuch; Wurde bei Hungersnot zum Kauen über den Altar gehängt
4 Dom; Die heilige Stätte der Katholiken

5

6

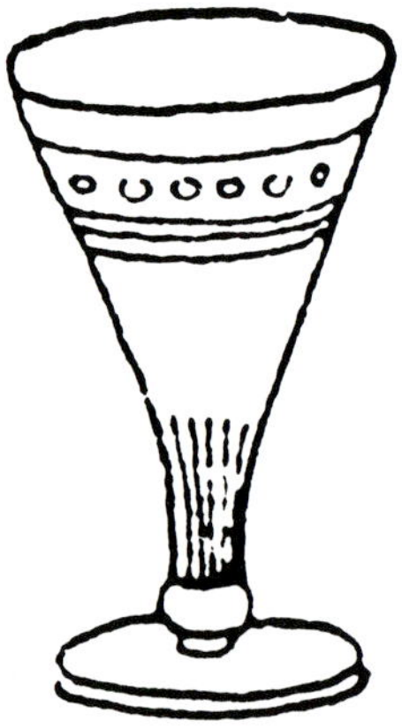

Brot und Wein sind die Symbole der Eucharistie
5 Brotschale
6 Weinkelch

7

7 Altar (altus: erhöhte Stätte); Die vier Evangelisten: in zwei Achten. Ziffer 8: Symbol der ewigen Wiederkehr, Mitte: Motive des Lebensbaumes

Protestantismus

Christuskreuz 1
Das Wort der Heiligen Schrift 2
Das Hugenottenkreuz mit der 3
Schwalbe des Heiligen Geistes

Abendmahlssymbol; 4
Die Speisung der 10000.
Liturgische Speisung von
geistiger Nahrung

1

2

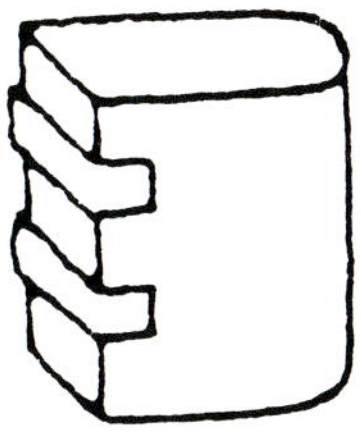

3

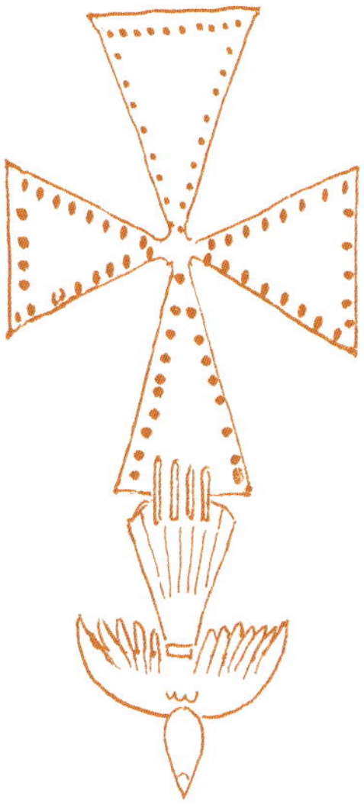

4

Orthodoxie

Ikone; 5
Das heilige Bild der Orthodoxen
Dreifachkreuz; 6

5

6

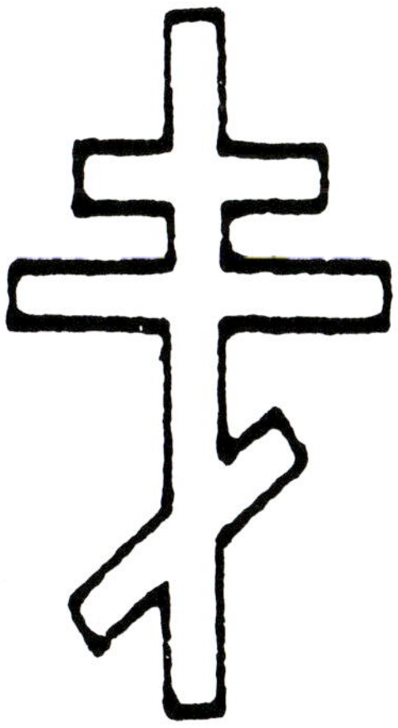

Religionen

1

2

3

Hinduismus

1 Stuppa; In Sanskrit: Schädel, Begräbnishügel, Kuppe: Andas
2 Gebetsmühle; Tibet
3 Ohm; Der Lebenshauch, der menschliche Urton

4

5

4 Ganesha; die beliebteste Gottheit Indiens
5 Bramanisch Trimutri; Die drei indischen Hauptgötter Brahma, Shiva und Vishnu vereinigt

6

6 Krishna, getragen von Copis

Shiva, Yishnu und Krishna, Malerei

Religionen

1

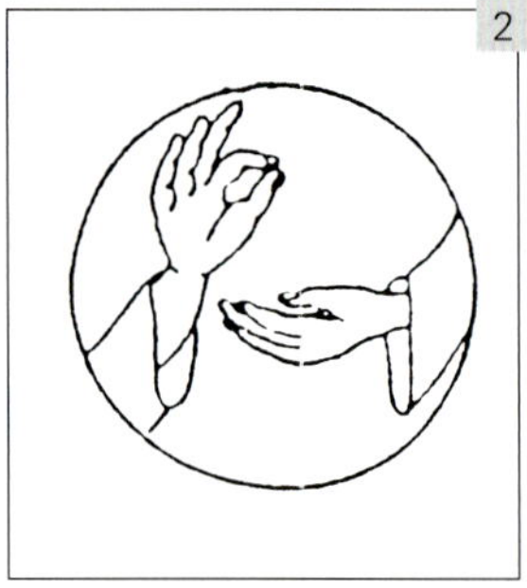
2

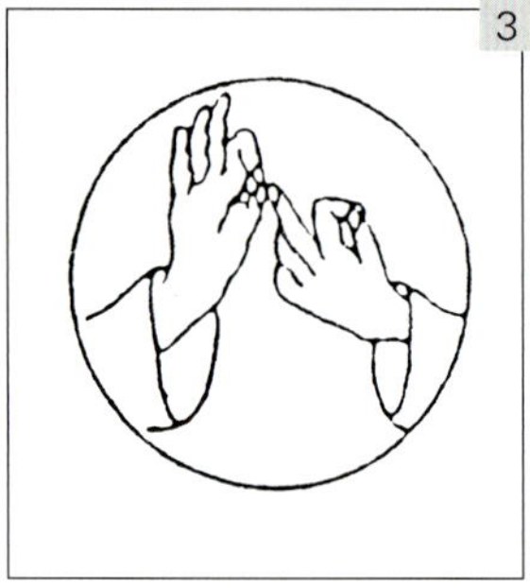
3

Buddhismus

1–6: Mudras, die heiligen Gesten Buddhas

1 Meditation
2 Begründung
3 Lehre

4

5

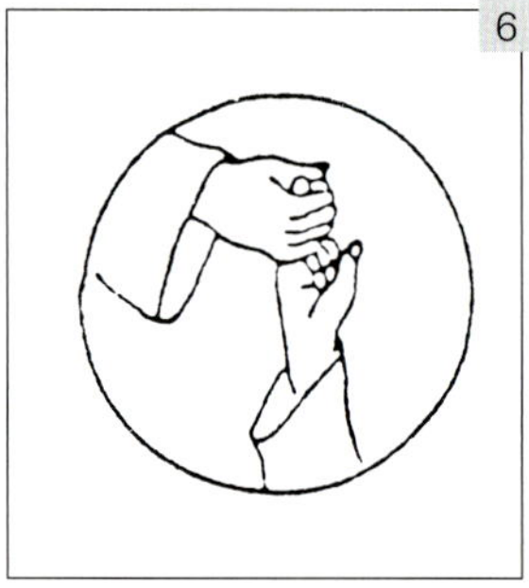
6

4 Schutz und Bitte
5 Erleuchtung
6 Vereinigung von Materie und Geist

7

8

9

7 Fussabdruck Buddhas mit vielen Symbolen
8 Dharma Gakra; Das Rad der Lehre, Hauptsymbol des Buddhismus, auch Mandala: Meditation
9 Der Nabel Buddhas; Abendländisches Fischblasen-Ornament

10

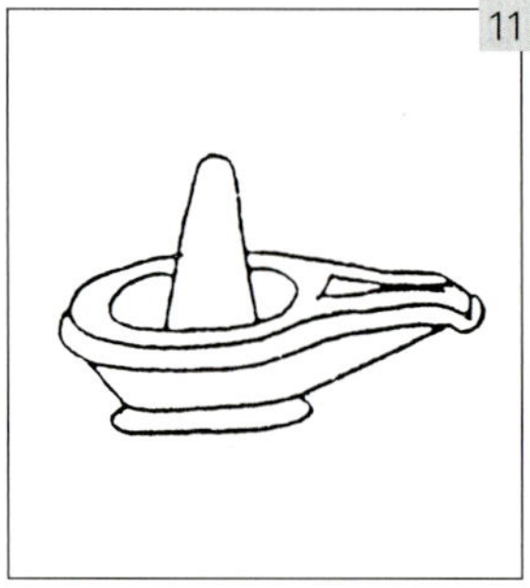
11

10 Fussabdruck Buddhas
11 Yoni

Religionen Japans (Shinto)

1 Pagode; Heliger Schrein der japanischen Glaubenslehre

2 Tori; Pforte zum Heiligtum, oft mit Papierstreifen zur geistigen Reinigung behängt

3 Gong; Ein wesentliches Kultgerät in allen Glaubenskreisen des Fernen Ostens

1

2

3

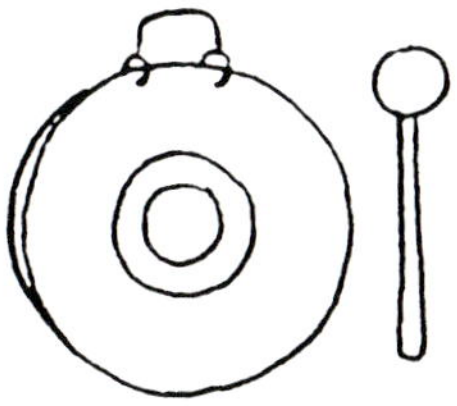

Konfuzianismus

4 Das dualistische Symbol Yin-Yang umgeben von acht Diagrammen des Yi-King

4

Nohant-Vicq., Indien, Ansicht des orientalischen Eingangs zum Kirchenschiff

Symbole der Gegenwart (Corporate Identities)

Um heute in einem stets wachsenden Markt einen Platz zu belegen, entstehen Identitätsbilder, deren Träger vielfach symbolhafte Gegenstände und Lebewesen sind. Die hier nachgezeichneten Zeichen sind meist weltbekannte Signete

Parkhotel, P. Hartmann 1
Wall Mart, Saroglia 2

1

2

Bank, Oshia 3
Designer unbekannt

3

Baumaterialien, P. Hartmann 4
Maschinenfabrik, Gotthans/Yanett 5
La vache qui rit, S. Rabier 6

4

5

6

Zoo, E. Endo 7
Camel, Reynolds 8
Peugeot 9
Designer unbekannt

7

8
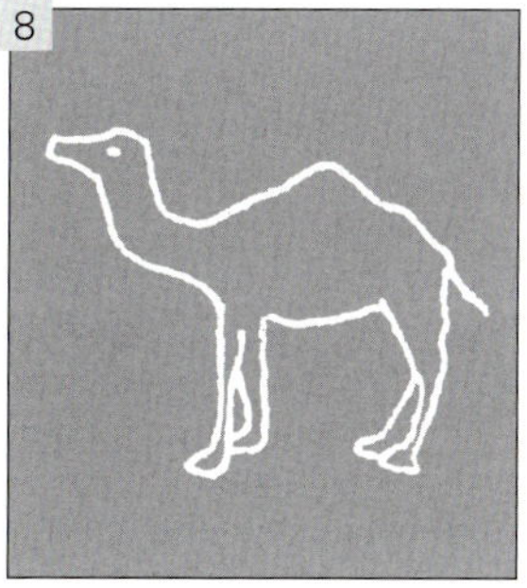

9
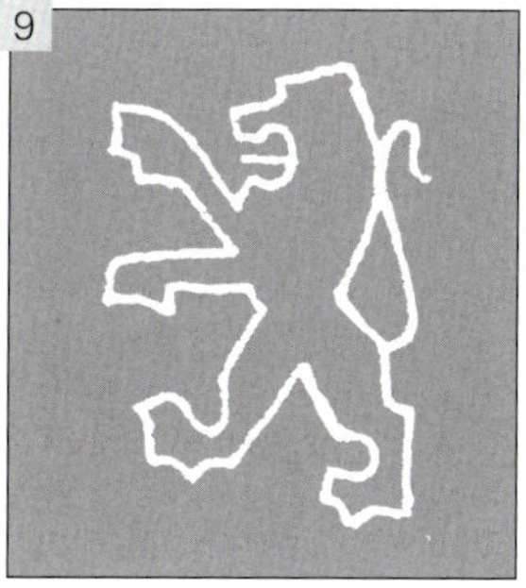

Symbole der Gegenwart (Corporate Identities)

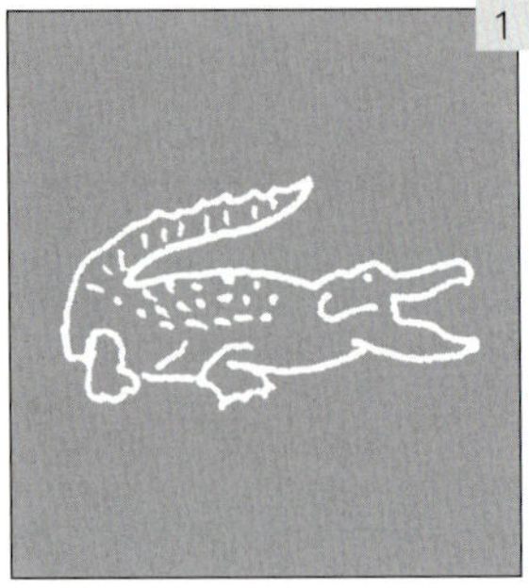

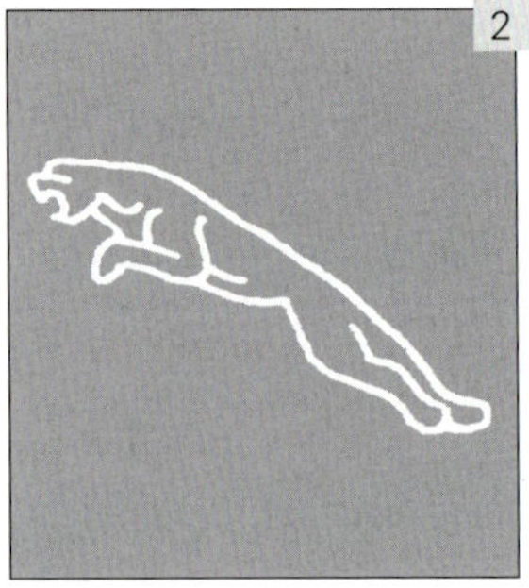

1 Lacoste, M. George
2 Jaguar, Designer unbekannt
3 Show Signs, B. Piatti

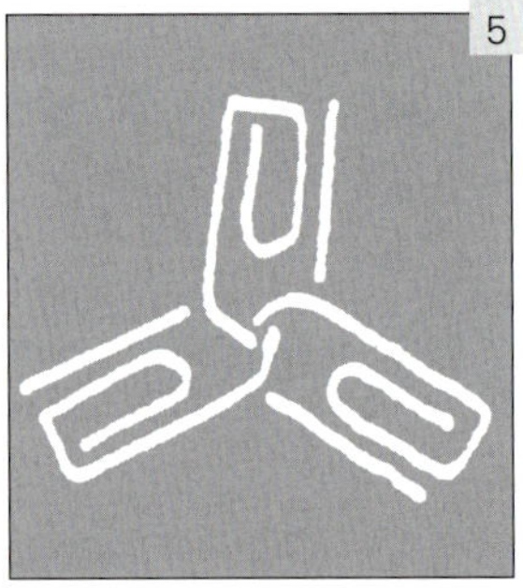

4 Apple, T. Manahan
5 Papeterie, M. Lenz
6 Australia, S. Cato

7 His Masters Voice
Designer unbekannt
8 Shell, R. Loewy

9 Gauloises, M. Jacno

Symbole der Gegenwart (Corporate Identities)

Religious Association, Pease 1
Designer unbekannt
Klingenschmied Solingen 2
Designer unbekannt

1

2
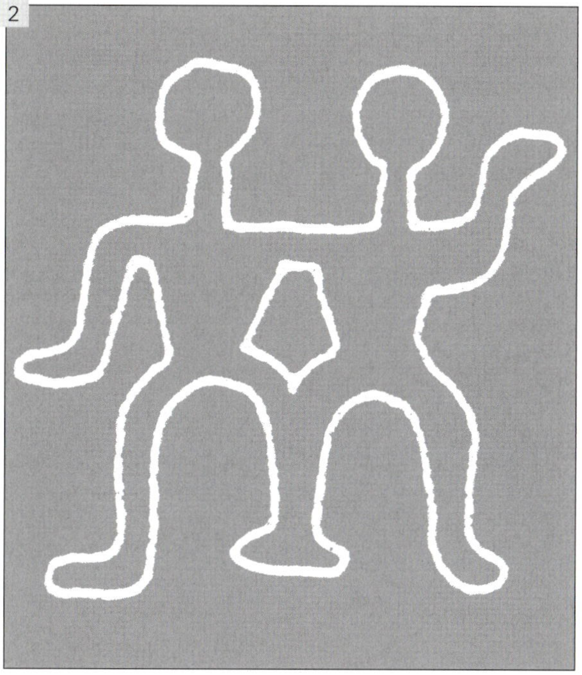

Gärtnerei, Geisser/Etter 3

3
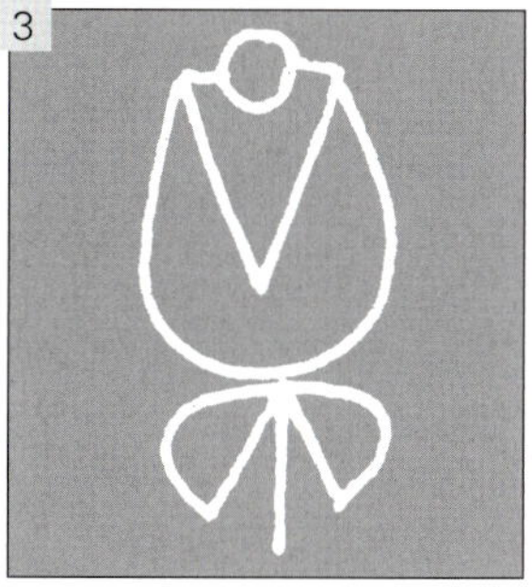

Maschinenfabrik 4
B. Winterhänger
Mountain Sports 5
Hoffmann/Colcer
Playboy, M. Paul 6

4

5

6

Lufthansa, O. Firle 7
Japan Airlines, T. Hoff 8
Apotheke, P. Keller 9

7
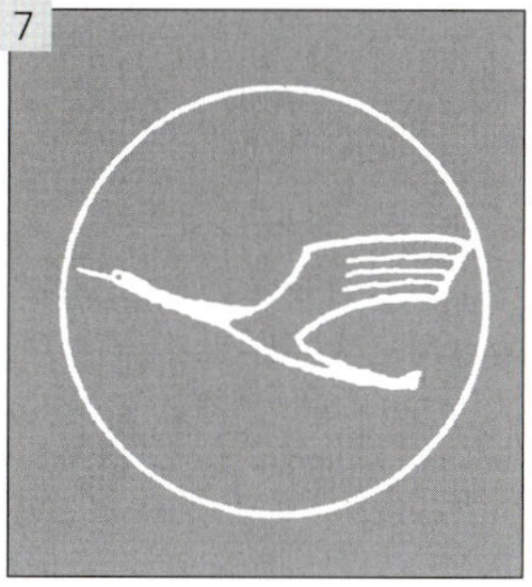

8

9
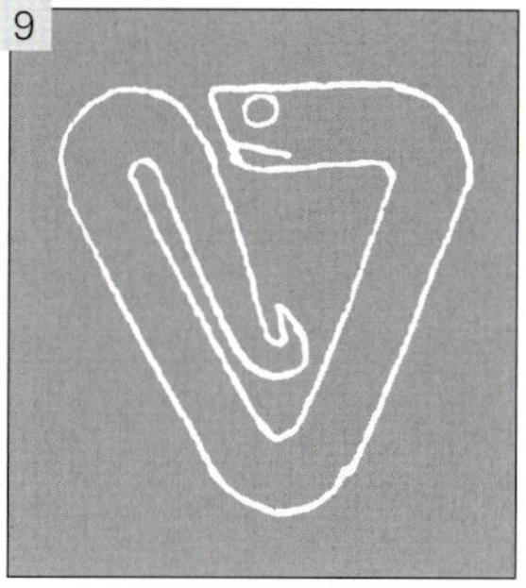

Symbole der Gegenwart (Corporate Identities)

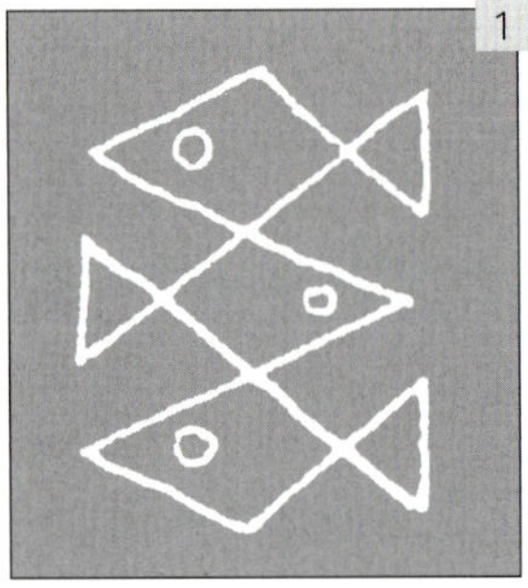
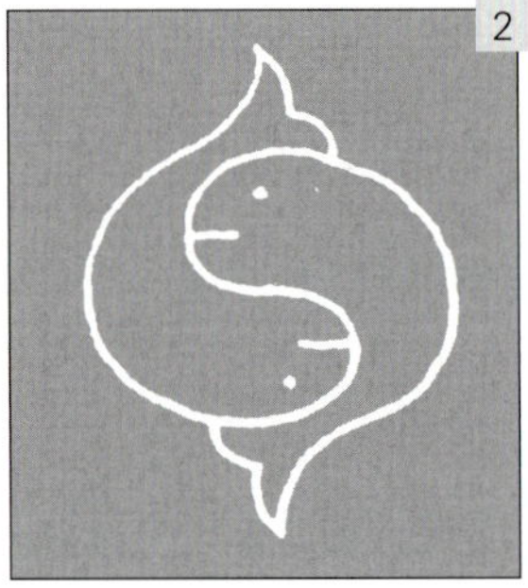

1 Fischer Verlag, P. Zimmermann
2 Aquarium Products, M. Loos
3 Fishery Coop, M. Duziki

4 Buchverlag, Designer unbekannt
5 Verlag, Designer unbekannt
6 Opera, T. Kautscheff

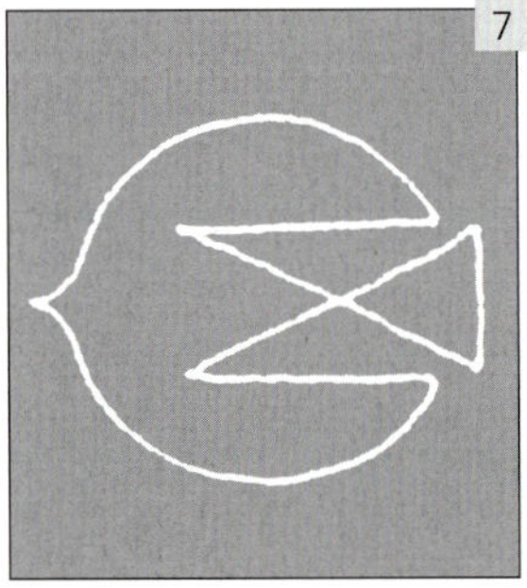

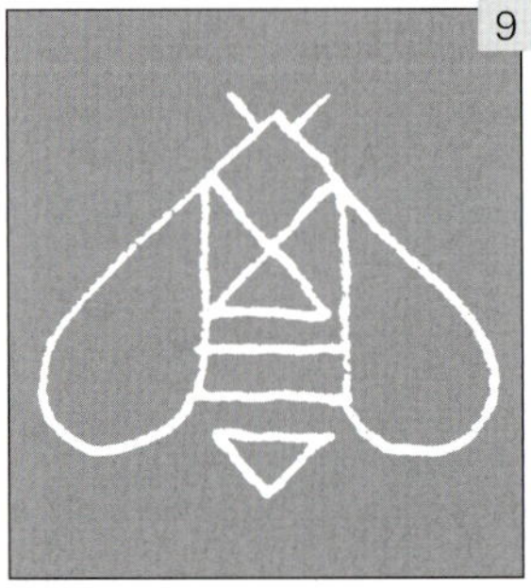

7 Broadcasting, B. de Hadak
8 Advertising Congress
Designer unbekannt
9 Bank, T. Geisser

10 Insectarium Zoo
Designer unbekannt
11 Verlag, P. Burghart
12 Nestlé, Nestec

Die Ähnlichkeit seiner Silhouette mit der menschlichen Gestalt liess das Kreuz zum tragenden Glaubens-Symbol der Christenheit werden

Das bekannteste Kreuz ist das aufrechte Kreuz (1). Es trägt in sich so mannigfaltige Be-Deutungen, dass es mit Recht als das Zeichen aller Zeichen benannt werden kann. Die Vertikale durchkreuzt die Horizontale als Be-Deutung der vier Himmelsrichtungen. Aus den vier offenen Winkeln strahlt ein mysteriöser Schein. Das Richt-Kreuz bedeudet Gerechtigkeit. Im weiteren Sinne bezeichnet ein Kreuz die menschliche Gestalt. Der Mensch sucht nach seiner Mitte, seinen geistigen und körperlichen Standort. Wo er sich hinbewegt, trägt er stets seine Mitte mit sich. Sein Herz schlägt in der Mitte seines Körpers. Nach einer starken Entfremdung findet der Mensch sich selbst wieder.

Verlängert man die Vertikale nach unten, wird das Kreuz zum Symbol des Christentums (2). In den vergangenen 2000 Jahren wurde das einfache Kreuz auf unendlich viele Arten verändert. Jede Gruppe der christlichen Gesellschaft verlangte nach ihrem «Wappen», es entstanden zum Beispiel das «Kardinals-Kreuz (3), das Papst-Kreuz (4), das Petrus-Kreuz (5) oder das Orthodoxen-Kreuz (6) und viele weitere Varianten.

Griechisches Kreuz; Rechtkreuz, Pluszeichen 1
Christuskreuz; in China Gottheit 2
Kardinalskreuz; Lorrainekreuz 3
Papstkreuz 4
Petruskreuz; mit dem Kopf nach unten gekreuzigt 5
Orthodoxenkreuz 6

Kreuzzeichen

Neben dem aufrechten Kreuz steht das Mal-Kreuz (griechisches Kreuz, Rechtkreuz). Die Gesetzmässigkeit des X-Kreuzes ist genau das Gegenteil des aufrechten Kreuzes: zwei Diagonalen kreuzen sich in der Mitte. Aus dem Zeichen wirkt die Stabilität. Vielfach wurden mit einem X Dokumente signiert oder Schnittpunkte gekennzeichnet.
Das Zeichen erhält eine tief existentielle Bedeutung.

1

2

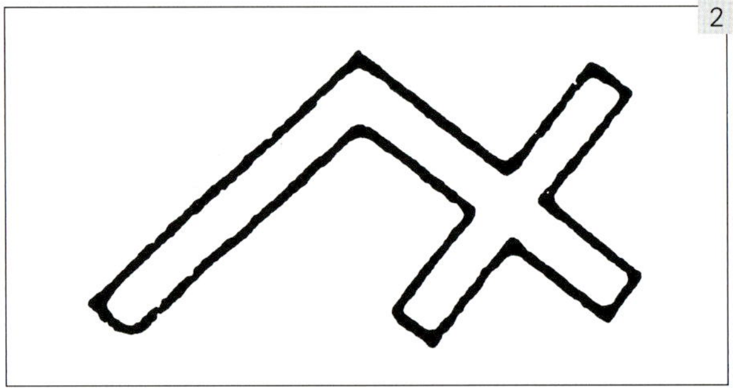

1 Bischofskreuz
2 Leidenskreuz; Kreuzweg Christi. Der Bruch ist Symbol des Leidens

3

4

3 Ankerkreuz; Fester Glaube
4 Mondsichel; Christus aus dem Leib Marias

5

5 Ankerkreuz

Ägyptisches Lebenszeichen, Henkelkreuz 1
Alphazeichen 2
Omegazeichen 3
Alpha und Omega: «Ich bin der Anfang und das Ende»

1

2

3
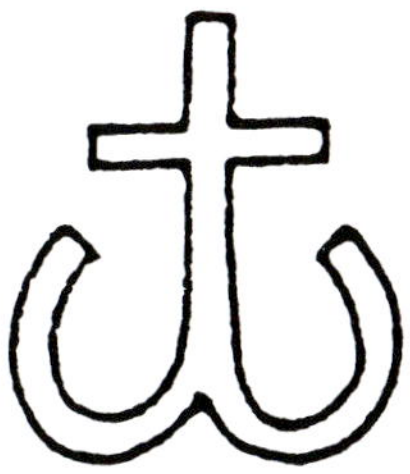

Schwertkreuz 4
Christliche Symbole aus den Katakomben von Rom 5

4

5

Kreuzmuster für Weberei mit typischen Schrägschnitten
Einfaches Kreuz 6
Fahnenkreuz 7
Pfeilkreuz 8

6
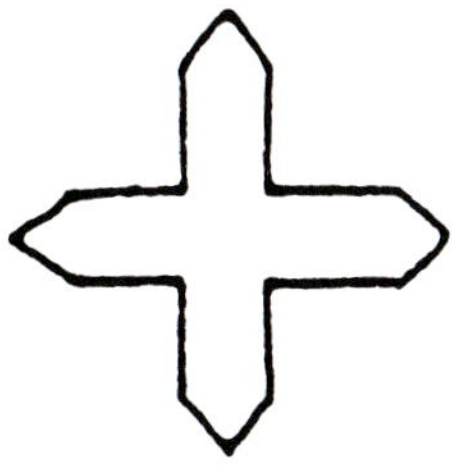

7
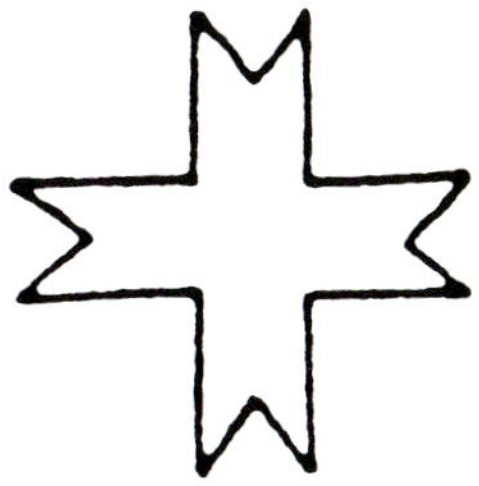

8
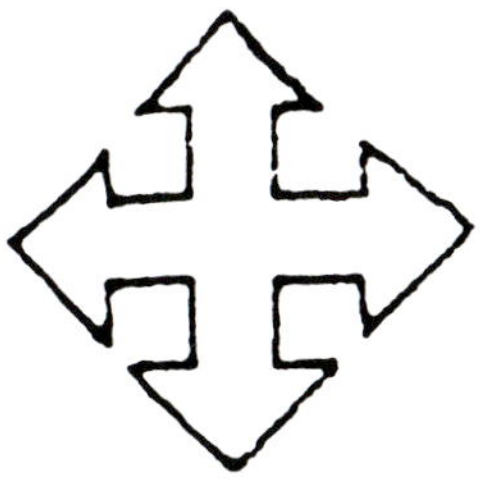

Kreuzzeichen

1 Die vier Himmelsrichtungen; Azteken
2 Eisernes Kreuz
3 Kreuzfahreremblem

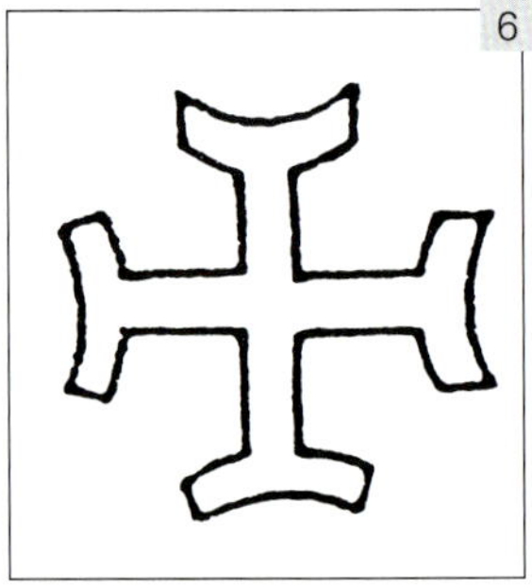

4 Wikingerkreuz; Auf Münze
5 Sonnenkreuz; Keltisch
6 Krückenkreuz

7 Jerusalemkreuz
8 Gabelkreuz; Troja

9 Doppeltes Gabelkreuz

4: Germanisches Weihekreuz 1
Scheibenkreuz 2
Kugel- oder Kolbenkreuz 3

1

2

3
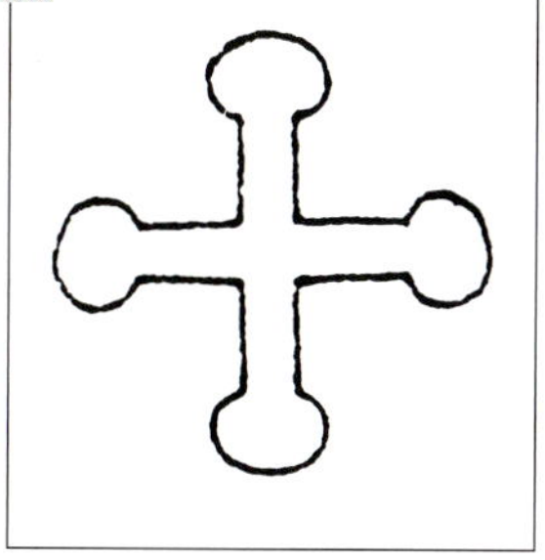

Herz- oder Apfelkreuz 4
Kleeblattkreuz 5
Bankenkreuz 6

4

5

6

Lilienkreuz 7
Nagelkreuz; Koptisch 8
Christusmonogramm; 9
Griechisches X + P

7

8
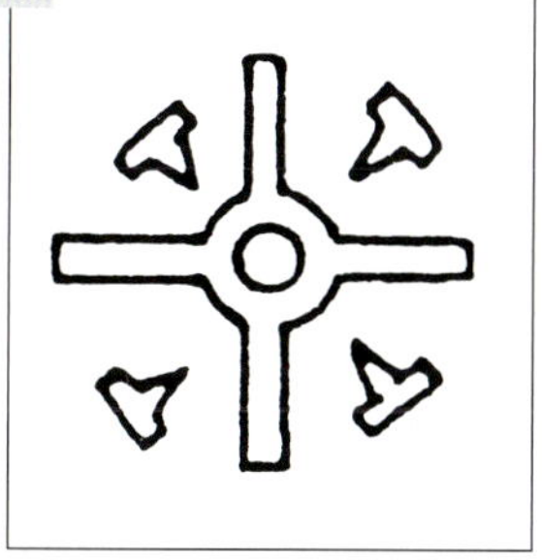
9

Die vier Ecken der Erde; China 10
Feuerkreuz; Kaukasus, 11
Webmuster
Irischer Schmuck aus Metall 12

10

11

12

Kreuzzeichen

1

2

3

1 Koptische Kreuzform
2 Koptische Kreuzform
3: Irischer Schmuck aus Metall

4

5

6

4 Auf einer Keramik, Mexiko
5 Doppelkreuzmuster; Russland, gestrickt
6 Kreuz aus Buchmalerei, Irland

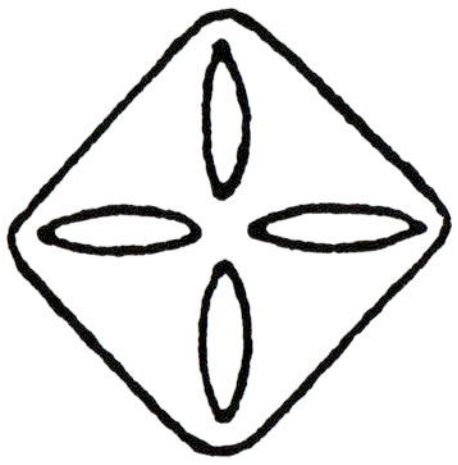
7

8

9

7 Kreuz aus Buchmalereien, Irland
8 Irisches Kreuz, Buchmalerei
9 Lotuskreuz

10

11

12

10 Kreuz auf Runensteinen, Skandinavien
11 Eine Art Rundkreuz auf Runenstein, Skandinavien
12 Schmuckkreuz, Kreta

Swastikas und Abwandlungen

Das Swastika-Zeichen ist ein sehr altes, in allen Teilen der Welt vorkommendes Symbol, welches meistens in Zusammenhang mit dem Sonnenkult zu bringen ist, wie auch das nebenstehende Symbol auf einem uralten indischen Stempel. Die gebogenen Strahlenlinien und die rotierende Bewegungsangabe weisen auf den Ablauf der Sonnenbahn hin.
Die ältesten Beispiele stammen von Keramikmalereien aus dem Vorderen Orient, 6. Jahrtausend v. Chr.

Einfache Swastika, Hakenkreuz, Gammakreuz
links drehend: Unglück 1
rechts drehend: Glück 2
Schräge Swastika; Runenzeichen für Blitz und Donner 3

1
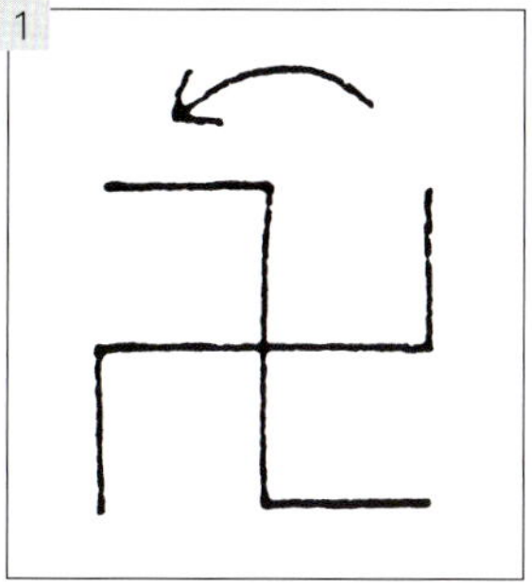
2
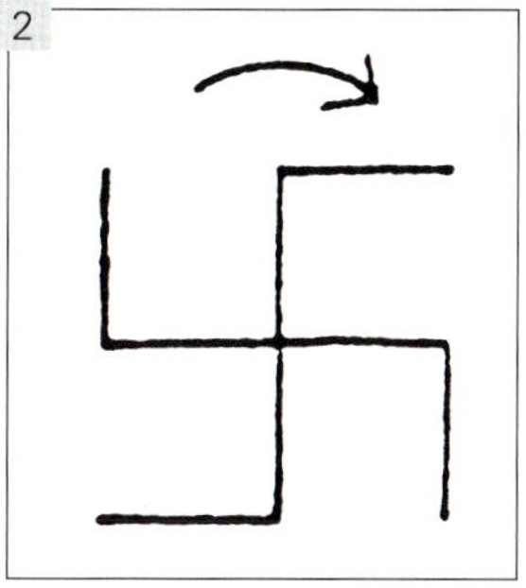
3
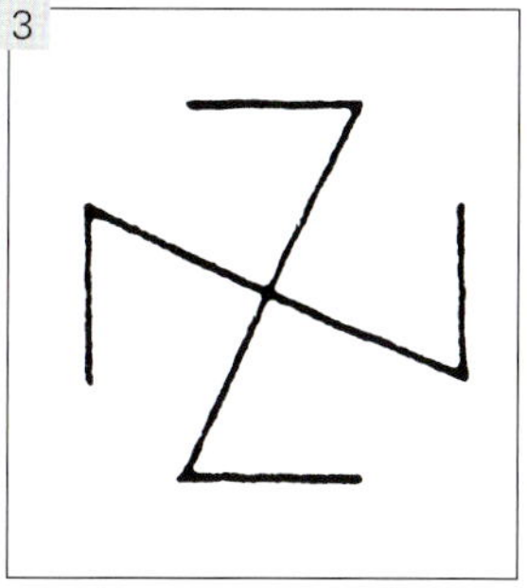

Runde Swastika; Sonnenzeichen 4
Simbabwe, Keramik 5
Auf indischem Stempel 6

4

5
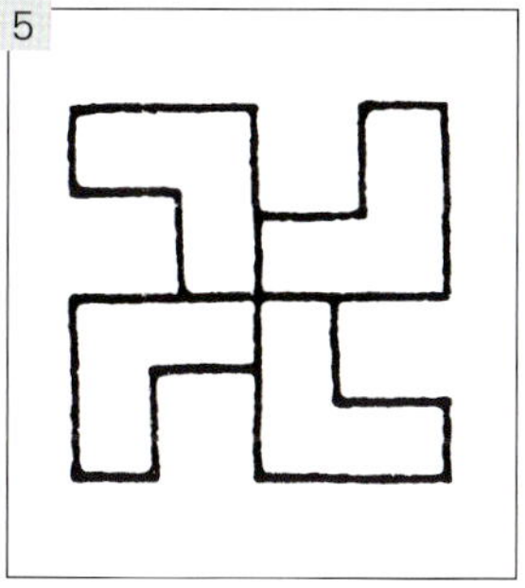
6

Wikinger Segenszeichen 7
Flammenkreuz; Altmexikanische Keramik 8
Vier Halbkreise, Afrika, Stickerei 9

7

8

9

Ranken

Durch das Einrollen eines Endes einer Geraden verschwindet der aggressive Charakter, es ergeben sich Bilder von Ranken, Wellen, Locken etc. Das Durchdrungensein nimmt in der symbolischen Darstellung einen wesentlichen Platz ein. Der starke Ausdruck der Bindung lässt sicher auf einen symbolischen Gehalt schliessen. Wesentlich ist das Verschwinden der Strichenden. In diesem Zusammenhang ist auch das Labyrinth zu erwähnen.
Das Krümmen erweckt Aggressivität im Haken, das Einrollen im Gegensatz Anmut und Zärtlichkeit. Hier drei Spiralen auf einem Runenstein

1

2

3

1 Wirbel-Rotationsmuster; Haartracht; Ghana, Druckstempel
2 In Metall getriebene Wellen; Kreta
3 Rankenmotiv; Schmuckstück, Kreta, auch Kreuzzeichen

4

5

6

4 Stempel, Ghana
5 Gesicht; Typische Stilisierung, Kreta
6 Auf Grabstein; Irland

7

8

9

7 Die vier Paradiesfüsse; Indien, auf Münze
8 Rankenkreuz; Schmuck, Indien
9 Das Chimizeichen: Tod, Altmexiko

Im Wesen des gesponnenen Fadens liegen Länge, Aufrollen, Weben, Flechten und Knüpfen

Mosaikmuster; Ravenna 1
Ewige Wiederkehr; Kreta, Metall 2
Sandstreutechnik, Indien 3

1

2

3
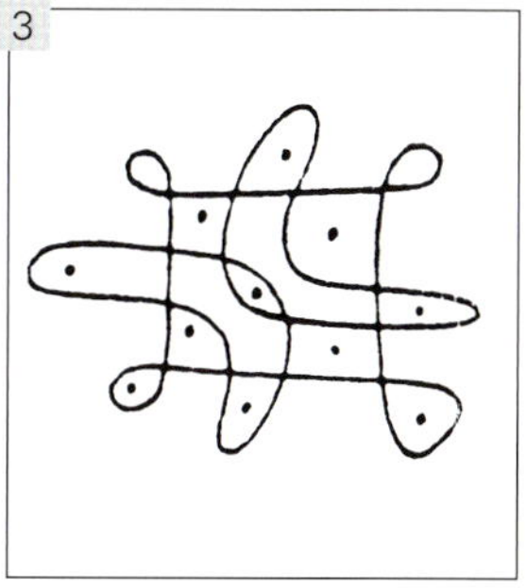

Sandstreutechnik, Indien 4
Nigeria, in Elfenbein graviert 5
Mosaikmuster, Ravenna 6

4
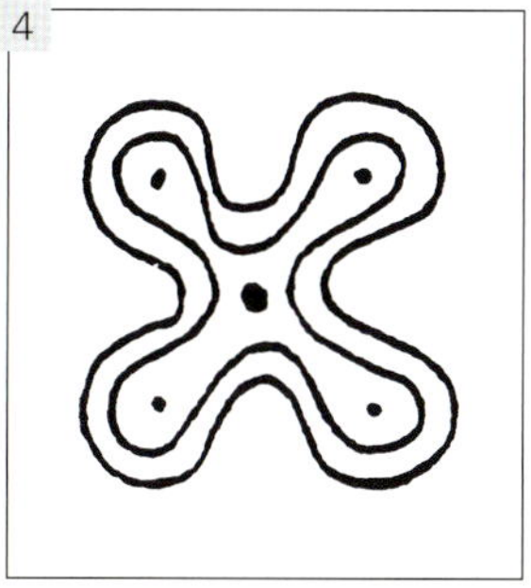
5

6
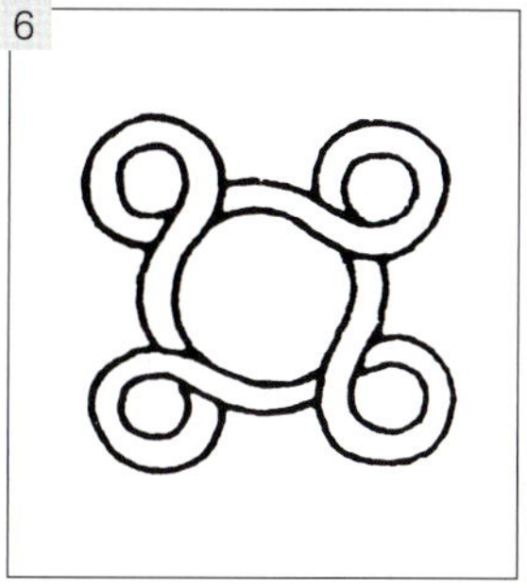

Schmuck, Kreta 7
Frühchristliche Freskenmalerei, Äthiopien 8
Frühchristliche Freskenmalerei, Äthiopien 9

7

8

9

Norwegen, auf einem Pulverhorn 10
Keramikstempel, Altmexiko 11
Der Gordische Knoten; Alexander der Grosse soll ihn durchschnitten haben: Freier Weg in den Osten 12

10

11

12

Die Mitte der Welt

Der Mensch zwischen Erdoberfläche und Himmelsgewölbe versucht sich zu orientieren. Aus der Beobachtung der Gestirne entstanden die Begriffe der Himmelsrichtungen. Die Sonnenbahn wurde zur Tangente der Horizontalen. So entstanden Symbole, die die Mitte der Welt versinnbildlichen. Auch Symbole der Gegenwart und der Vergangenheit.
Eine am Toten Meer gefundene Schriftrolle mit Texten einer jüdischen Sekte enthält diagrammähnliche Zeichen, die den Zeichen der mittelalterlichen Magie sehr ähnlich sind.

1
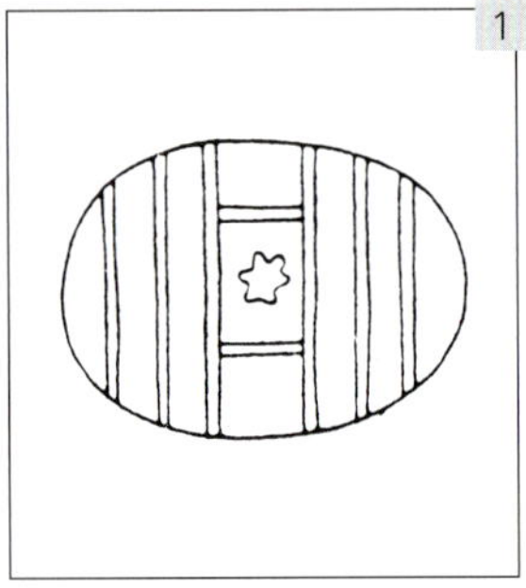
2
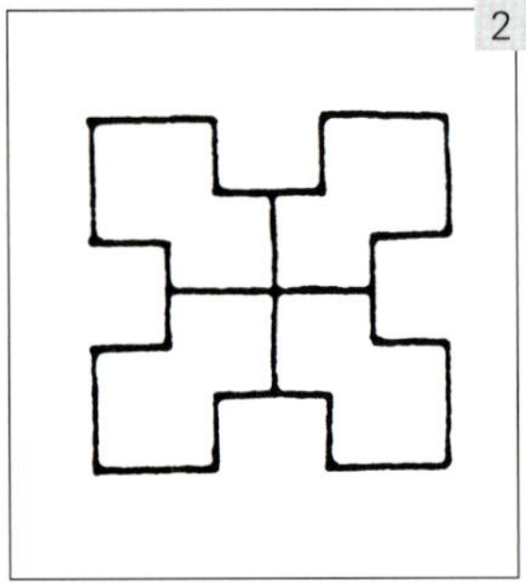
3
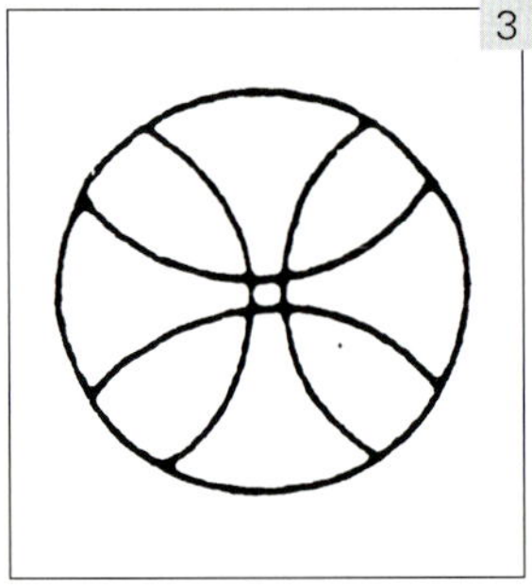

1 Das befruchtete kosmische Ei Malerei, Rajastan
2 Die vier Ecken der Welt; Ghana, Stempel
3 Das zentrale Bewusstsein; Auf Runenstein

4

5

4 Das zentrale Bewusstsein; Nachchristliches Symbol Auf Runenstein
5 Symbol einer zentralen Kraft. In Gold getrieben auf einer Gürtelschnalle, Türkmenien, 2000 v. Chr.

6

6 Die heiligen Weltachsen; China

Tantrasymbol der Vulva, Indien 1
Die vier Weltgegenden, Azteken 2
Die Welt der Mitte; 3
Christliches Zeichen

1

2
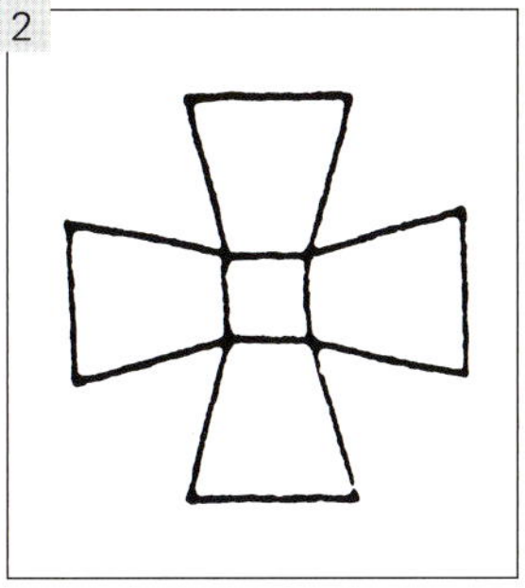

3

Sonne und Mond über der Welt; 4
Tantrasymbol der Vulva; Indien 5

4
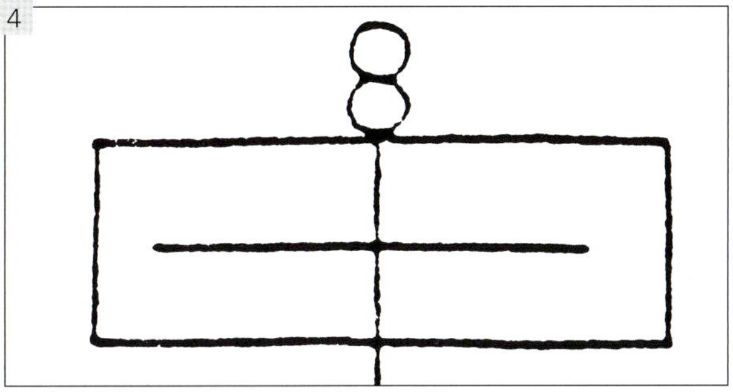

5
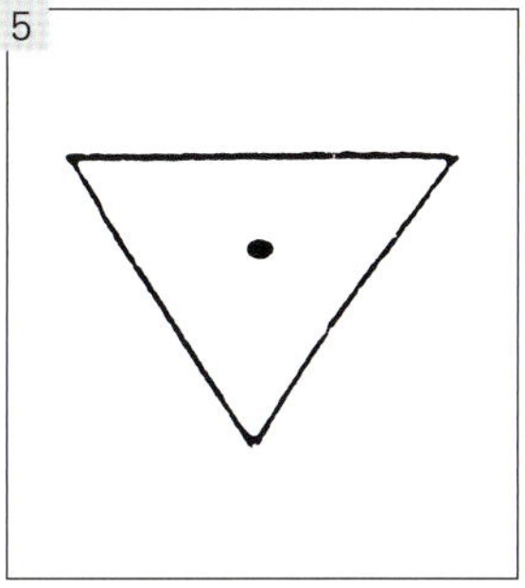

Kabbala

Aleph, Wurzel 6
Die Welt als Labyrinth 7

6
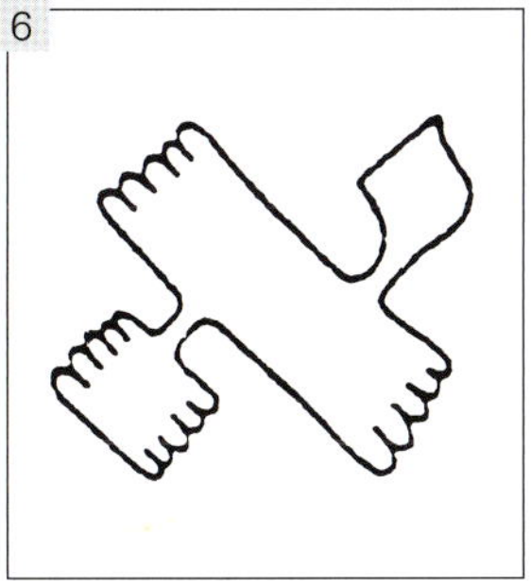

7

Kabbalistische Schrift 8

8
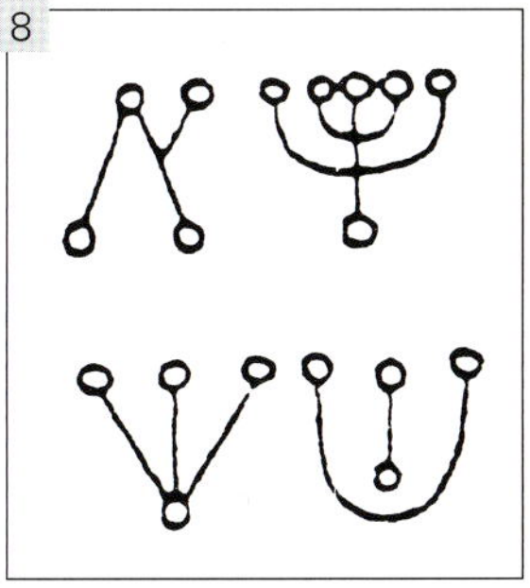

Geometrie

Der sichtbare Teil eines geometrischen Zeichens besteht aus einer Zusammenstellung von geraden und gekrümmten Linien. Die Orientierung der Linien, die vier rechten Winkelmasse des Quadrates, der Radius des Kreises, die gleichen oder verschiedenen Winkel im Dreieck etc. erhalten symbolische Bedeutungen. .

1

1 Quadrat; Grundelement, vier Jahreszeiten, aber auch vier Regionen usw.

2

3

4
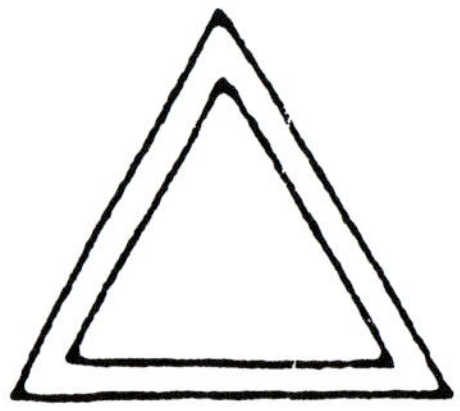

2 Diagonale; Das Irrationale
3 Zwei Quadrate verschränkt: Achtstern kreativer Intellekt
4 Dreieck; Grundelement,

5

6

7

5 Zwei Dreiecke: Davidstern
6 Pentagramm; Dreieinigkeit, ewige Wiederkehr
7 Wikingerzeichen; Die Zahl neun (3 x 3) war von jeher ein Symbol

8
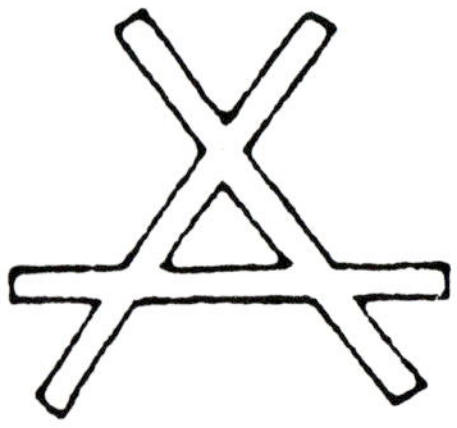

9
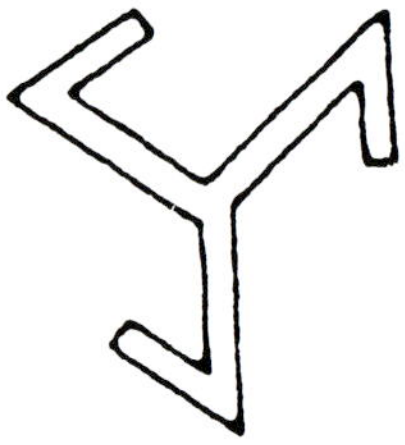

10
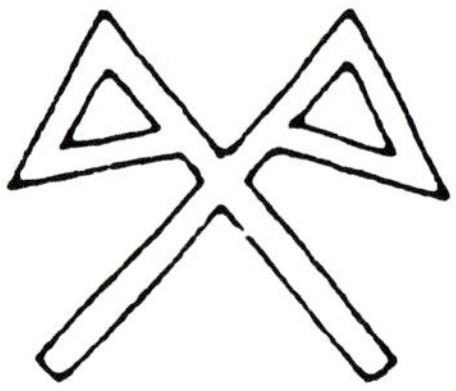

8 Drei Durchkreuzungen: Sperrkreuz
9 Dreifuss; Altes Zauberzeichen
10 X-Kreuz mit zwei Fahnen oder Pferdeköpfen, Schutzzeichen

Grundzeichen; Ohne Anfang und Ende, Sonne, umschliesst alles Geistige 1
Zusammenschluss, Einigkeit 2
Dualität, Weltgeist 3

1
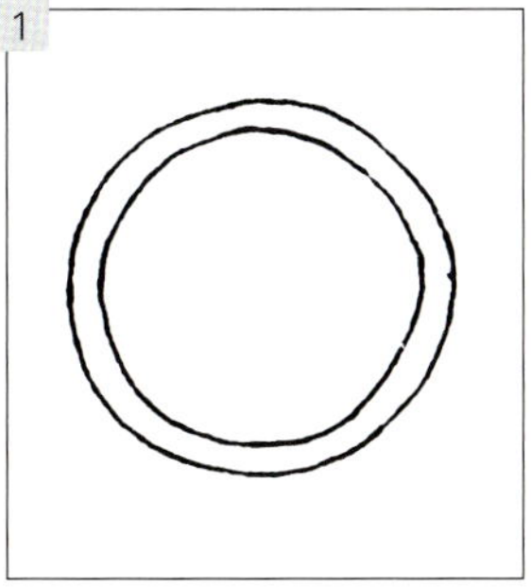
2
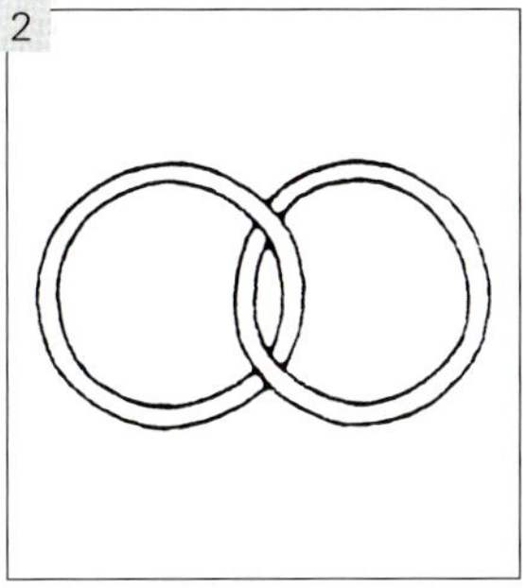
3
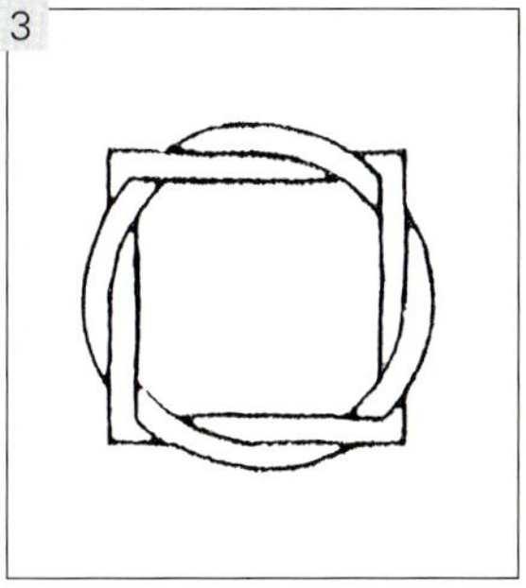

Dreieinigkeit, Lebenszeichen (siehe Pentagramm) 4
Dreipass, Dreiklang: Dreieinigkeit 5
Torbogen, Gruft, schützende Höhle 6

4

5

6
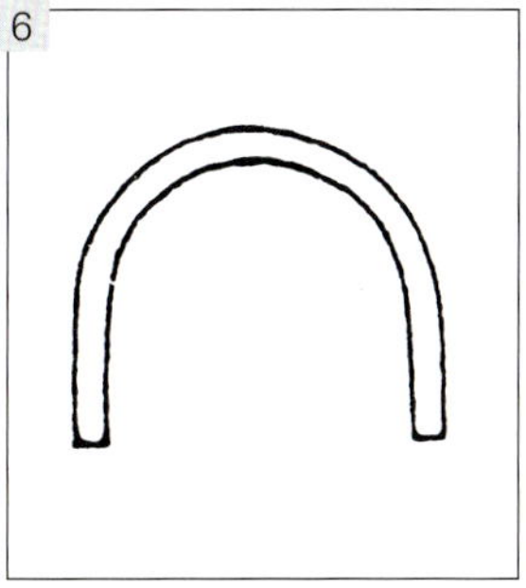

Schale, Opferung, Weihe 7
Spirale; Weltweit verbreitetes Symbol, Entwicklung und Verdichtung (siehe Sonnensymbol) 8

7

8

Schlinge; Der weibliche Schoss (siehe Schlange) 9

9

Die Menge 7

Die 7 ist eine aus den Grundzahlen des Männlichen 3 und des Weiblichen 4 durch Addition 3+4 = 7 gewonnene heilige Zahl. Zahl der Planeten (in der Antike) und Zahl der Wochentage. Teilweise tragen die Planetennamen auch die Zahl der Tage einer einzelnen Mondphase.
Der Buddhismus kennt 7 verschiedene Himmel.
Die Chinesen sahen die 7 Sterne des Grossen Bären in Zusammenhang mit 7 Körperöffnungen und 7 Öffnungen des menschlichen Herzens.
Bei den Babyloniern begegnen auch die «bösen Sieben», eine Gruppe von 7 meist zusammen auftretenden Dämonen.
Bekannt sind die 7 (oder 3) Hesperiden, die 7 Tore Thebens, die 7 Söhne des Helios, die 7 Söhne und die 7 Töchter der Niobe, die Sieben Weisen, die Sieben gegen Theben usw.

Symbolhafte Orientteppichmuster-Ornamente

Die Erscheinung von Ornamenten muss sehr früh Bewunderung ausgelöst haben, indem alles von Handwerkern Produzierte als den Geist anziehend empfunden wurde.
Als Beispiel ist die Ornamentik im Orientteppich und der Stoffdruck aus Afrika angedeutet. Der Reichtum im Orient-Teppich ist auf die klimatischen Bedingungen zurückzuführen. Wenn der Nomade in der Wüste seinen kargen Gebetsteppich ausbreitet, umgibt er sich mit einem Paradiesgarten.

Symbolhafte Orientteppichmuster-Ornamente

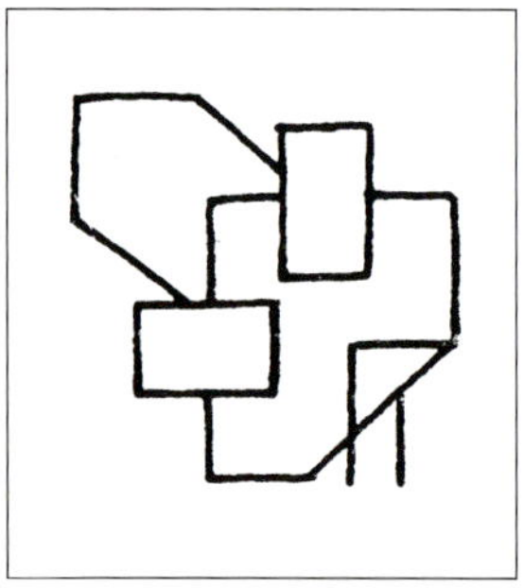
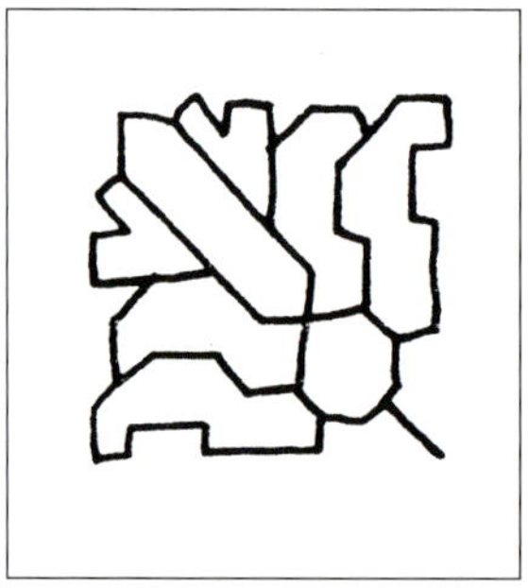

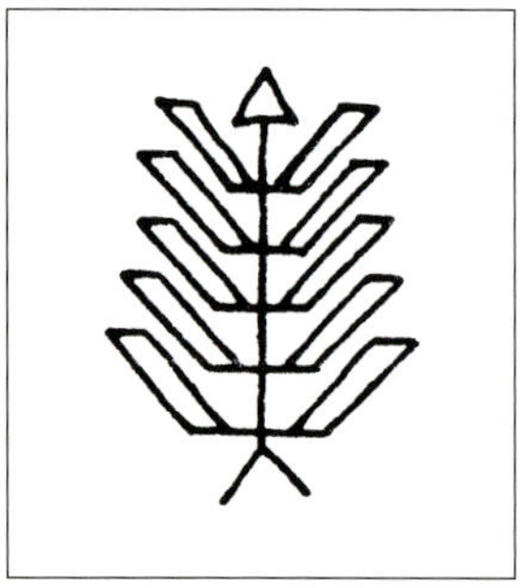

Symbolhafte Orientteppichmuster-Ornamente

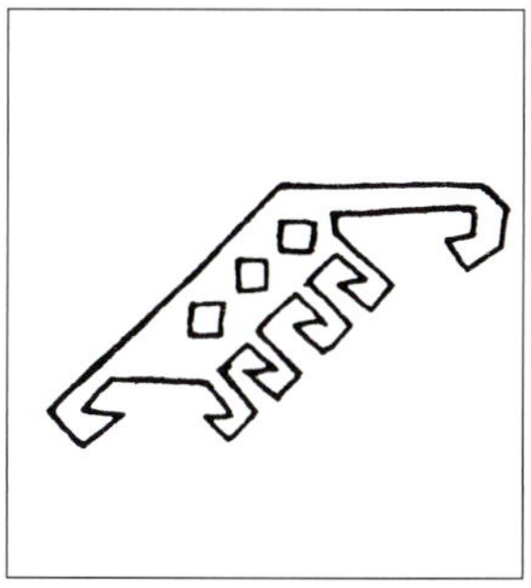

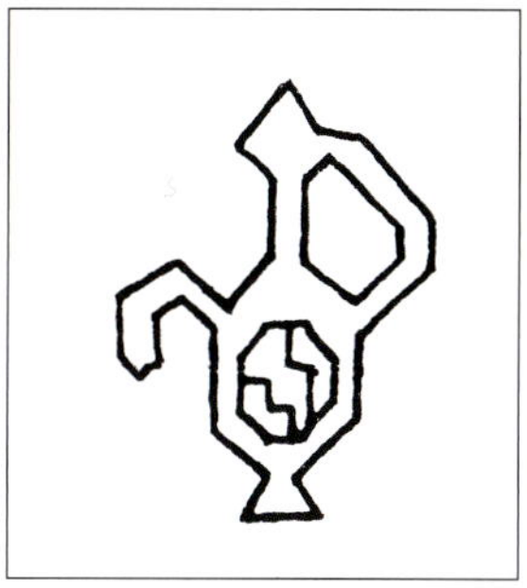

Radsymbole

Das Rad ist eine der wesentlichsten Erfindungen der Menschheit. Ausser im praktischen stand es auch im kultischen Gebrauch. Die Teilung durch Speichen und die zentrale Nabe erweckten vielerlei symbolische Vergleiche.

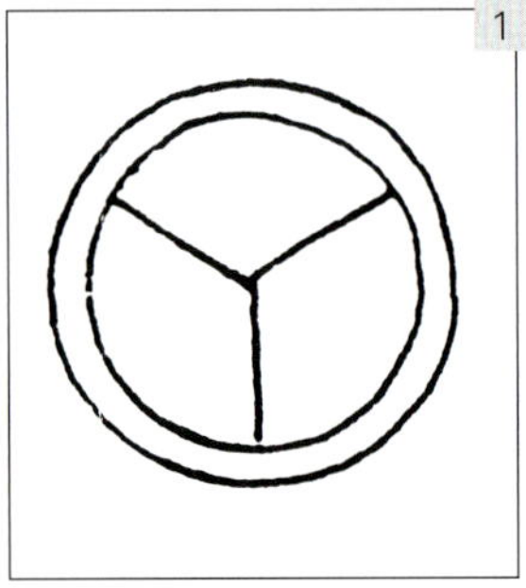
1

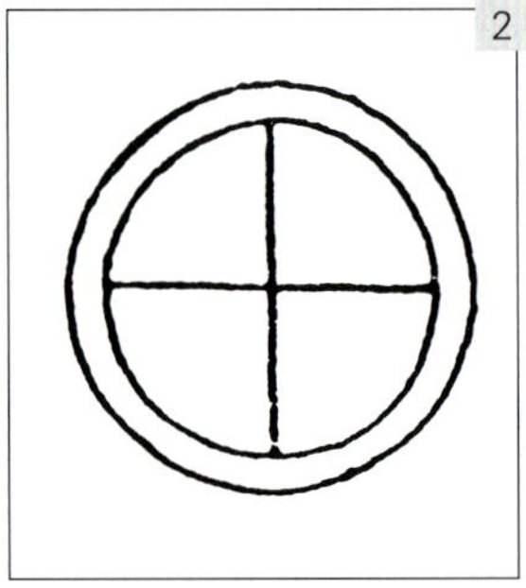
2

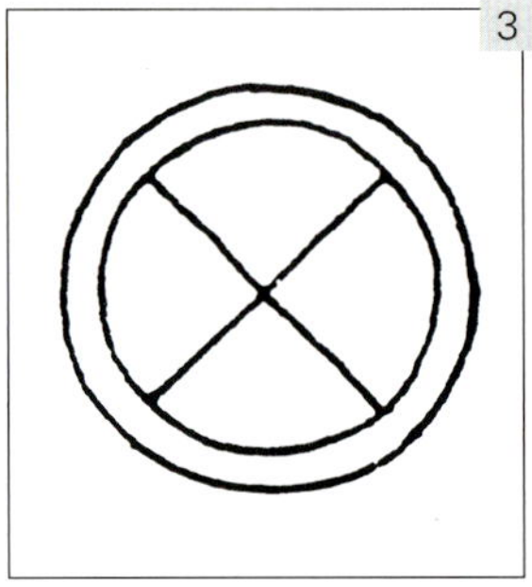
3

1 Dreirad; Trinitätssymbol, wartende Seele
2 Radkreuz; Umfasst das Weltall
3 X-Rad; Mühlerad, erfolgreiches Schaffen

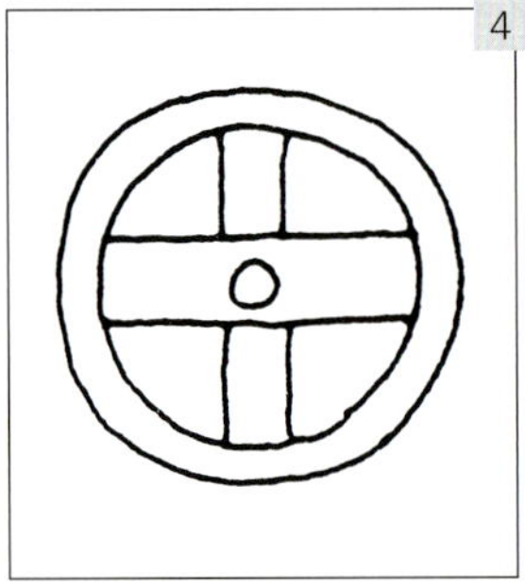
4

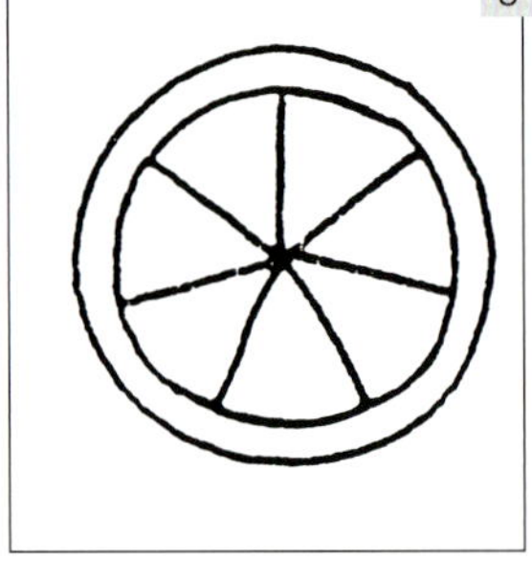
5

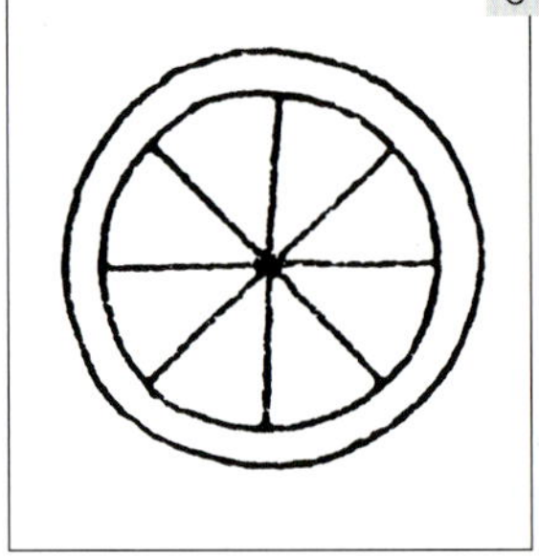
6

4 Bauernrad; Recht und Freiheit, auf Fahnen, Rädelsführer
5 Siebenrad; Die Legende meint, es sei ein Folterrad
6 Achtrad; Sonne, Welt, Glück (Buddhismus)

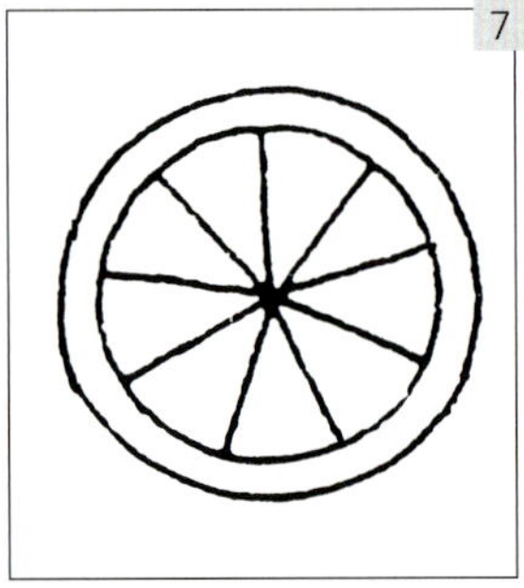
7

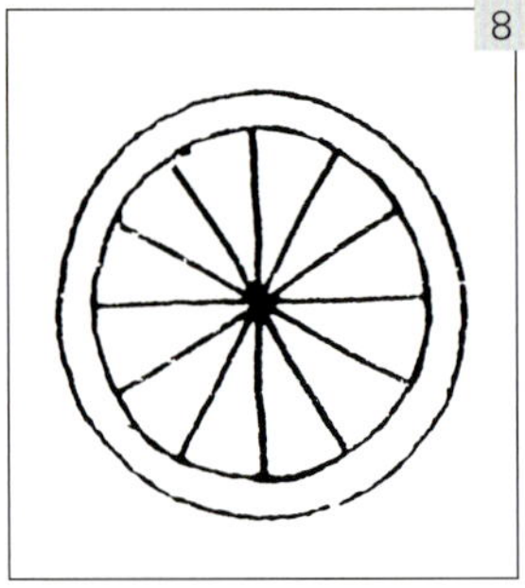
8

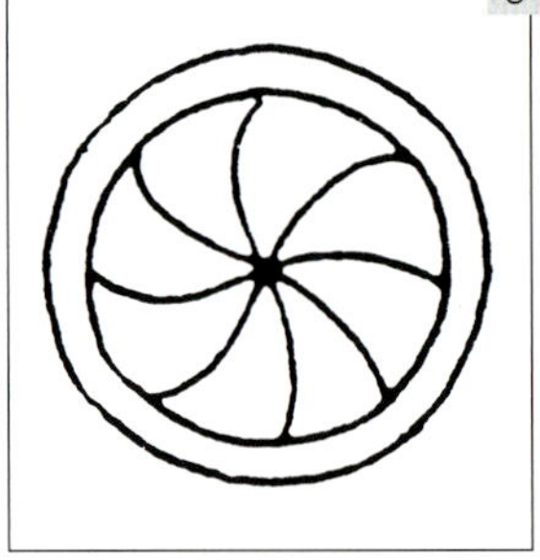
9

7 Neunrad; Sinnbild der Suchenden, Studierenden
8 Zwölfrad; Vollendung, die Zwölfte Stunde
9 Rotierendes Rad; Rastlos in schöpferischer Arbeit (siehe Sonne)

Elemente

Zusammen mit dem Erwachen der menschlichen Intelligenz hat sich das Bedürfnis nach dem Verständnis der Beschaffenheit der Dinge und des Lebens entwickelt. So sind die Erkenntnisse der Eigenschaften elementarer Stoffe entstanden. Entsprechend bedeuten: Das Feste die Erde, das Flüssige das Wasser, das Heisse das Feuer, das Kühle der Wind, die Luft.

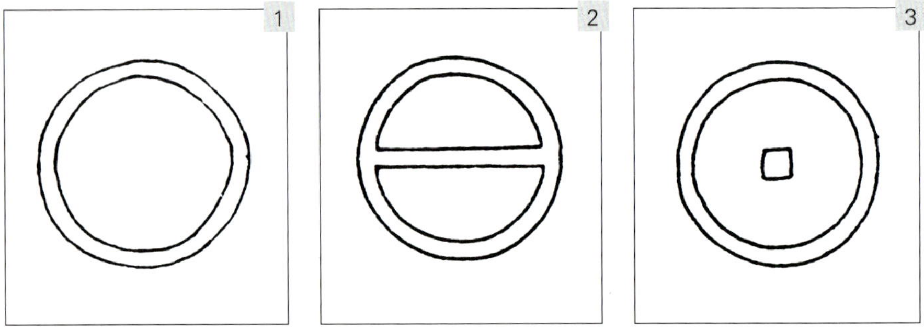

1 Feuer
2 Wasser
3 Luft

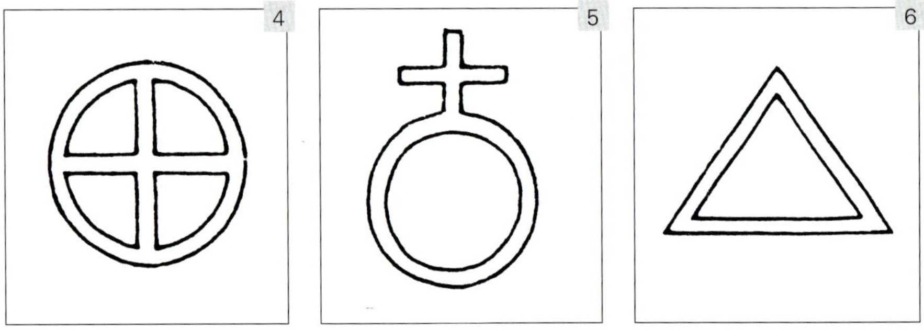

4 Erde (Stoff)
5 Erde (Welt)
6 Feuer

7 Wasser
8 Luft
9 Erde

Die Welt 1
Zeichen für Knoten; 2
Beziehungen der Planetenbahn

1

2
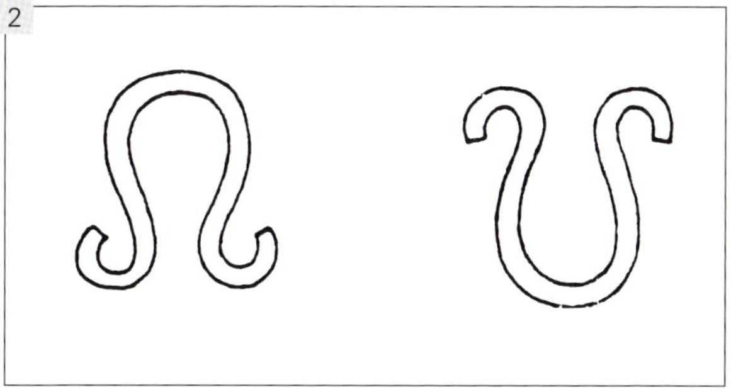

Gegenüberstellung 3
Konjunktion 4
Frühling 5

3
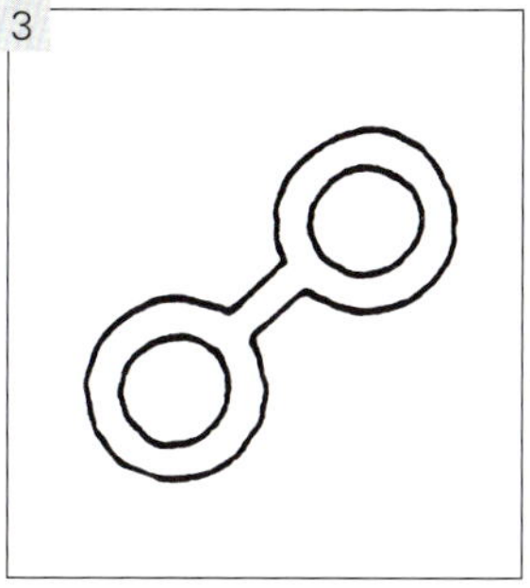

4
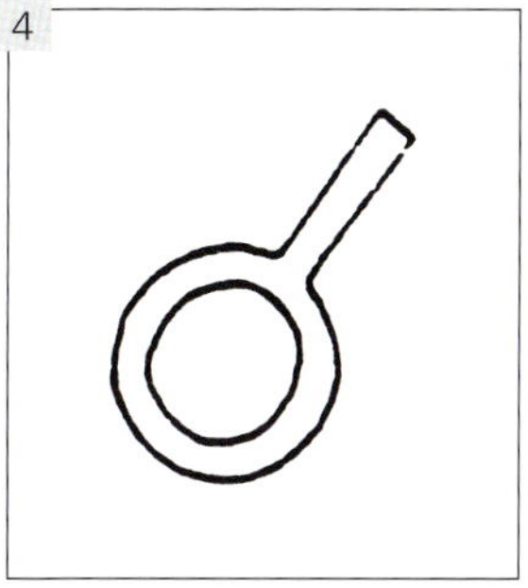

5
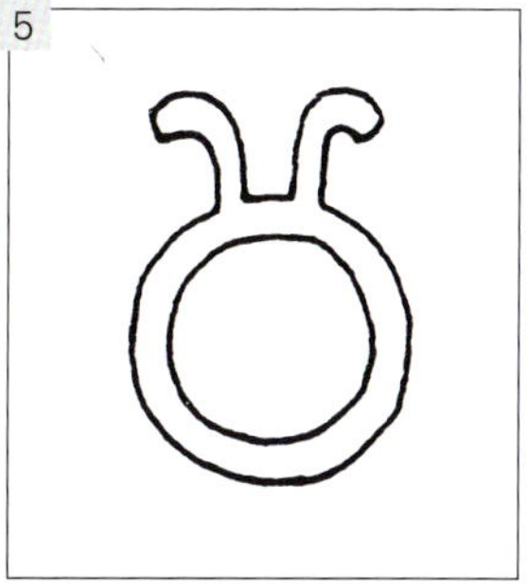

Sommer 6
Herbst 7

6
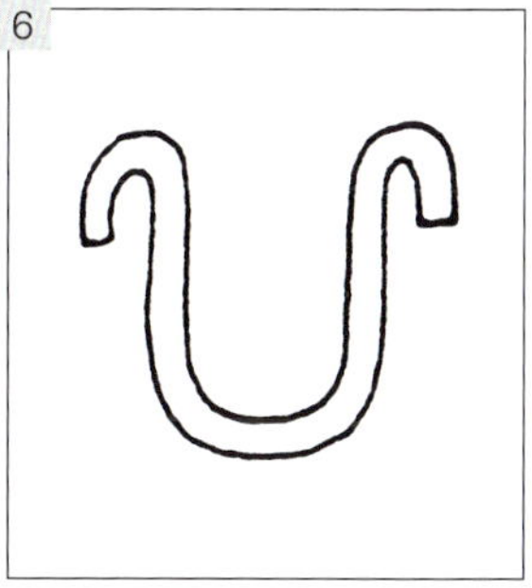

7
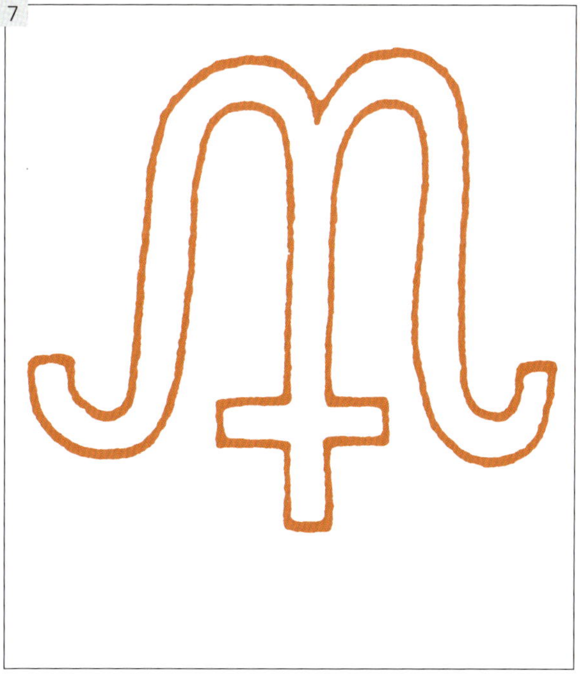

Winter 8

8

Gravur aus dem 15. Jahrhundert; Tierkreiszeichen, verbunden mit menschlichen Körpern

Astrologie
Die Sternkonstellationen wurden bei der Anwendung für magische Zwecke mit Zodiakzeichen benannt (griechisch Zodiacus: Lebewesen)

Wassermann, Januar 1
Fisch, Februar 2
Widder, März 3

1

2
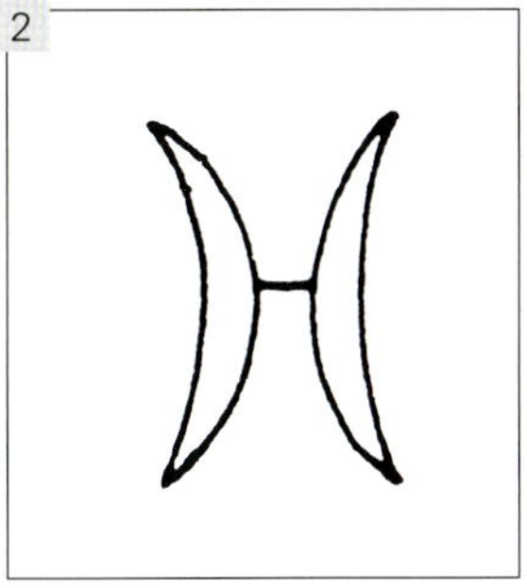
3

Stier, April 4
Zwillinge, Mai 5
Krebs, Juni 6

4
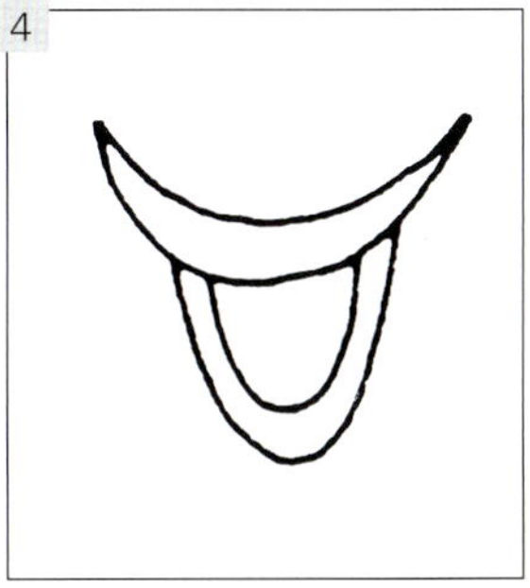
5

6

Löwe, Juli 7
Jungfrau, August 8
Waage, September 9

7
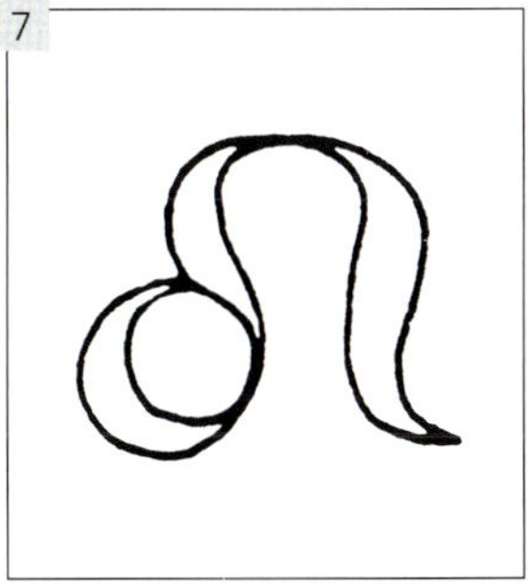
8

9
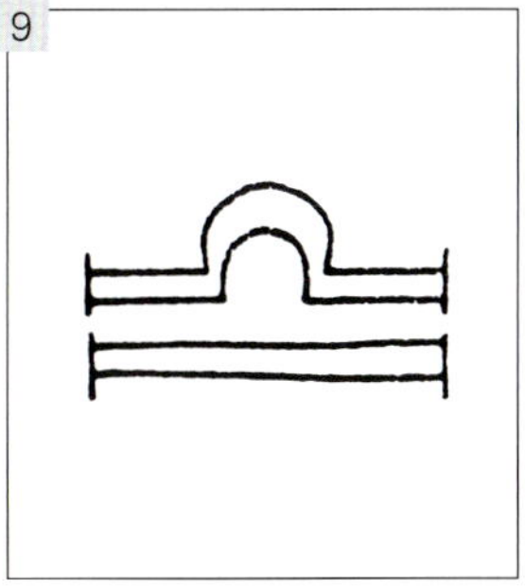

Skorpion, Oktober 10
Schütze, November 11
Steinbock, Dezember 12

10
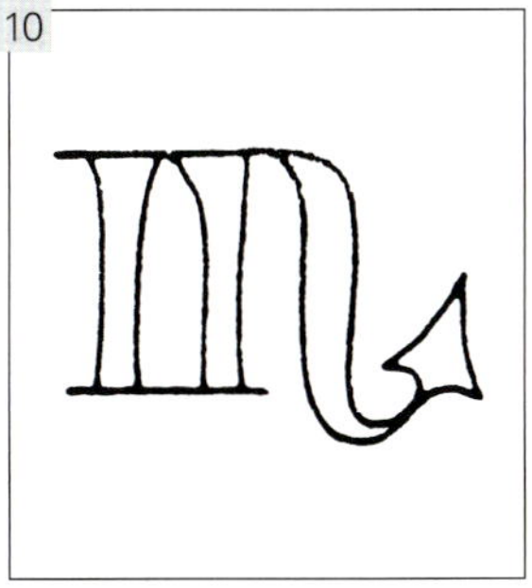
11

12

Alchemie

Die Kunst, Materien zu verändern, harte Stoffe durch Feuer flüssig zu machen oder durch flüssige Säuren zu verdampfen, erschien dem uneingeweihten, naturwissenschaftlich noch weitgehend ungebildeten Menschen des Mittelalters als Zauberei, als Vorgang, den er im natürlichen Lebensablauf nicht beobachten und deshalb auch nicht zu verstehen vermochte. Es bietet sich ein Vergleich mit der Sexualität an, nämlich dann, wenn Schwefel, auf Quecksilber gestreut, ein neues Metall erscheinen lässt, das Gold (der «neue Adam», das androgyne Wesen mit dem vereinten Sexus), und dies im Schmelztiegel, der wiederum als Gebärmutter gewertet werden kann, aus der die Bronze als Gold geboren (sublimiert) werden könnte.

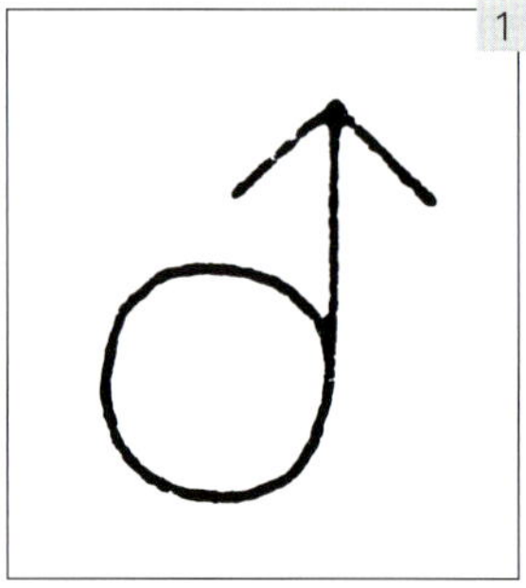
1

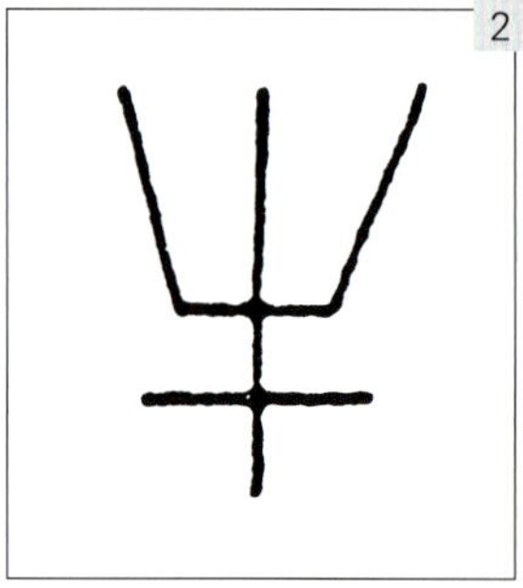
2

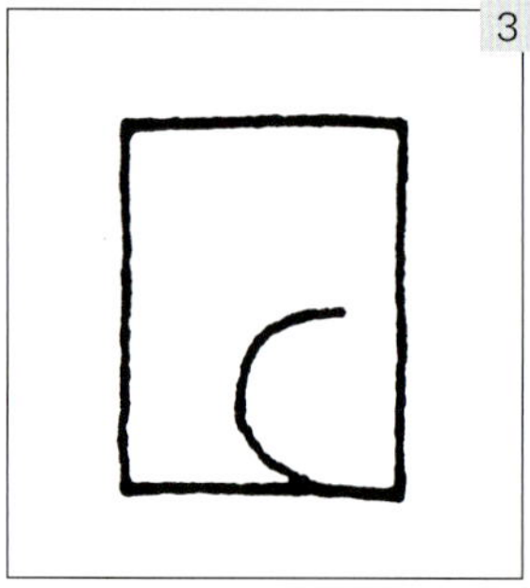
3

1 Quecksilber
2 Schwefel
3 Salz

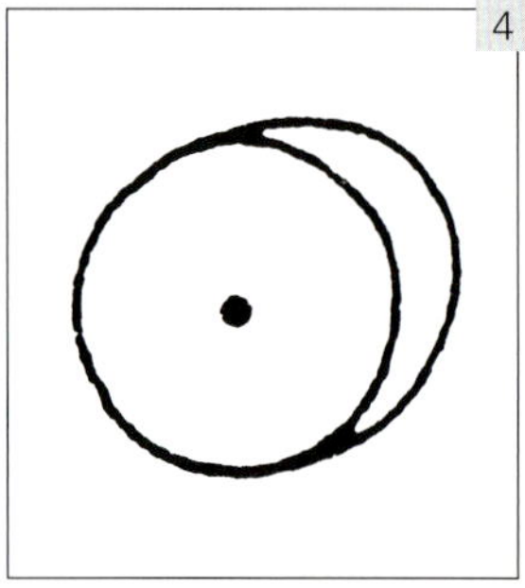
4

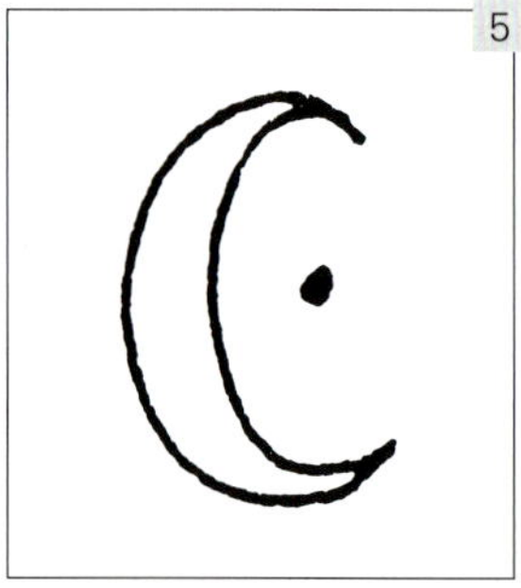
5

6

4 Gold, Sonne
5 Silber, Mond
6 Eisen, Mars

7

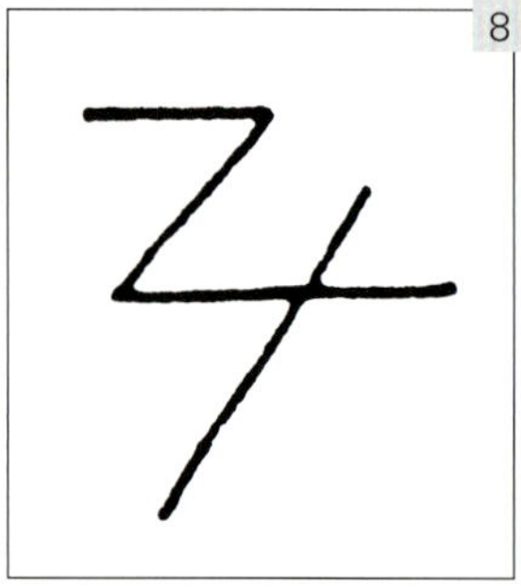
8

9

7 Kupfer, Venus
8 Zinn, Jupiter
9 Blei, Saturn

Alchemie

Antimon, Erde 1
Schweiss 2
Eierschale 3

1

2

3
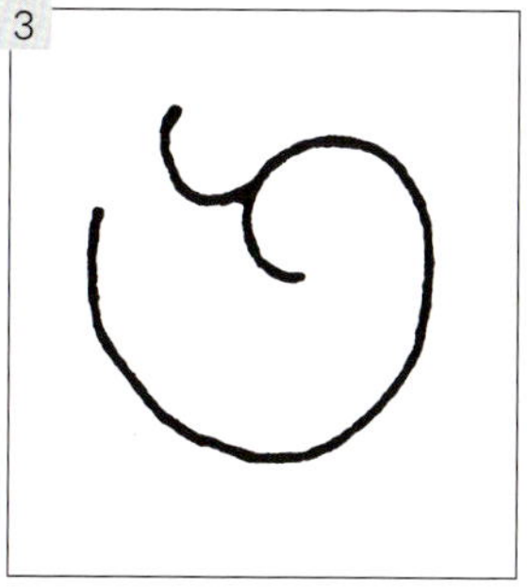

Essig 4
Grünspan 5
Hirschhorn 6

4
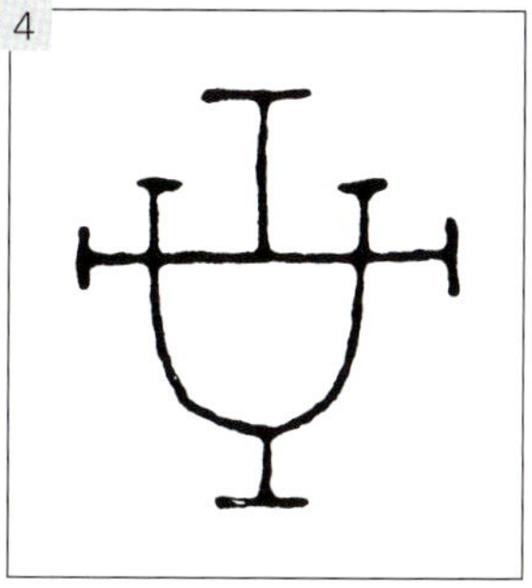
5
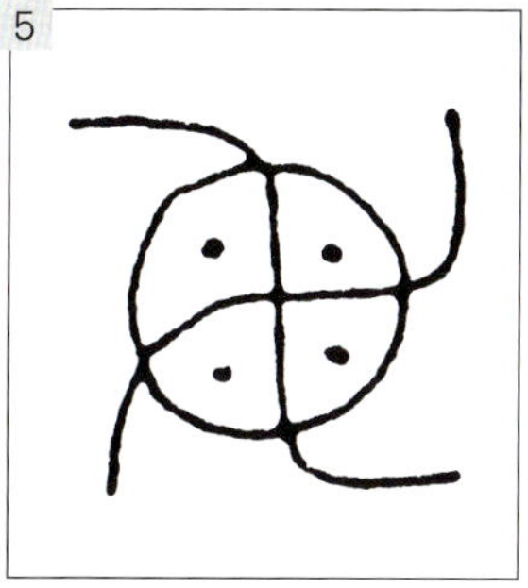
6
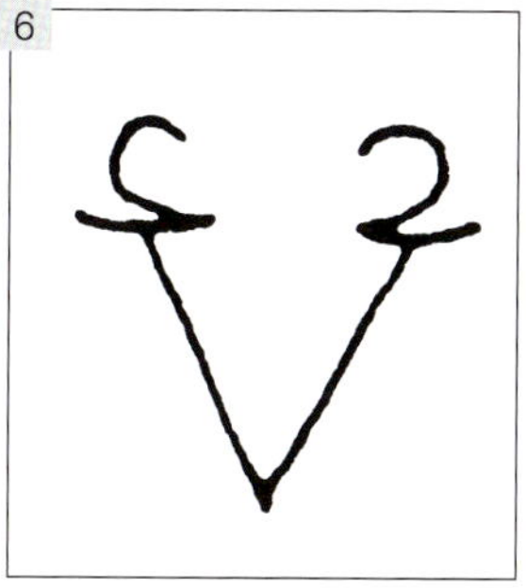

Urin 7
Glühen 8
Destilieren 9

7

8
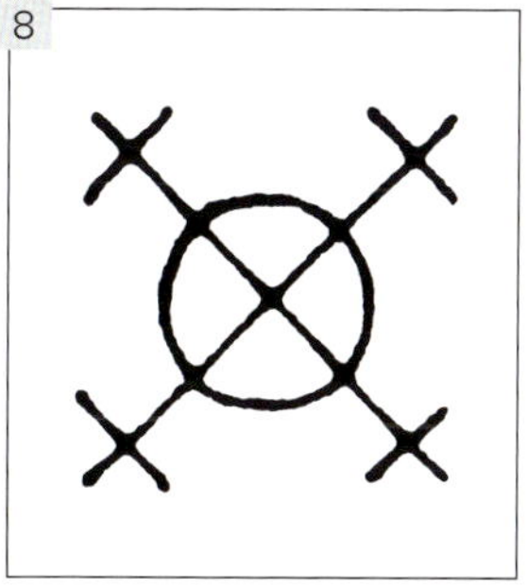
9
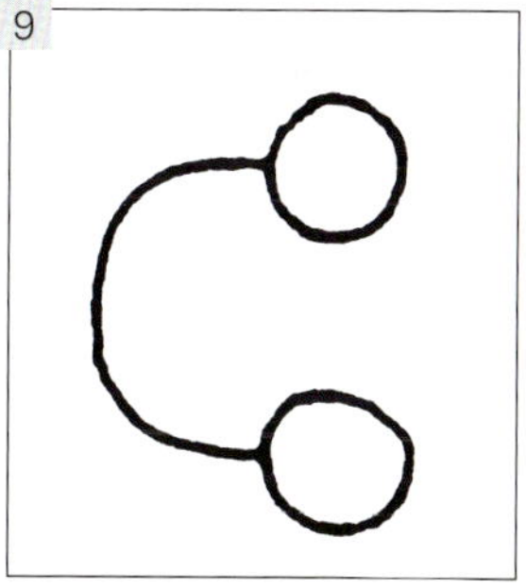

Filtrieren 10
Verfaulen 11
Submilieren 12

10
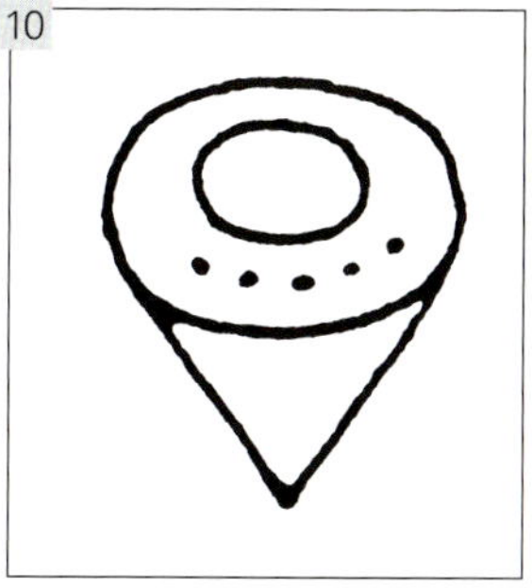
11
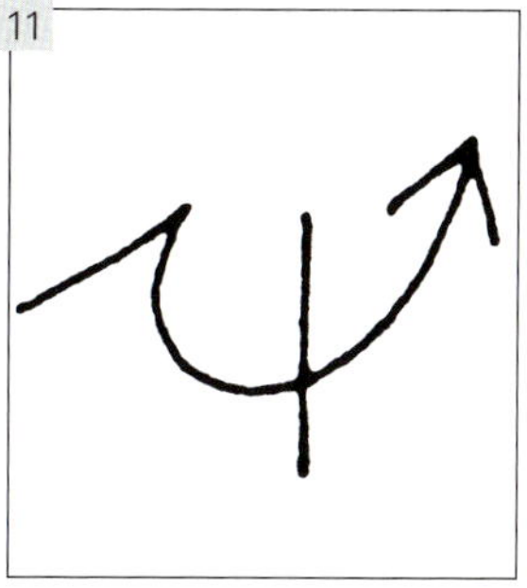
12
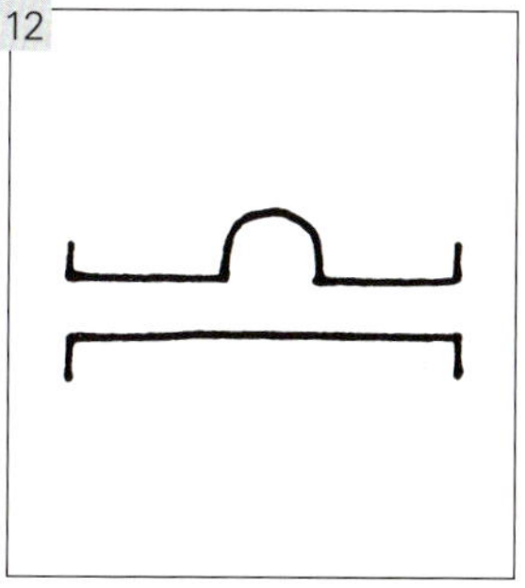

Alchemie

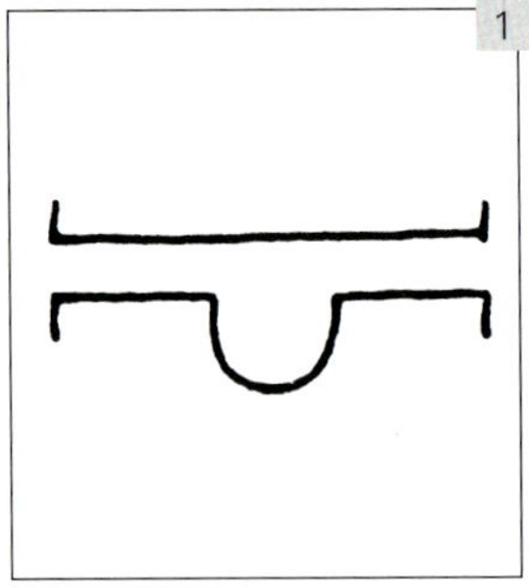

1 Niederschlagen
2 Retorte
3 Destiliergefäss

4 Sandbad
5 Stunde

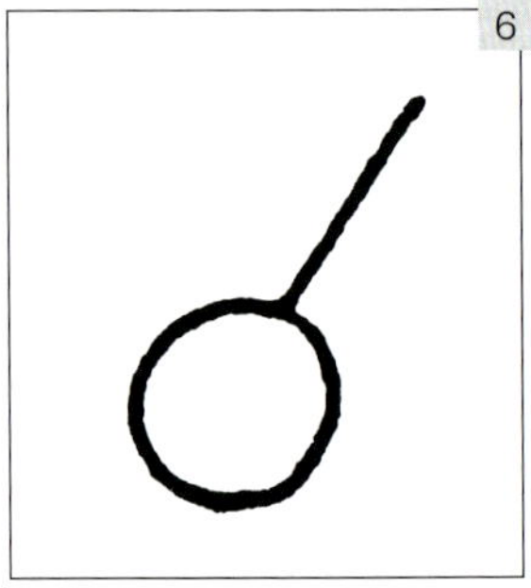

6 Tag

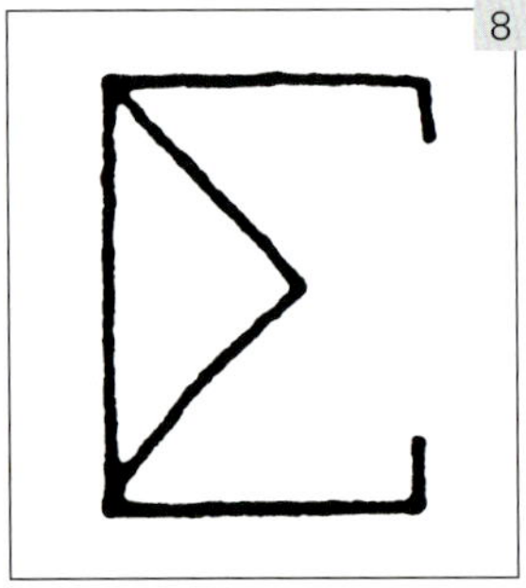

7 Nacht
8 Woche

Die vier Elemente aus alchemischer Sicht: oben = Luft, links = Erde, rechts = Wasser, unten = Feuer. Aus Jean Lavinus, 1546

Signaturzeichen

Der individuelle Ausdruck eines Menschen, die Signatur, muss z. B. bei Nomadenstämmen sehr früh zur Kennzeichnung des Eigentums von Vieh und Gegenständen entstanden sein. Solche Eigentumszeichen wurden bei Funden aus der Steinzeit, in Viehgehörn oder Keramik geritzt, entdeckt.
Es ist heute kaum noch vorstellbar, dass es einmal Menschen gab, die keinen eigenen Namen trugen, die nicht als ausgeprägtes einzelnes Individuum gekennzeichnet werden konnten. (Die einzigen Fälle, die im geschichtlichen Bereich der Menschheit erwähnt werden könnten, wären Menschengruppen, die durch eine gewaltsame Abtrennung von ihrem Stamm zu Sklaven, gefangenen Untertanen etc. wurden.)

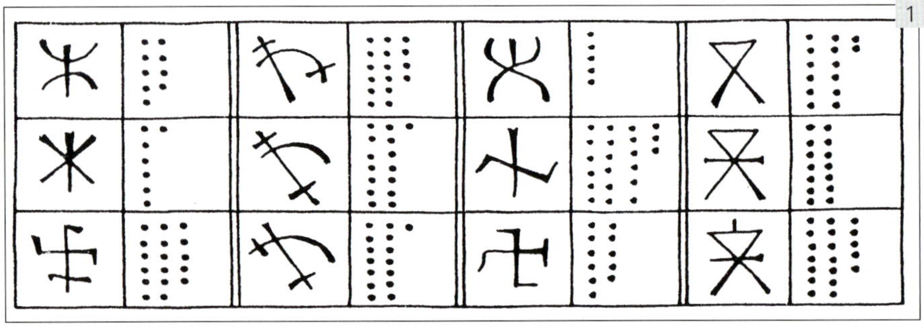

1 Personalverzeichnis mit Eintragungen der Tagelöhner. Finnischer Bauernhof, 17. Jahrhundert

2 Bemalte Kiesel von Mas d'Azil

Signaturzeichen

Signatur von Michelangelo 1
Nordamerikanische Brandmarken auf Vieh. Zum Unterschied der Herde wurde das Tier markiert (gebrandmarkt) 2

1

2

Händlerzeichen aus dem 14. Jahrhundert 3

3

Signaturzeichen

1

2

3
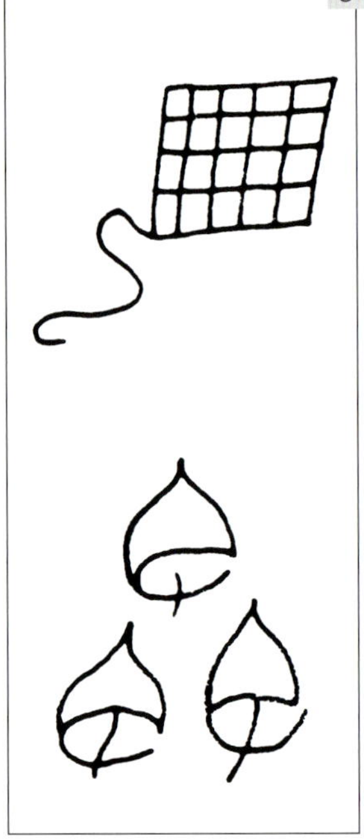

1 Kupferstecherin; Isabelle, Quatre-Pommes
2 Keramiksignatur, Italien
3 Delftersignaturen; Der Einfluss des ostasiatischen Stils ist unverkennbar

4

5

4 Solingen; In die Klinge eingeschlagen
5 Porzellansignatur; Lyon

6

7

6 Textilsignatur; Gobelin, Frankreich
7 Zeichen auf Öllampe; Rom

8

8 Nordamerikanische Brandmarke auf Vieh

Dualistische Symbolzeichen

Das Bewusstsein über das Leben und den Tod, das Diesseits und das Jenseits, das Gute und das Böse, den Geist und die Materie hat zu vielen Weltanschauungen geführt. Durch alle Anstrengungen des Menschen, sich selbst und seine Umwelt zu verstehen, begegnen wir immer wieder der Auseinandersetzung mit der Zweiheit, mit der Dualität.

Menschheit 1
Gott 2
Gesetz 3
Die Genesis

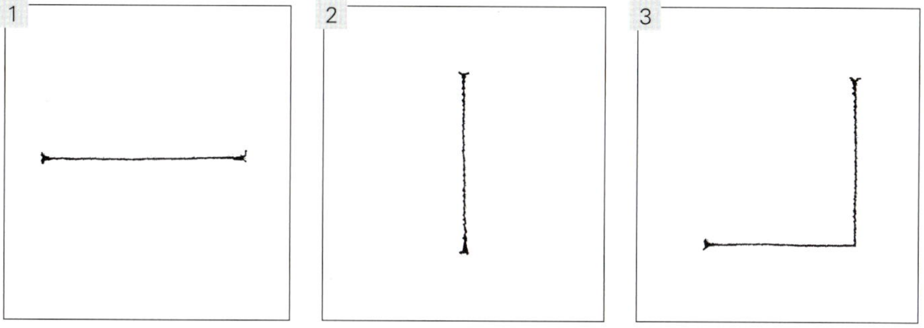

Gericht 4
Erlösung 5
Scheidung von Himmel und Erde 6

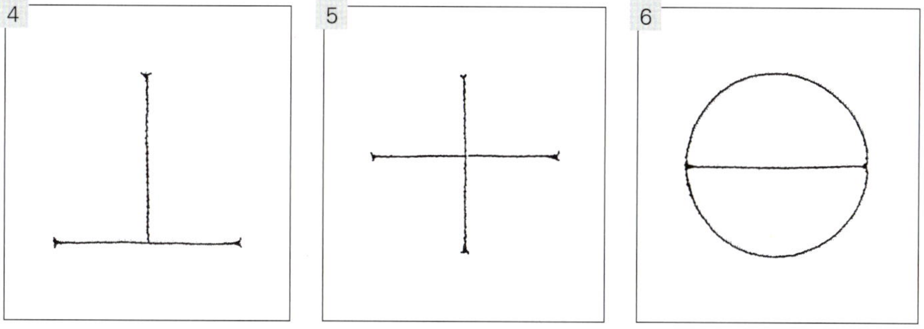

Es werde Licht 7
Mittelmeer, Afrika und Asien 8
Das vollendete Werk 9

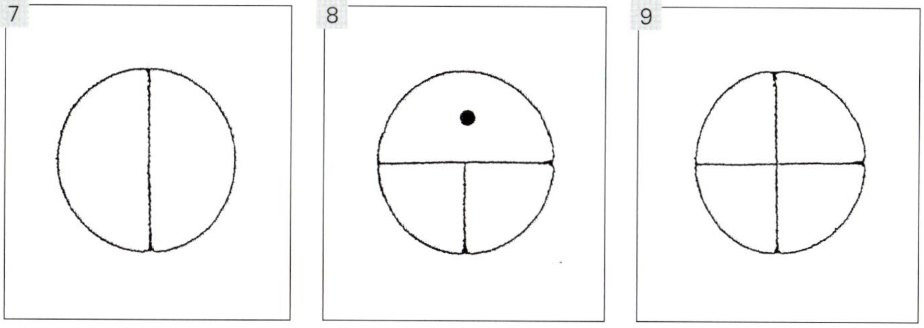

Dualistische Symbolzeichen

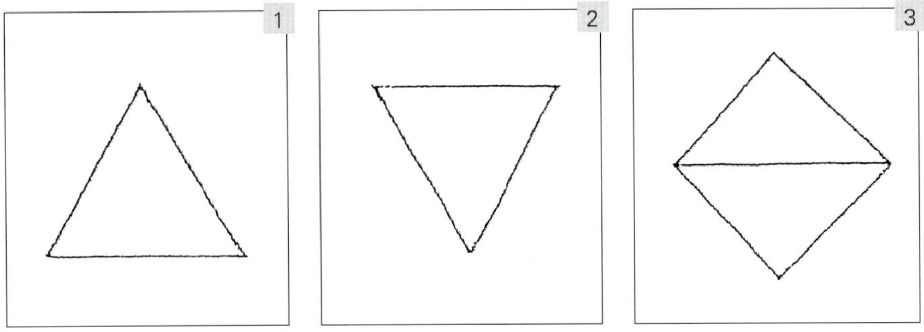

1 Berg, passiv
2 Werkzeug, aktiv
3 Einheit, Frieden

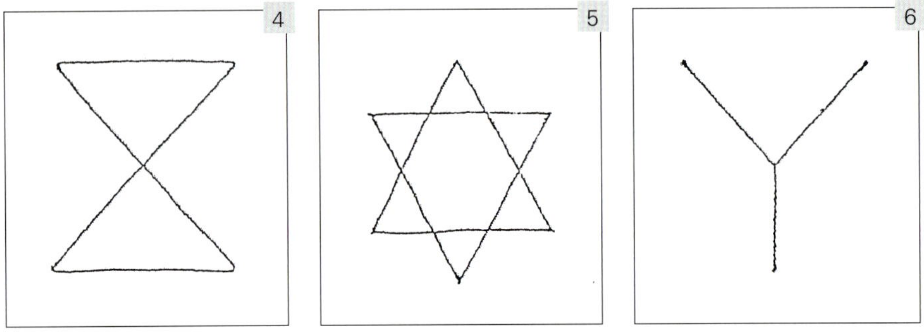

4 Stundenglas
5 Davidstern, Vollendung
6 Warten

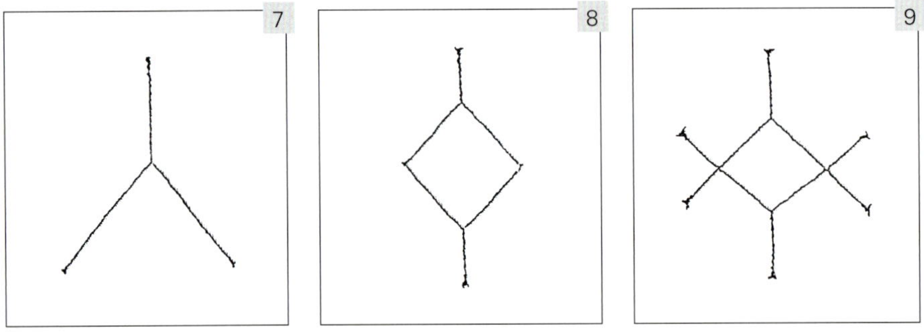

7 Hoffnung
8 Begegnung
9 Liebe

10 Erfüllung
11 Yin und Yang
12 Platon

Die geheimnisvollen Tarot-Karten

Die ältesten Tarot-Karten stammen aus dem Mittelalter. Sie dienten zum Wahrsagen und sind heute noch von einem Hauch des Mysteriums umgeben. Ursprünglich stammen die Tarot-Karten aus Alt-Indien mit dessen Kastenwesen.

Als Verbreiter eines Tarot-Weltbildes sind die Stämme der im Mittelalter eingewanderten Zigeuner zu werten. Diese erzählten über die symbolträchtigen Karten die wunderbarsten Dinge.

Wahrsager gibt es noch heute. Und noch heute hilft der Wahrsager dem Fragenden in dunkeln Räumen mit Aufdecken und Zusammenreihen von Karten, bestehend aus allegorischen Bildern und rätselhaften Zahlen, die nähere und weitere Zukunft zu deuten. Der Volksglaube treibt Frauen und Männer dahin um «Klarheit» zu finden auf Fragen der nahen und der zukünftigen Lebensereignisse.

Heute noch spielt sich in der geheimen Klausel der Wahrsagerin eine nicht zu unterschätzende Rolle ab. Manche glauben, dass wichtige Investoren, Börsenmakler, ja sogar Staatsmänner sich aus Tarot-Karten über wesentliche Ereignisse Erleuchtung suchen.

Tarot von Gebelin 1
Tarot von Marseille 2

1

2

Die geheimnisvollen Tarot-Karten

1 Tarot von Gebelin
2 Tarot von Marseille

3 Tarot von Gebelin

Tarot von Gebelin 1
Tarot von Gebelin 2

1

2

Tarot von Marseille 3

3

Marken

Die Benennung eines Zeichens als «Marke» trägt ihre Bedeutung im Wort selbst. Es handelt sich um Signaturzeichen auf Waren, deren Bestimmung der «Markt» ist. Der Händler bezeichnete seine Behälter, um Verwechslungen während des Transports vorzubeugen. Auf dem Markt wurden diese Zeichen vom Käufer als Authentizitätsbeweise wahrgenommen. Marken sind nicht zu verwechseln mit Symbolen.

1

1 Der Schrift-Unkundige zeichnete mit stilisierten Gegenständen

Die Allegorie besteht oftmals rein figürlich. Es ist zumeist eine Personifikation als Ausdruck abstrakter Begriffe, um ausserordentliche Taten, ausgefallenen Situationen oder überragende Eigenschaften bildhaft-naturalistisch darzustellen. Die Kombination der Figur mit dem symbolgeladenen Objekt, Attribut genannt, ergibt eine abstrakte, allegorische Aussage.

Gerechtigkeit (Justitia). Frau mit Augenbinde, Waage und Schwert

Tod (Sensemann, Gevatter Tod). Mit Sense und Stundenglas

Hexe mit Besen (lamia, striga). Die Legende berichtet, dass der Besenstiel mit der Droge bestrichen worden sei, welche aus Krötenhaut gewonnen wurde. Das Hexengebräu habe die Eigenschaft, einen Trancezustand des Fliegens zu erwirken. Die Hexe reitet auf dem Besenstiel

Wasserzeichen

Mitteleuropäische Wasserzeichen

Wasserzeichen

In Mitteleuropa wurden bereits im 15. und 16. Jahrhundert Figuren aus Draht auf die Papier-Schöpfsiebe montiert, die dann als Filigran im Papier sichtbar wurden

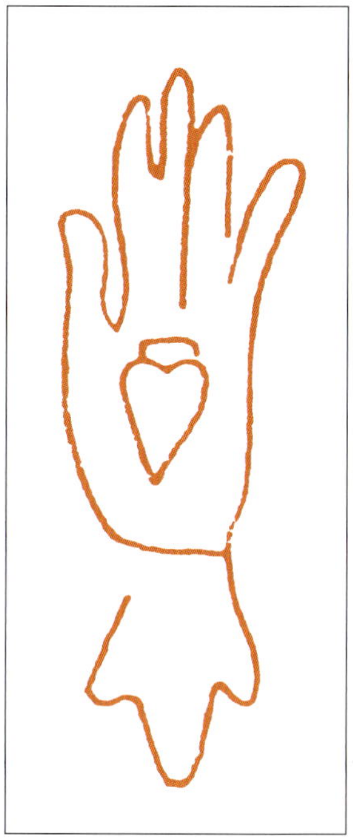

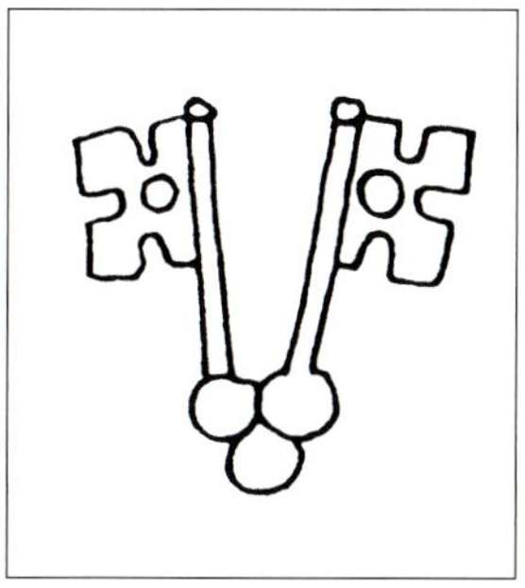

Handzeichen

Der Mensch, der ein Lebenszeichen von sich gibt, ist nicht tot. Neben Sprache und Schrift bestand seit jeher eine Verständigung durch Gesten und Handzeichen, mit welchen ein lautloses Deuten möglich ist.

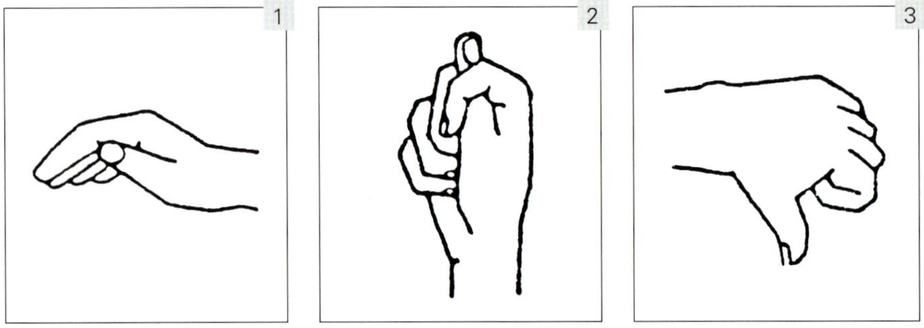

1 Segen
2 Ficageste
3 Verurteilt

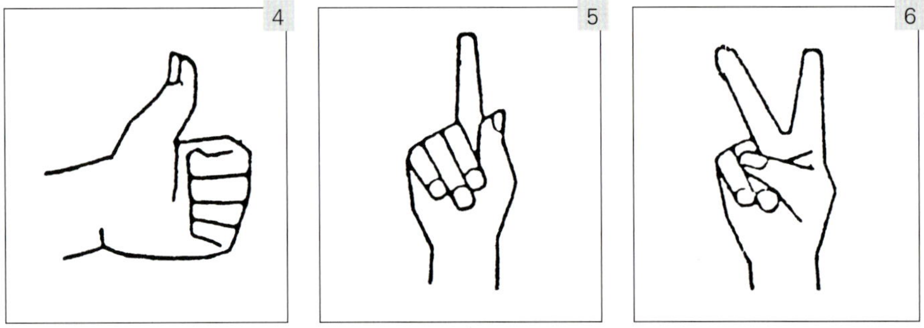

4 OK
5 Gebieten
6 Victory

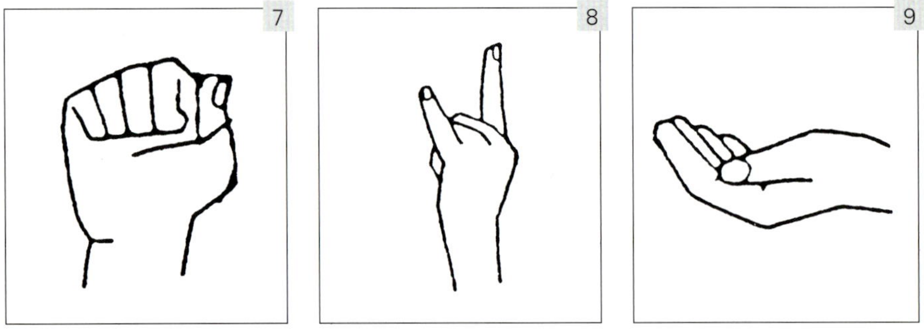

7 Revolte
8 Teufel
9 Bitten

Monogramme

Herrscher, Künstler und geistige Führer prägten ihre Macht durch Anbringen von Siegeln auf Urkunden, Münzen und Bannern

Frans Hals 1
Albrecht Dürer 2
Marcianus, Kaiser, 450 n. Chr. 3

1

2

3

Zeno; Kaiser, 480 n. Chr. 4
Theoderich, König der Ostgoten, 500 n. Chr. 5
Sigismund, König von Burgund, 520 n. Chr. 6

4
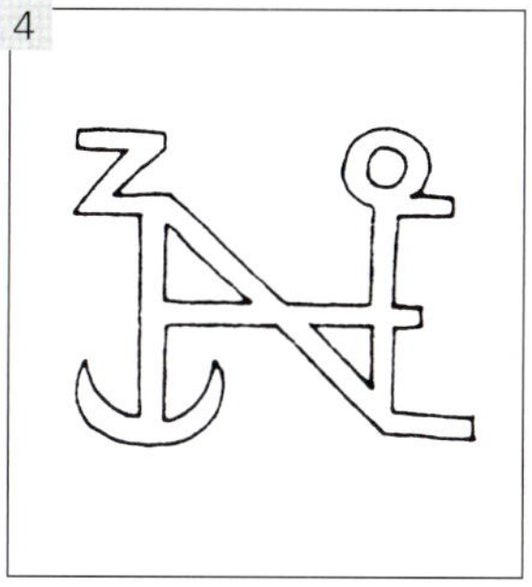

5

6

Karlmann, König der Franken, 770 n. Chr. 7
Alfred 1., König von England, 900 n. Chr. 8
Germanien, Monogramm auf Münze, 1300 n. Chr. 9

7

8

9
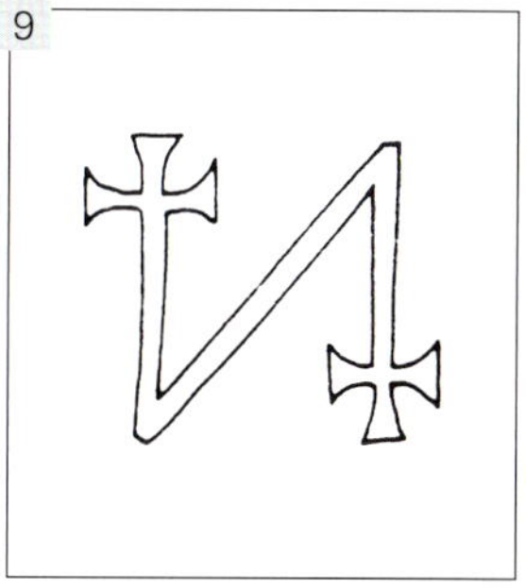

Germanien, Monogramm auf Münze, 1300 n. Chr. 10
Holland, auf Münze, 1600 n. Chr. 11
Christian IV., König von Dänemark, 1600 n. Chr. 12

10

11

12

Monogramme

1

2

3

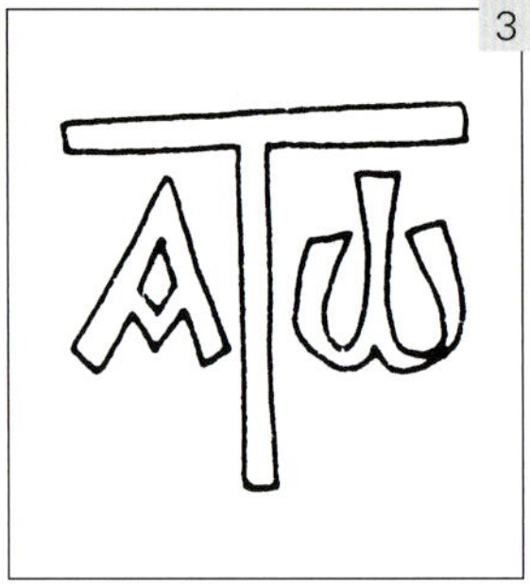

Christos

Die vielfältigen Benennungen der Erlöserfigur gaben Anlass zu unzähligen Buchstaben-kombinationen

1 Jesus Hominum Salvator
2 Der Heilige Geist
3 Christus, Alpha und Omega

4

4 Jesus Christus Rex, Salvator

Steinmetzzeichen

Sie stellen mengenmässig die umfangreichste Gruppe von Signaturen dar, da ein Zeichen, das in Stein gehauen wurde, die Jahrhunderte zu überdauern vermochte. In der Zeit der mittelalterlichen Baukunst schlossen sich die Handwerker zu Brüderschaften zusammen. Die Zugehörigkeit wurde aus dem Steinmetzzeichen ersichtlich. Jede Bauhütte hatte ein Grundschema. Der Steinmetz hatte seine Signatur danach zu gestalten.
Die Entstehung und Entwickung der Steinmetzzeichen stehen mit den sozialen Zuständen des Mittelalters in engem Zusammenhang. In der Frühzeit der romanischen Bauten waren es hauptsächlich Ordens- und Laienbrüder, deren Tätigkeit mit Nahrung und Obdach im «Gotteslohn» beglichen wurde. Zeichen aus dieser Periode sind rar. Mit Beginn der Kreuzzüge entwickelte sich jedoch sehr bald die Entlohnung durch den aufkommenden Geldwechsel. Der Bezahlung durch Naturalien, die einer Tagesentlohnung entsprach, folgte die Akkordarbeit. Der Steinhauer befreite sich aus der direkten sozialen Abhängigkeit des Bauherrn, und zum Zeichen einer gerechten Entlohnung signierte er die gehauenen Steine.
In der Zeit der gewaltigen Ausdehnung der mittelalterlichen Bauindustrie schlossen sich die Bauhandwerker mehr und mehr zusammen. Daraus haben sich die sogenannten «Bauhütten» entwickelt, eigentlich Brüderschaften mit örtlichen Fixierungszentren: Strassburg, Köln, Wien, Bern können als Beispiele dienen.

1 Acht Steinmetze respektive ihre Zeichen aus der gleichen Bauhütte

1

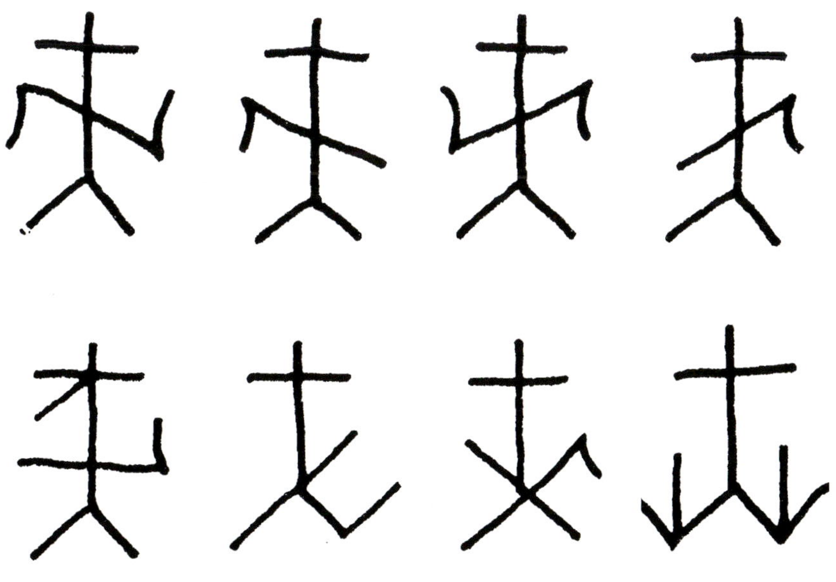

Steinmetzzeichen

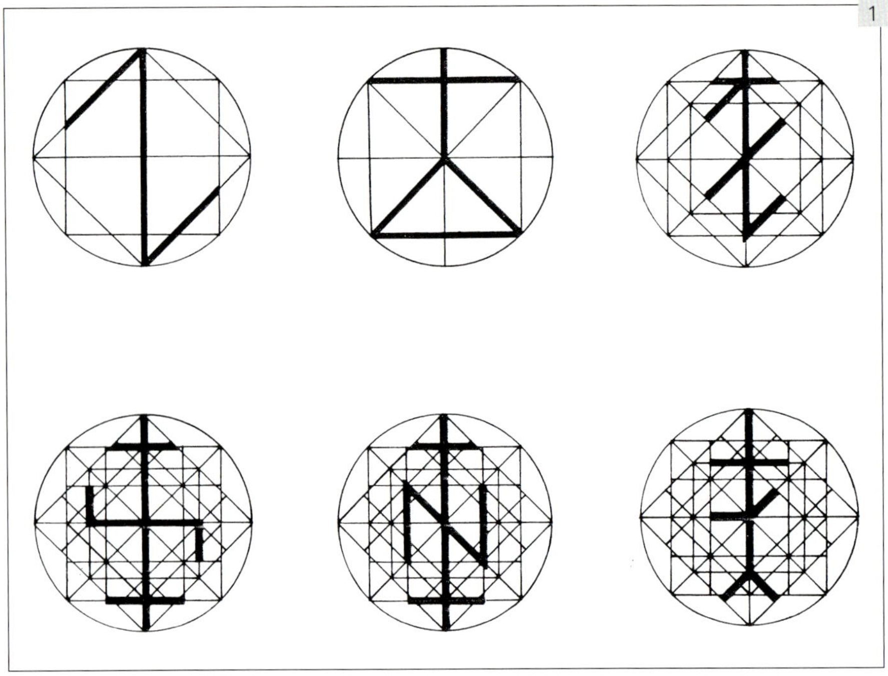

1 Bauhütten-Grundfiguren und darauf abgebildete Gehilfenzeichen (These nach Rziha)

Auf den nachfolgenden Seiten sind 12 Reihen von Steinmetzzeichen vom Strassburgermünster dargestellt. Die ersten Zeichen sind sehr individuelle figürliche Darstellungen von Gegenständen der unmittelbaren Umgebung (Reihe 1 und 2). Mit der Zeit nehmen die immer häufiger auftauchenden Zeichen abstrakte Formen an, deren geschlossener Umriss jedoch immer noch einen gegenständlichen Ausdruck bewahrt (Reihe 3 und 4), mit Ausnahme der rein geometrischen Zeichen (Reihe 5), die dem Steinmetz keineswegs fremd waren, da sie die Form seiner Steine in sich enthalten.
Franz Rziha hat eine These aufgestellt, nach der jede Bauhütte ein Grundschema hatte, das gewissermassen einem individuellen geometrischen Raster entspricht, das dem Gesellen nach vollendeter Lehrzeit als Geheimschlüssel übergeben wurde und auf dem er sein persönliches Zeichen zu gestalten hatte.
Zu unserer Tafel zurückkehrend sei bemerkt, dass die Anordnung nicht genau einer zeitlichen Entwicklung folgt. Trotzdem ist eindeutig festzustellen, dass sich die Zeichengebung immer mehr von der Umrissfigur entfernt (Reihe 7 bis 12). Die Zeichen des 17. Jahrhunderts sind fast ausschliesslich umrisslos und unfigürlich geworden, sie weisen stets vermehrte Kreuzungsstellen auf, und die Anzahl an Strichenden wird immer grösser. In den Reihen 7 und 8 sind rund und eckig geschlossene Zeichen mit offe-

nen Strichausläufen zusammengestellt. In Reihe 9 stehen Zeichen mit Drehbewegungen, eine stets wiederkehrende, beliebte Ausdrucksweise. In Reihe 10 stehen links Anwendungen des viel gebrauchten Hermeszeichens, welches der Ziffer 4 ähnlich ist. In den Reihen 11 und 12 wird der einheitliche Grundriss des obenanstehenden Kreuzzeichens durchgehend ersichtlich, die von den Steinmetzen, wahrscheinlich christlich-religiösen Impulsen zuzuschreibende, meistgebrauchte Typisierung.

Reihe 1 1

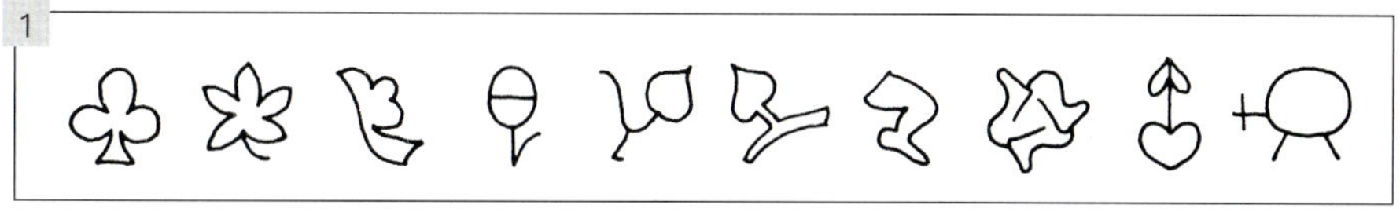

Reihe 2 2

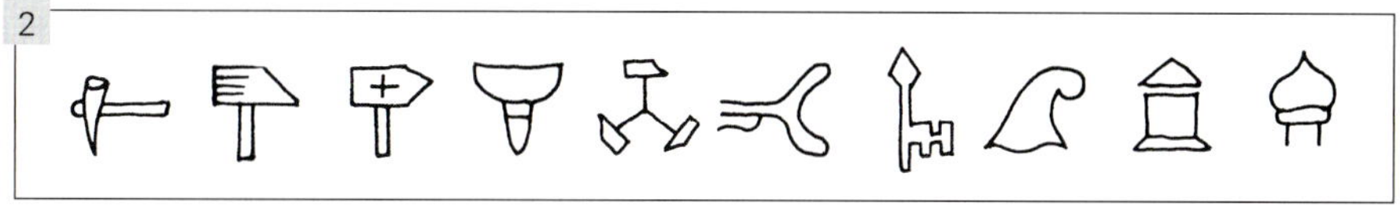

Reihe 3 3

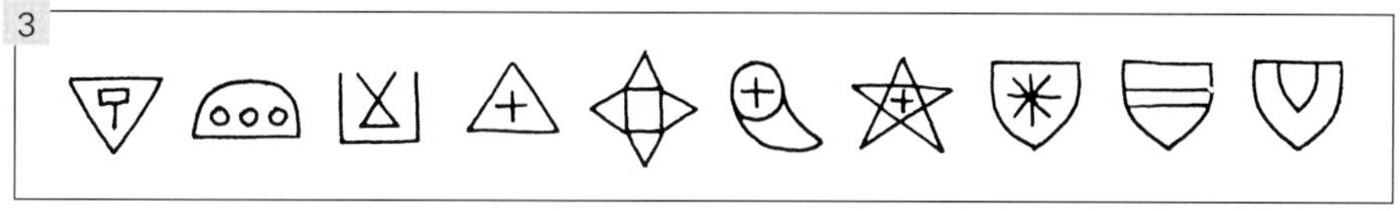

Reihe 4 4

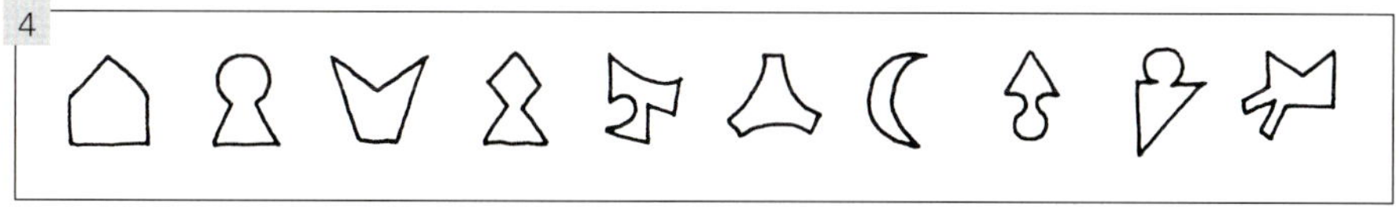

Reihe 5 5

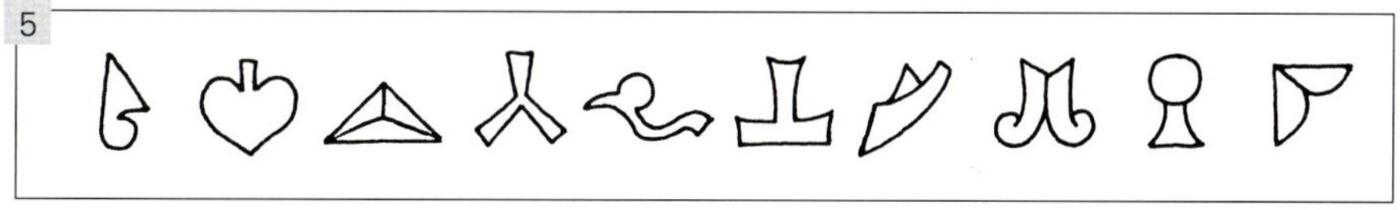

Reihe 6 6

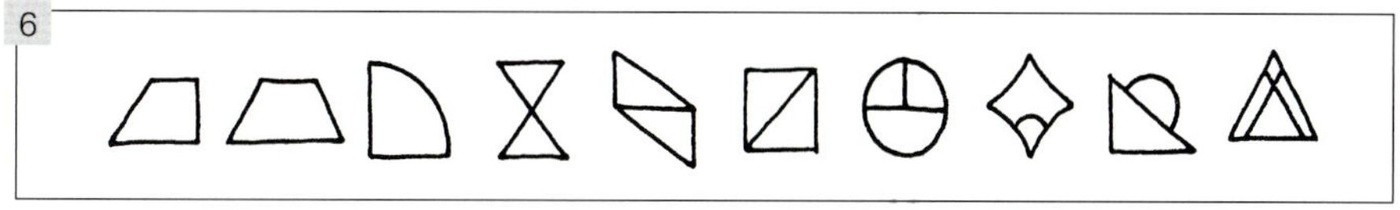

Steinmetzzeichen

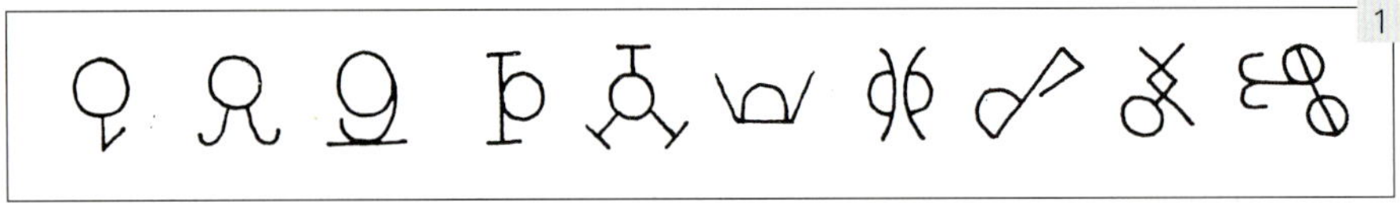

1 Reihe 7

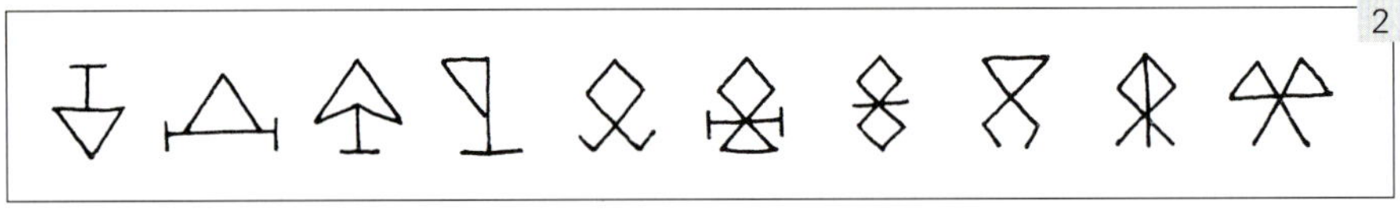

2 Reihe 8

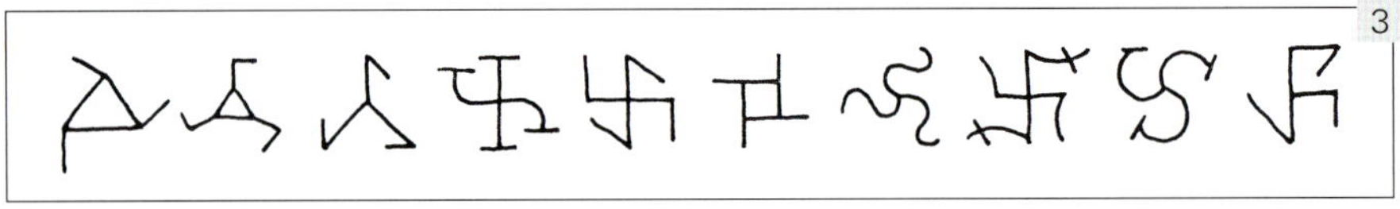

3 Reihe 9

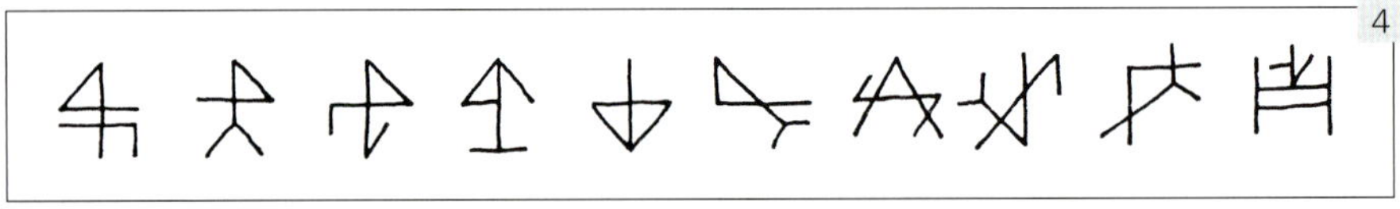

4 Reihe 10

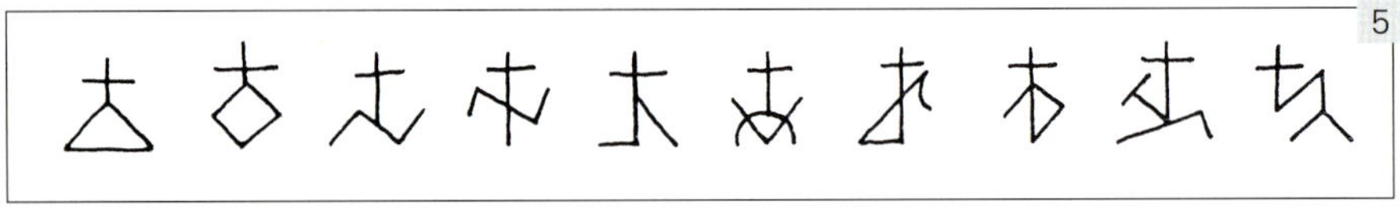

5 Reihe 11

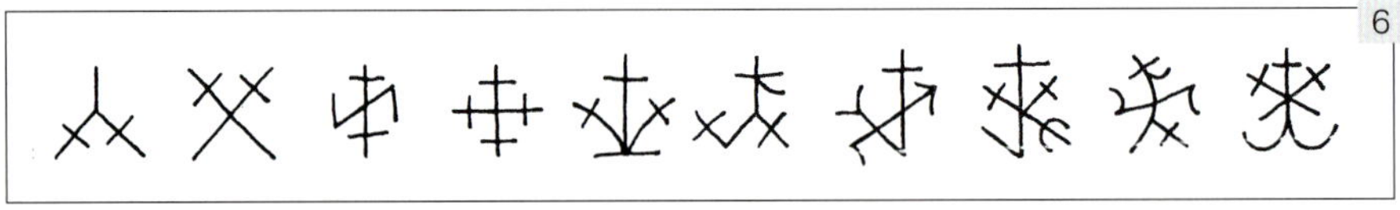

6 Reihe 12

Diese Zeichen bilden denn auch für die Historiker der verschiedenen Zweige (Kunst, Technik, Ethnologie, Soziologie etc.) eine Fundgrube an Forschungs- und Beweismaterial.
Der verantwortliche Baumeister für den Erhalt des Straßburger Münsters, Dr. J. Knauth, hat sämtliche Steinmetz-Zeichen seiner Kathedrale inventarisiert und ist auf die erstaunliche Zahl von über 1500 verschiedenen Zeichen gekommen.

Zeichen der Macht und der Gemeinschaften

Es liegt in der Natur des Menschen, sich einen Anführer zu erwählen und sich dessen Entscheidungen zu unterwerfen. Der Auserwählte wurde mit einem Erkennungszeichen «gekrönt». Soweit die Geschichte zurückreichen mag, wurden Befehlshaber zu Machthaber, die sich mit Symbolen schmückten. Das wohl schrecklichste Beispiel ist das Hakenkreuz.
Zur Zeit der Kreuzzüge trug der Ritter ein Erkennungszeichen. Der visuelle Ausdruck einer Zusammengehörigkeit wurde zur Lebensnotwendigkeit. Zünfte und Bruderschaften fanden sich unter Bannern und Emblemen. Unter einer Schreckens-Flagge navigierten Piraten.

Macht

C wie Cäsar 1
Karl der Grosse 2
Royalismus 3

1
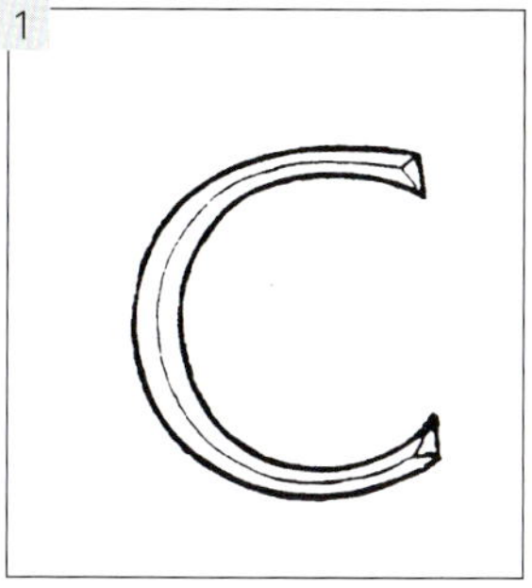

2

3
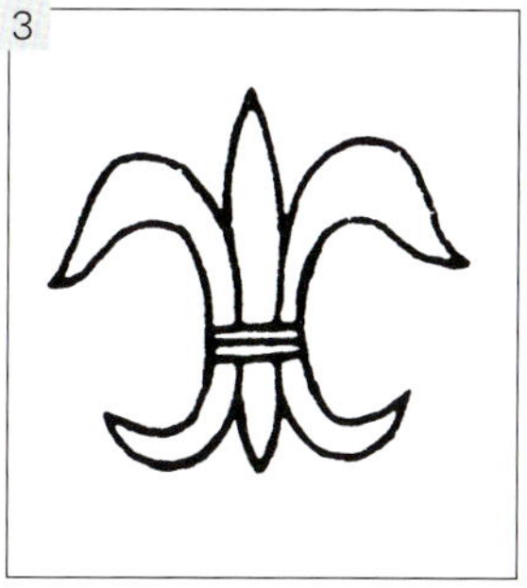

Kommunismus; Sichel und Hammer sind Symbole der Arbeit 4
Das bekannteste und schrecklichste Machtzeichen aller Zeiten (Hakenkreuz Hitlers, 1000jähriges Reich) 5

4

5

Gemeinschaften

Kreuzritter 6
Freimaurer 7
Piraten 8

6
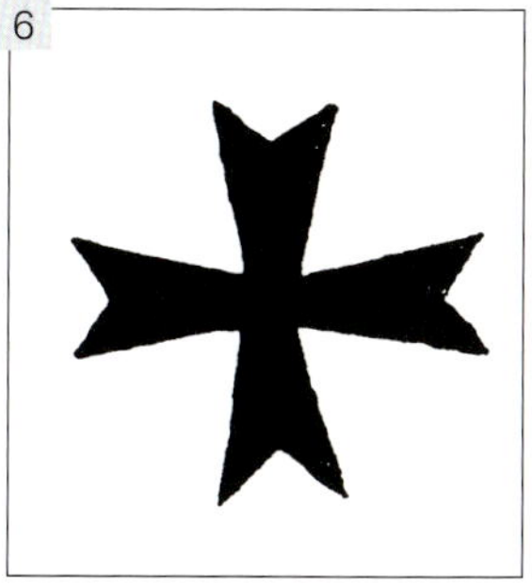

7

8
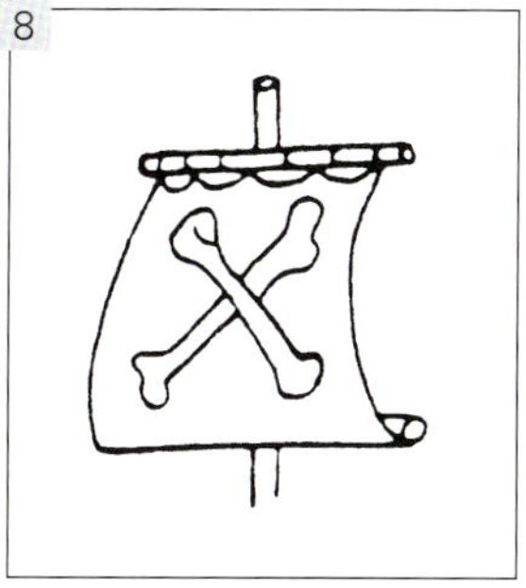

Zeichen der Macht und der Gemeinschaften

1

2

3

Vereinigungen

Wo Menschen sich finden zur Hilfe, zur Begeisterung, zum Spiel, entstehen Symbole

1 Rotes Kreuz
2 Frauenbewegung
3 Olympiade

4

5
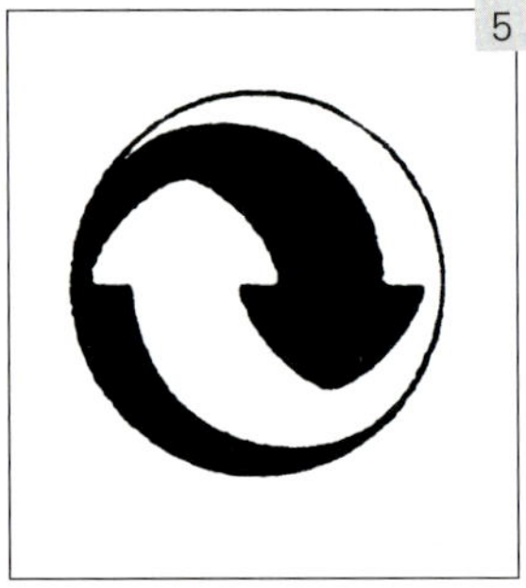

6
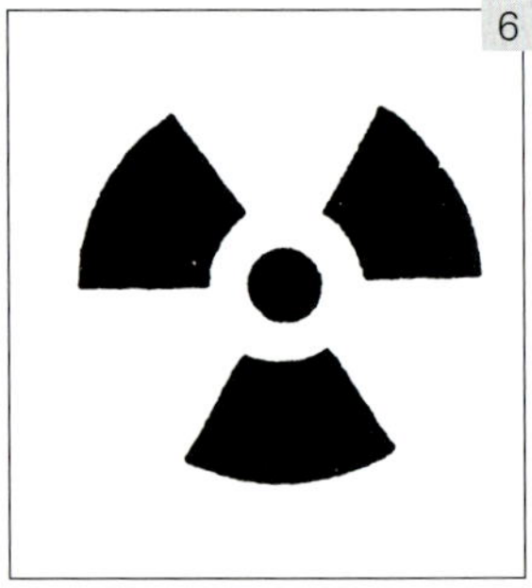

Ressourcen

Der massive Verbrauch hinterlässt Abfälle. Symbolische Zeichen dienen auch hier der Aufmerksamkeit

4 Gegen Atom
5 Recycling
6 Atomgefahr bei Abfällen, auch Röntgengeräte

7

7 Grosser Pandabär, Symbol für weltweiten Tierschutz

Streifensymbole

Die Erscheinung von Ornamenten muss sehr früh Bewunderung ausgelöst haben, indem alles von Handwerkern Produzierte als übernatürlich, symbolisch empfunden wurde. Als Beispiel ist die Ornamentik als eine Art von Streifen- oder Bandsymbolen angedeutet.

Einfache Schraffierung 1

1

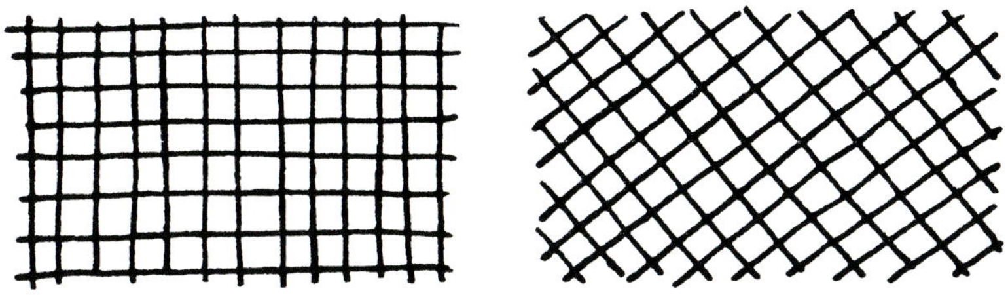

Fischgrätemuster; Schutz 2

2

Fischschuppenmuster; Schutz 3

3

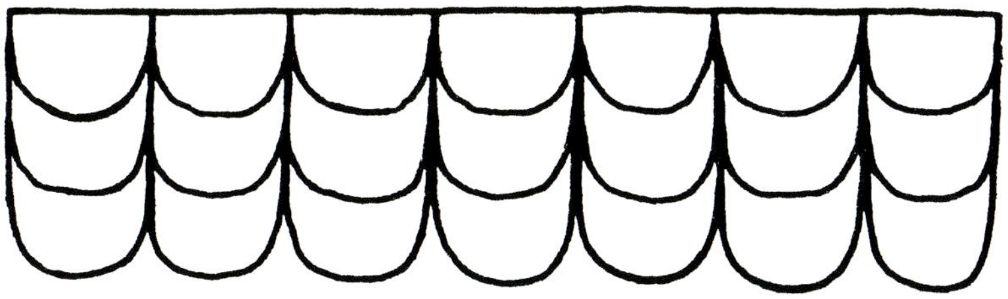

Streifensymbole

1

1 Mäander, Griechenland

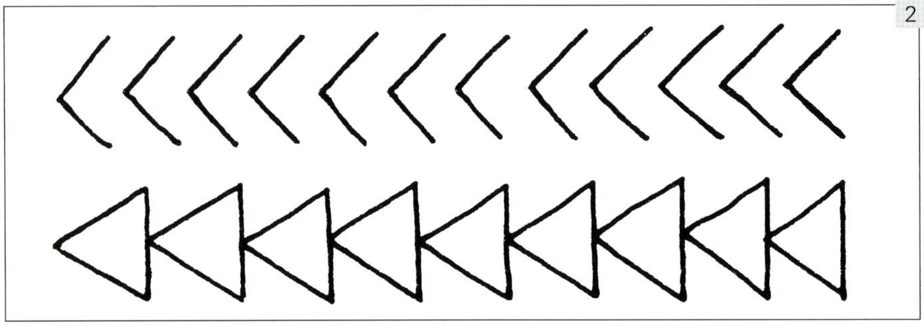

2

2 Chevronmotiv;
Korn, Baum, das Leben

3

3 Qualität, Fruchtbarkeit

4

4 Wellenfriese, Griechenland

Streifensymbole

Wellenfries, Griechenland 1

1

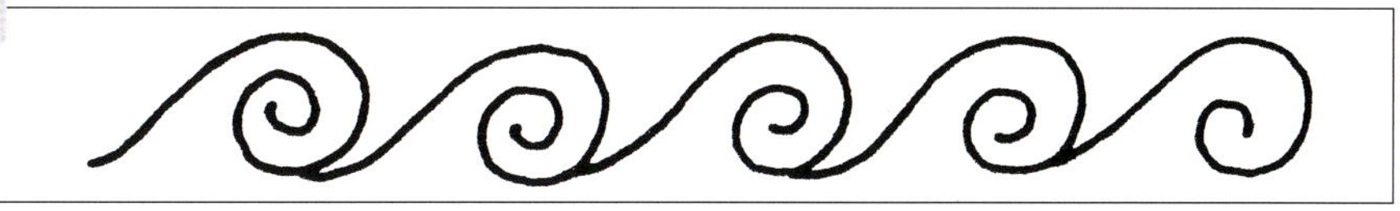

Mäander, Griechenland 2

2

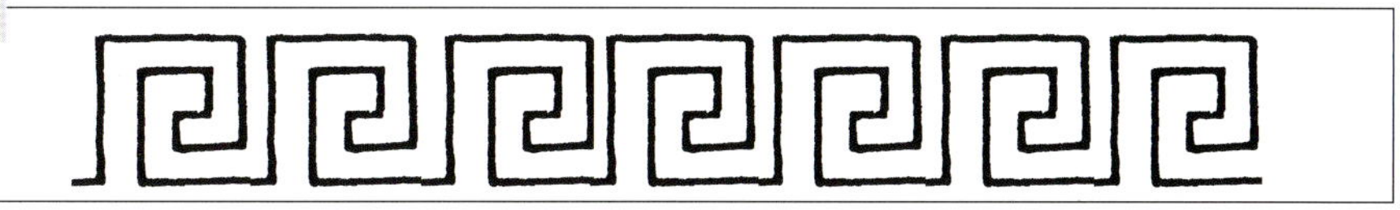

Wellenmuster, China 3

3

Auf skandinavischer Freske 4

4

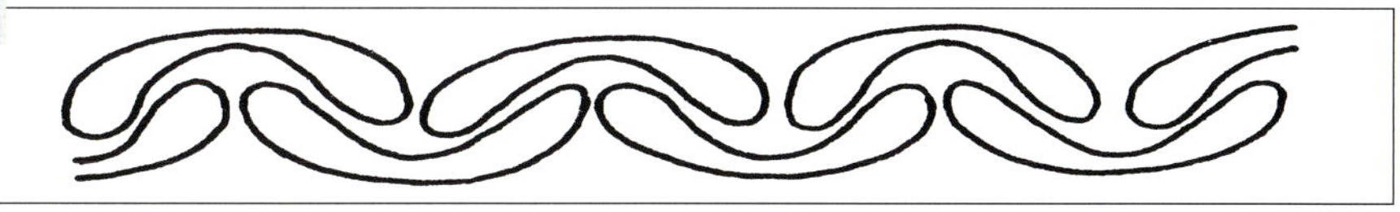

Auf Holz und Blättern gemalt, Ghana 5

5

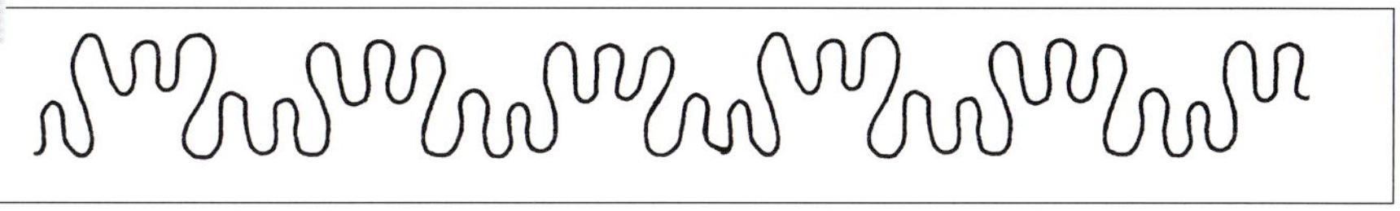

Swastikamäander, Ravenna 6

6

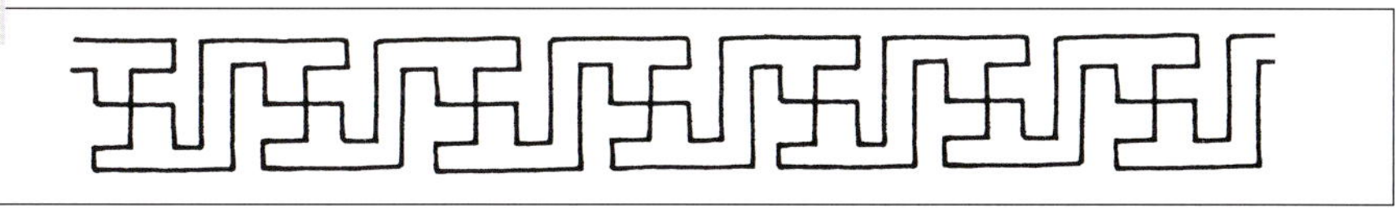

Stoffmuster auf sumerischer Tontafel 7

7

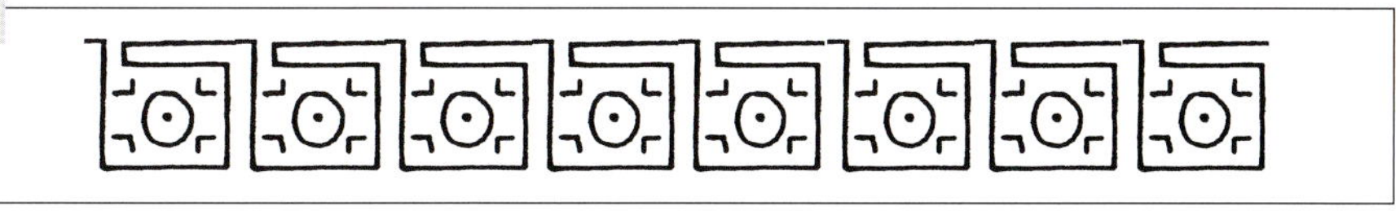

Strangmuster 8

8

Streifensymbole

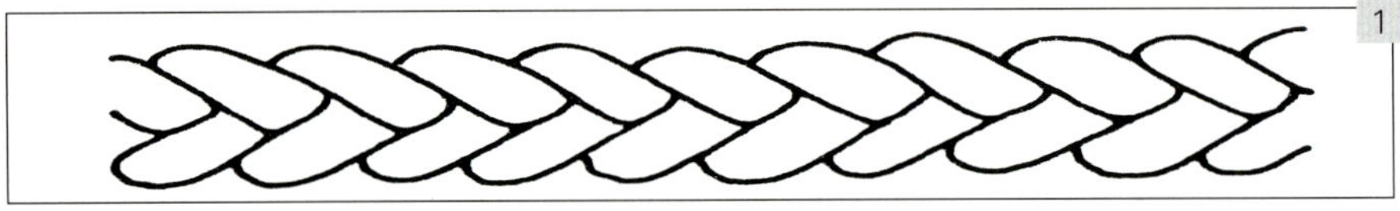

1 Flechtmuster auf Mosaik, Nimes

2 Symbole spielen in Afrika eine zentrale Rolle. Man findet sie auf Gebäuden, Utensilien etc. Schutz gegen schlechte Geister

3 Weibliche Aufmerksamkeit, vorsichtiges Zutrauen

Die folgenden Zeichen dienen dem Bedrucken von Stoffen in Ghana:

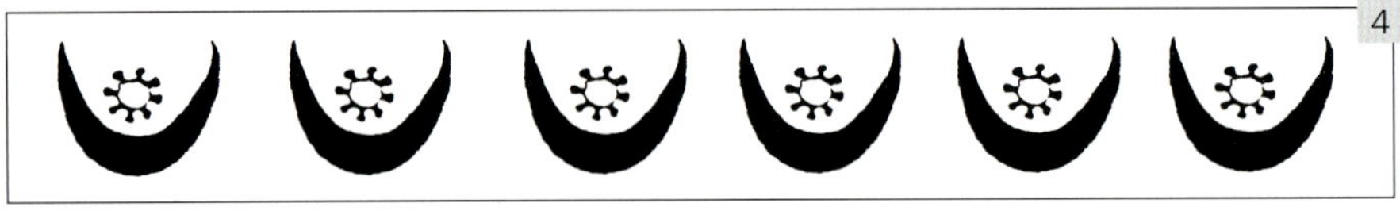

4 Treue, Zärtlichkeit

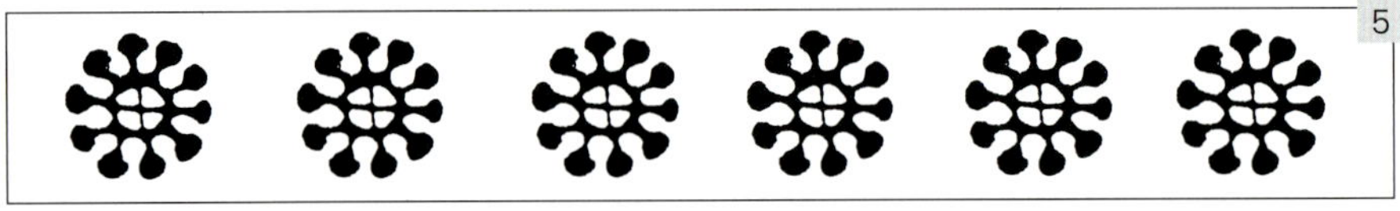

5 Die Augen des Königs sehen alles

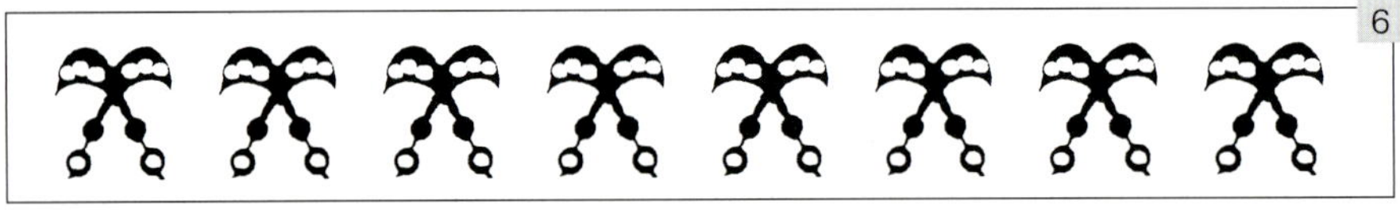

6 Staatsgewalt

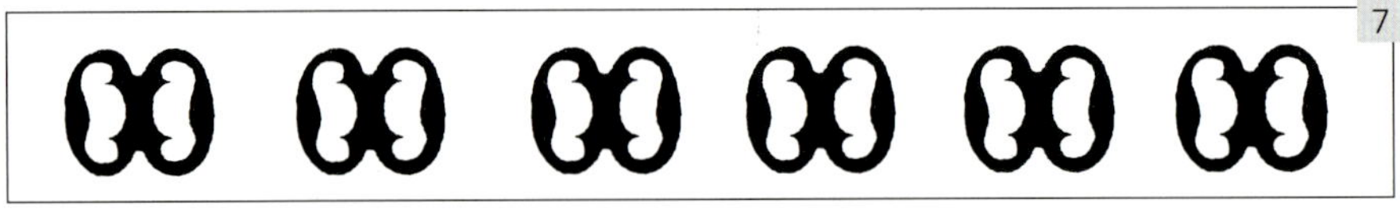

7 Verantwortungsbewusstsein untereinander

Teil 4

Symbole alter Kulturen

Kultische Figuren aus Yoruba, der südlichen Region von Ekiti

Das Wasser
Zeichen des Wassers,
Gerinsel
Keita Mandé,
Westafrika

Symbol für Wasser
Zeichen des Wassers,
schützt vor dem
Ertrinkungstod
Buzu Mandé,
Westafrika

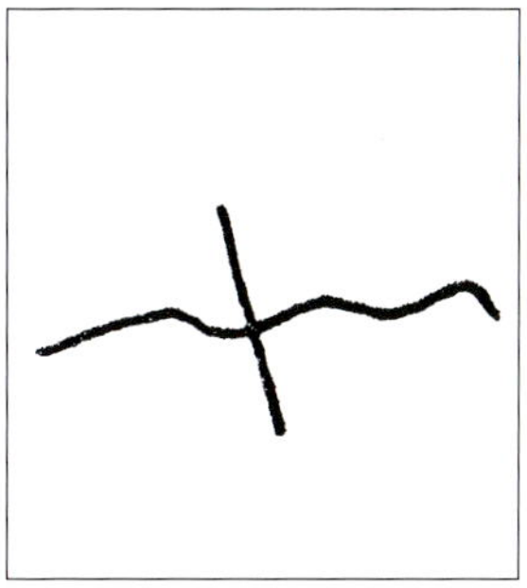

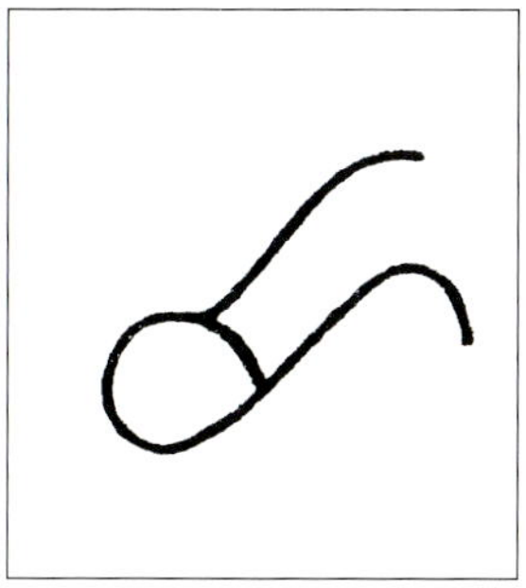

Die Gewässer
Symbol für alle Wasser
Bozo, Mali

Gebären, die Frau
Zeichen des Wassers
Zentralafrika

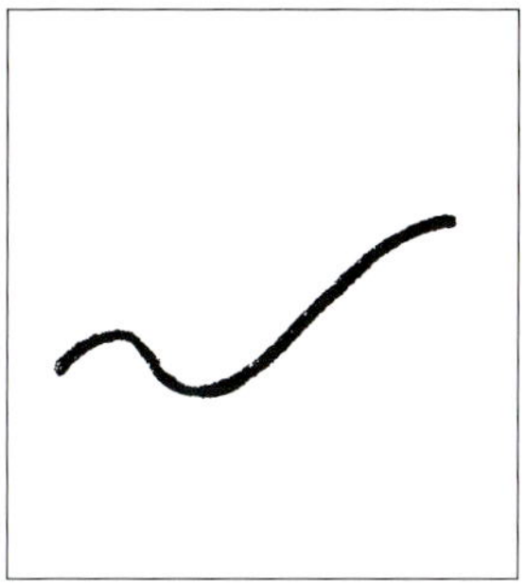

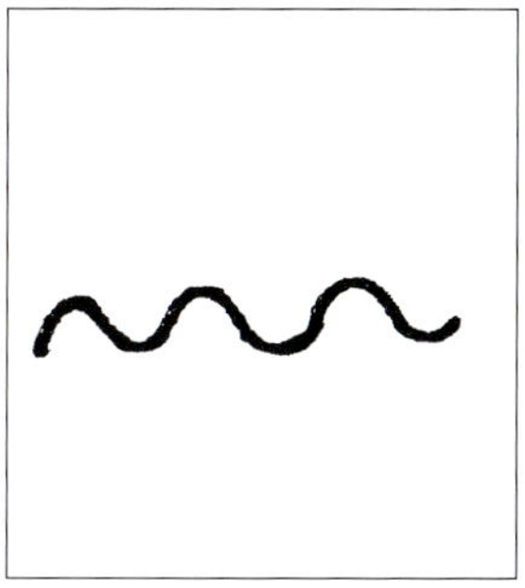

Der Tod
Abschwächende
Energie, Hinscheiden,
passive Kraft (weiblich)

Gott, Leben
Steigende Energie, aktive
Kraft (männlich)

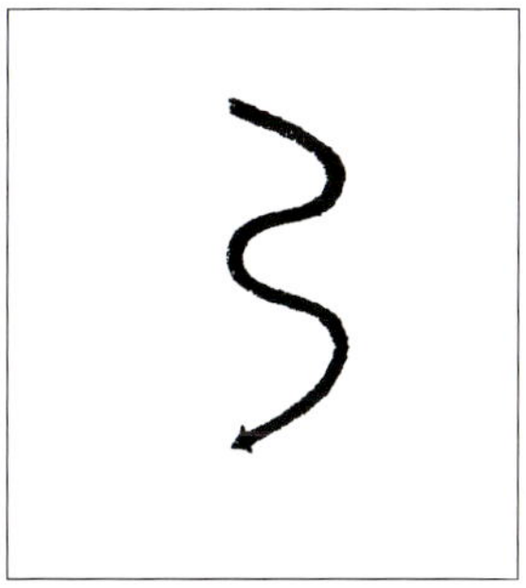

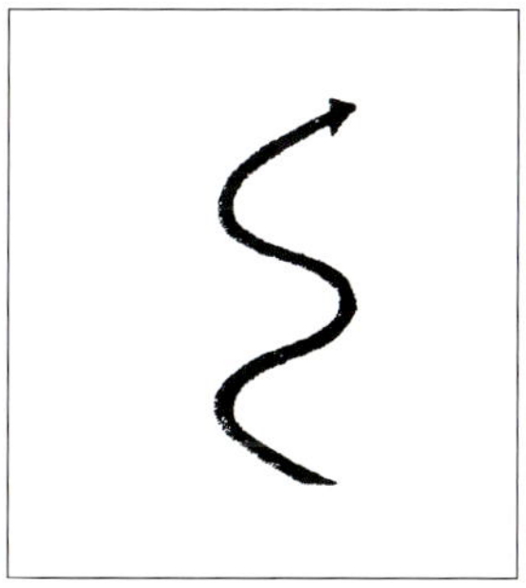

**Gott, der Tod,
das Leben**
Zirkulation der Energie,
Wechsel der aktiven und
passiven Kräfte
Kasai, Zaïre, Basongye,
Baluba und As'ohendo

Die Liebe, die Ehe
Akkord, Gemeinschaft,
Garantie, Bindung,
Heirat
Symbol für Doppel-
rhombus, Frau beim
Beischlaf, Heirat
Baluba, Zaïre, As'ohendo

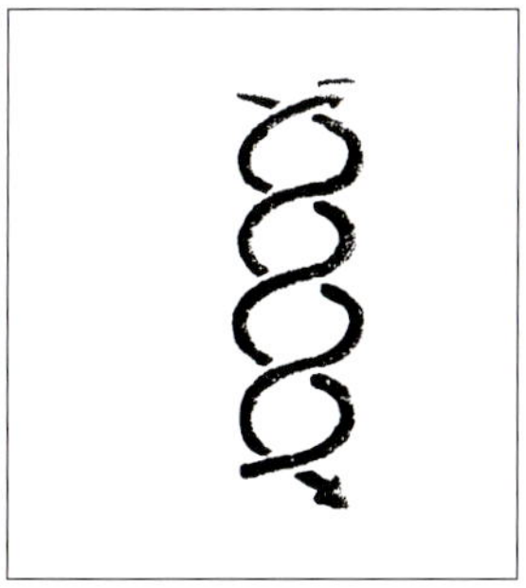

Griechische Mythologie

Seltsame Verbindungen hat die vergleichende Mythologie aus der Nacht unserer Vorgeschichte zu Tage gefördert. Wer die unendliche Vielfalt der Kosmologien, Kulturen und Götterwelten nebeneinanderstellt, entdeckt zahlreiche Entsprechungen und Bezüge. An den voneinander entferntesten Punkten der Welt treten Bilder, Systeme, Riten, Tänze und Personen auf, die sich so gleichen, dass sie kaum aus der Geburt des Zufalls hervorgegangen sein können. Die Ergebnisse sind so verblüffend, dass die vergleichende Religionswissenschaft, gepaart mit einem detektivischen Forscherdrang und einem gewissen Dilletantismus, einen populärwissenschaftlichen Höhepunkt erreicht hat.

Die Suche danach, ob die Götter und Mythen einen gemeinsamen Ursprung haben, schlägt zur Zeit Millionen von Lesern in Bann. Erinnert das nicht wiederum an Apollon, als er nach den entführten Kühen sucht? Der Kampf von Herakles und Geryones scheint in Indras Kampf mit Vitra seine Entsprechung zu haben. Wenn die alten Germanen vom wilden Jäger und dem wütenden Heer berichten, wenn die griechische Klassik voller Schauern und Abscheu von den orgiastischen Umzügen des Dionysos erzählt, dann denken wir ebenfalls an Indra, der auf weissem Ross mit dem Götterhund Sarameja durch die Lüfte sprengt. Gleich Jupiter und Wotan lässt er Donner und Blitz erscheinen, als er die Schlange Ahi tötet.

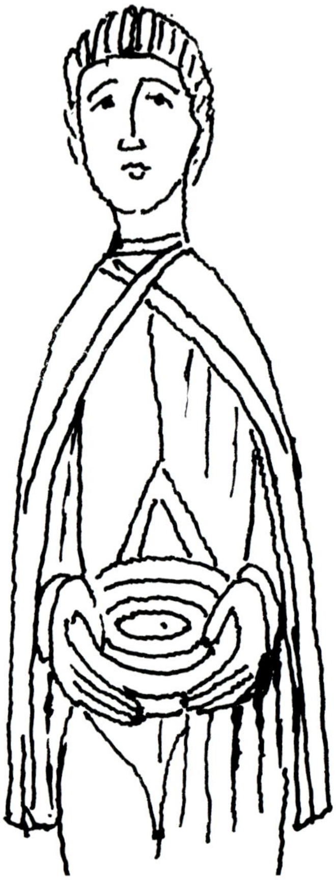

Oben:
Eingeweide. Symbol für den Tod (1500 v. Chr.)

Links:
Zeus schleudert den Blitz. Zorn-Gericht, Strafe

Pallas Athene
von Phidias

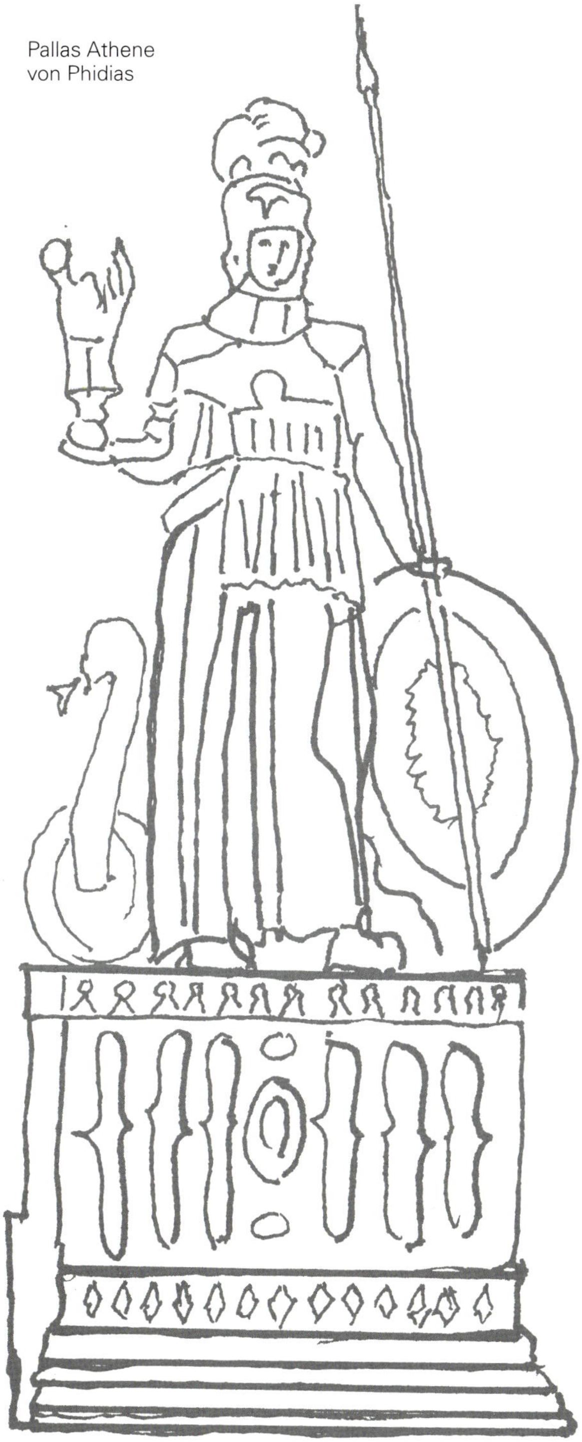

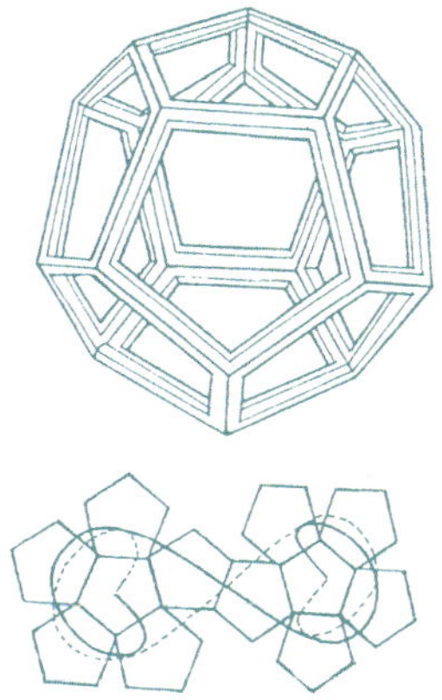

Diamant, Sinnbild der Reinheit. Plato beschreibt die Achse der Welt als Diamant

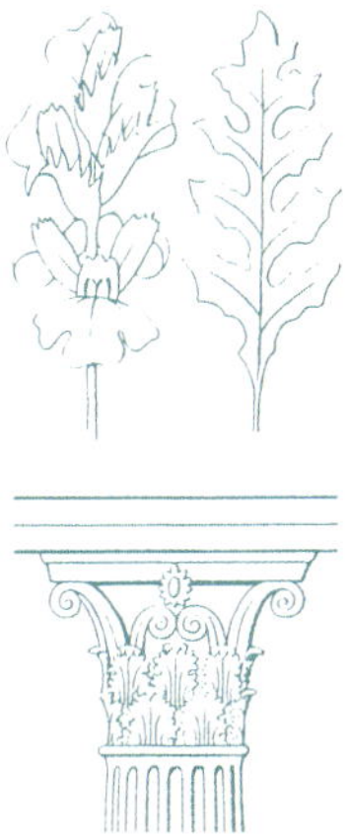

Akanthus. Die gezähnten Blätter, Vorbild für die Ornamentik der griechischen Kapitalis

Chronos

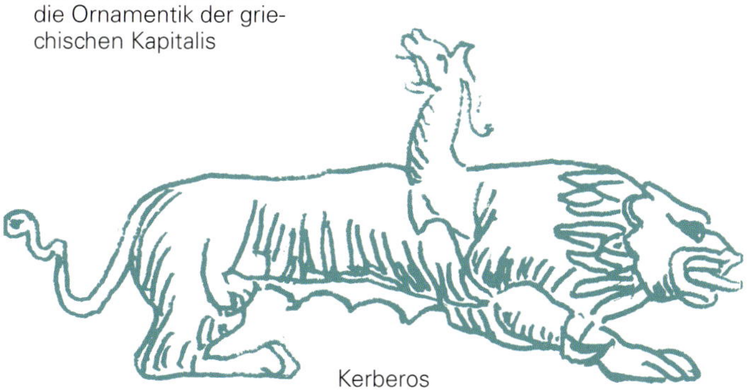

Kerberos

Ägyptische Symbolwelt

Die geistige Welt der alten Ägypter ist uns Abendländern des 21. Jahrhunderts nicht ohne weiteres zugänglich. Magische und symbolische Vorstellungen laufen nebeneinander her und sind oftmals unentwirrbar miteinader verschlungen. Es sind Symbole und Zauber als Grundformen altägyptischen Denkens. Wir dürfen nicht vergessen, dass der Bewohner des Niltales oder des Nillandes nicht in einer Welt von Begriffen lebte, sondern in einer Welt von Bildern. Oft will uns die ägyptische Bildwelt in sich widerspruchsvoll erscheinen, sicher nur deshalb, weil wir nicht den Massstab der damaligen Zeit anlegen können.

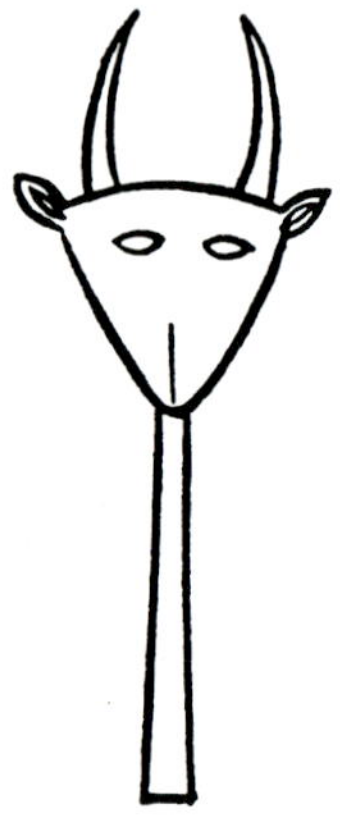

Bat (urtümliche Kuhgöttin)

Wir mögen es töricht finden, wenn Himmel und Kuh dargestellt werden, oder ein Käfer als Sinnbild des Sonnengottes verehrt wird, aber bei Völkern mit mytischem Weltbild ist nicht die Logik, sondern die bildhafte Anschauung das formende Prinzip. Wenn die Sonne im Westen untergeht, um am Morgen erneut wieder die Reise anzutreten, dann begräbt man die Toten im Westen des Kulturlandes, damit auch ihm ein neues Leben beschieden sein möge. Für den Menschen des Altertums ist es nicht weniger eine Ganzheit als für uns. Auch das «Grösserwerden der Welt», die Erweiterung unseres geistigen Horizontes, ist nur eine Relation.

Ägyptische Wandmalerei des Grabes des Amun-Nacht (19.–20. Dynastie)

Menat
(Halskette mit Gegengewicht)

Sistrium (Kultische Rassel)

Anubis

Das Löwenpaar als Horizonte mit dem Zeichen für den Sonnenaufgang, darüber die Himmelshieroglyphe

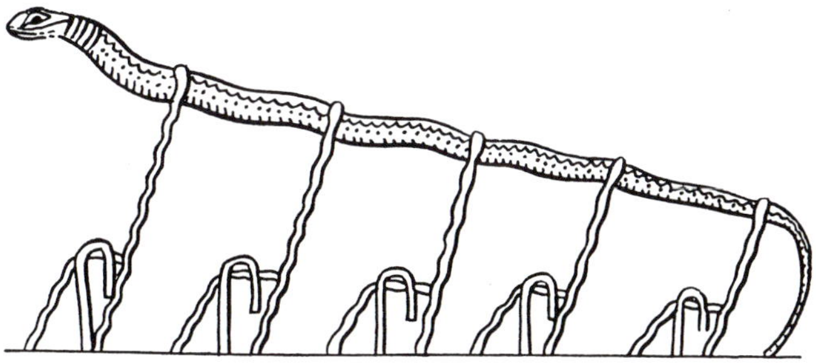

Der gefesselte Apophis (Unterweltsschlange)

Flügelsonne

Echnaton und Nofretete bringen der Sonnenscheibe Atons Opfergaben dar

Tresor der Kelten

Vor 2000 Jahren v. Chr. formten das heutige Westösterreich, die Nordschweiz, Süddeutschland, Nordfrankreich und Luxemburg eine kulturelle Gemeinschaft. Die Archäologen benennen diese Zone als «Kultur von Hallstatt.» Diese Einheit ist sehrwahrscheinlich das Land der Kelten. Die Ur-Kelten waren Ahnen des Reiches der alten Kelten, welche eine grosse Macht gewesen ist, die im 4. Jahrhundert v.Chr. einen grossen Teil Europas besetzte.

Cernunnor, keltische Gottheit

Kriegswagen

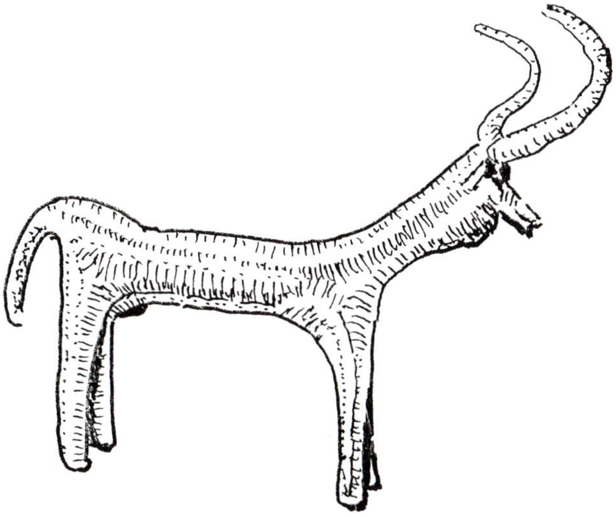

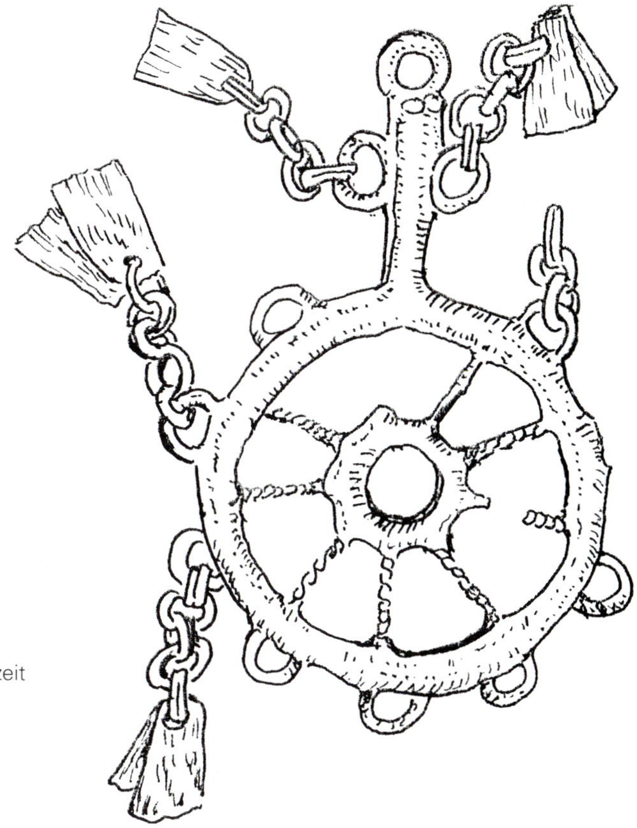

Verschiedene Grabbeigaben aus der Hallstattzeit

Indianische Symbole

In einem Alltag, der sich völlig von unseren Ursprüngen entfremdet hat, wächst die Sehnsucht nach Naturverbundenheit. Dieses Sehnen findet Ausdruck in der Nähe, die heute viele Menschen zu den nordamerikanischen Indianern suchen. Sie erscheinen ihnen als Sinnbild eines Lebens in Einklang mit der Natur. Die Bedeutung all dieser Symbole ist jedoch nur wenigen bekannt. Doch eben dies macht aus einem Ornament ein Symbol, welches in den Augen des Betrachters stellvertretend für ein Ritual steht und ihm Stimme verleiht.

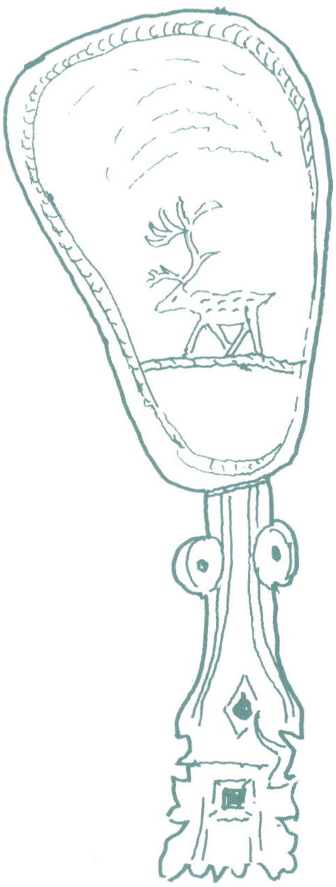

Horn

Erdsymbole verschiedener Stämme, mit denen um Schutz aus den vier Himmelsrichtungengebeten wurde

Kiva-Wandbild der Hopi, das die Bedeutung des Adler-Clans verdeutlicht

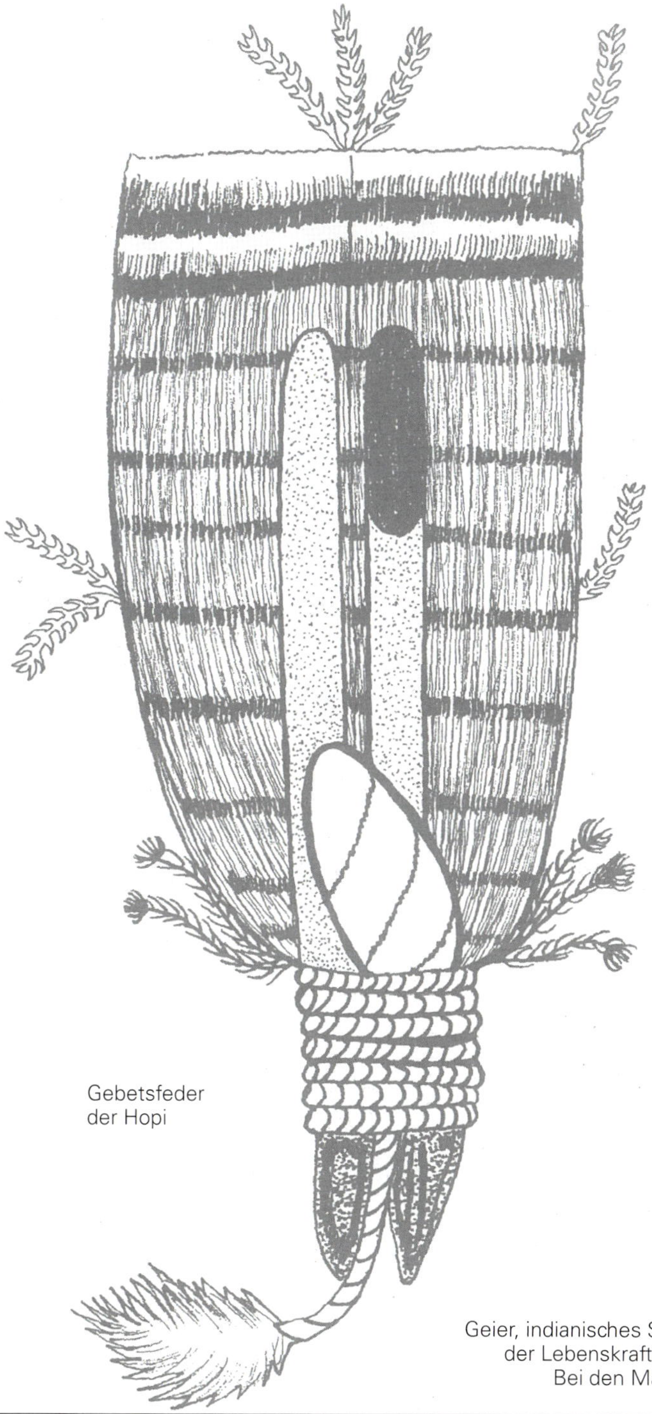

Gebetsfeder der Hopi

Götterboten der Hopi (Kachinas). Beispiele für Kachinamasken

Geier, indianisches Symboltier, das mit reinigender Lebenskraft versehen ist: Feuer, Sonne. Bei den Mayas ist es das Todessymbol

Gravuren der Eskimos (Inuits)

Alle nachstehenden Arbeiten, Gravuren, Zeichnungen und Lithografien sind von Kiakshuk, Sonniebo, Pitseolak und den Frauen Sheouak, Innukjvak und Elfeshushe geschaffen. Die vielen Wechsel der letzten zwanzig Jahre haben das Leben der Inuits (Eskimos) sehr geprägt. Sie haben in ihrer Arbeit stets die Wahrhaftigkeit und ihre Lebendigkeit ausgedrückt. Die Gravur auf Knochen, Elfenbein, Holz oder Linoleum wie auch ihre Arbeiten und Techniken sind vergleichbar mit Holzschnitten. Mit der Technik des «Pochoir» werden zusätzlich die Gravuren um Vieles lebendiger gestaltet. Die Eskimo-Gravuren und Lithografien strahlen eine Schönheit und einen Glanz aus, welche jeder anderen Volkskunst gleichgestellt sind.

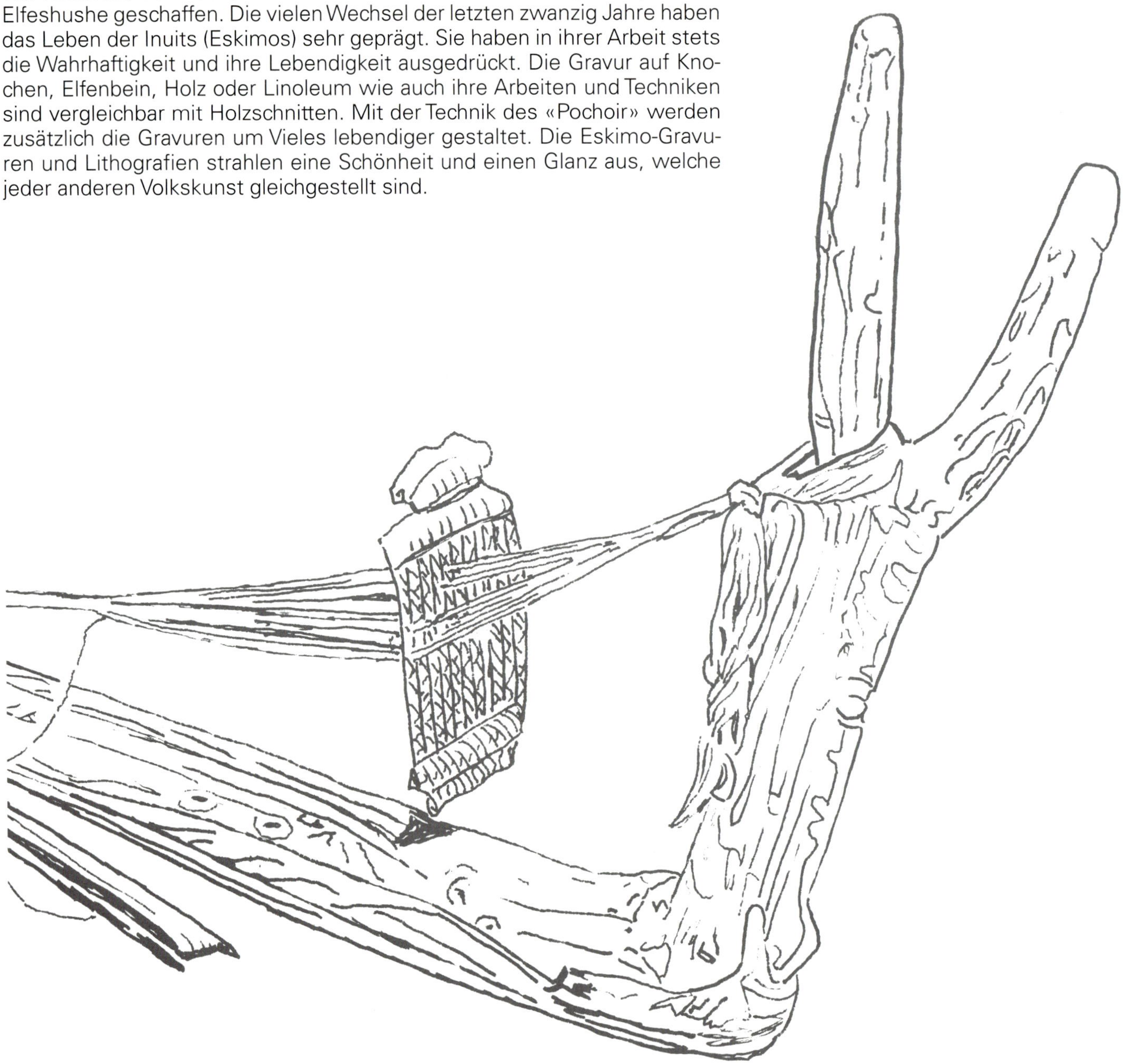

Webstuhl: Begabung, Fleiss

Ritzung

Knochen

Gravuren der Eskimos (Inuits)

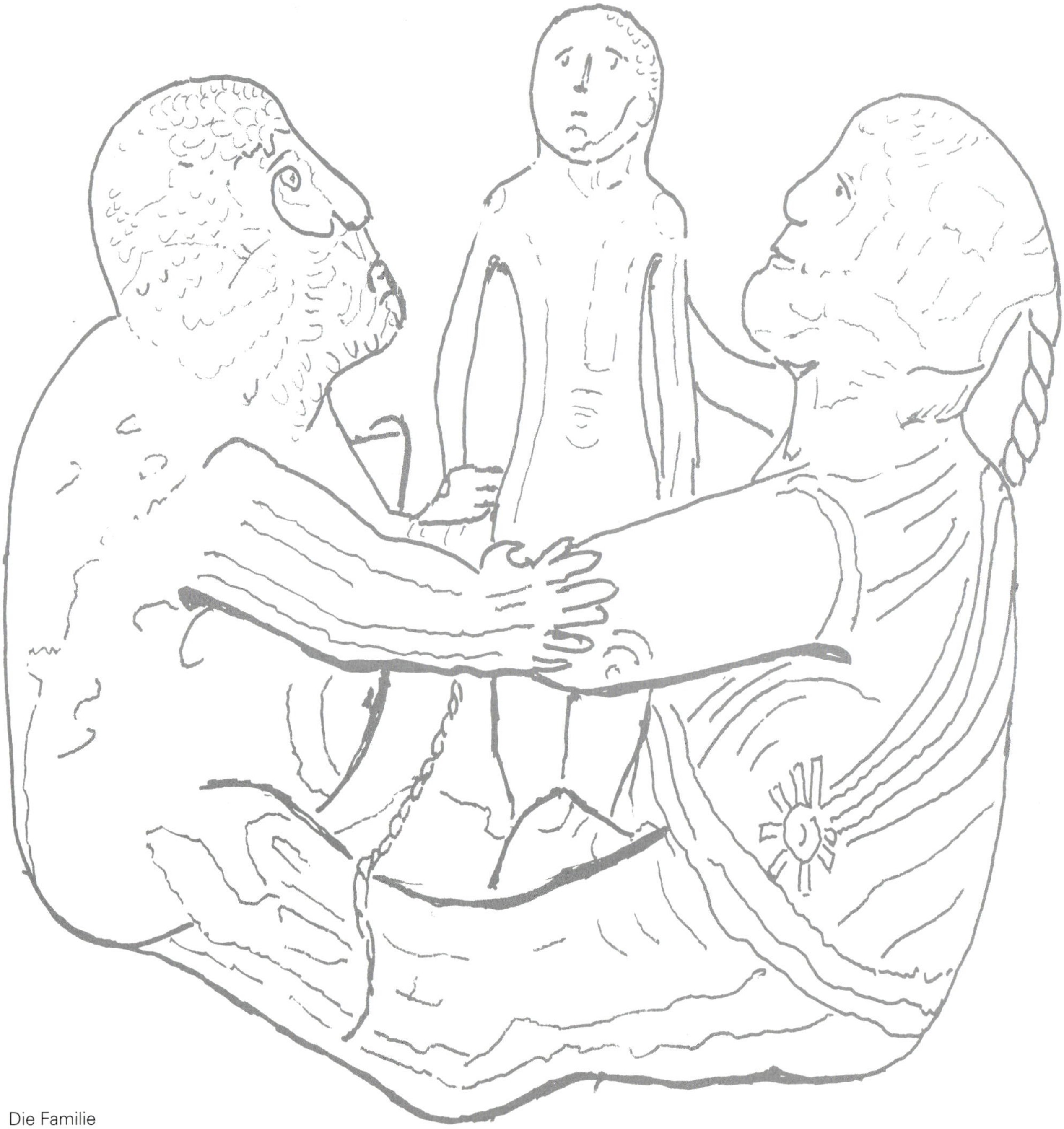

Die Familie

Chung-liCh'üan mit dem Fächer

Drei Zeichen für Langlebigkeit

Dachs und Elster: Freude vom Himmel – Freude auf Erden

Freude des ehelichen Lebens

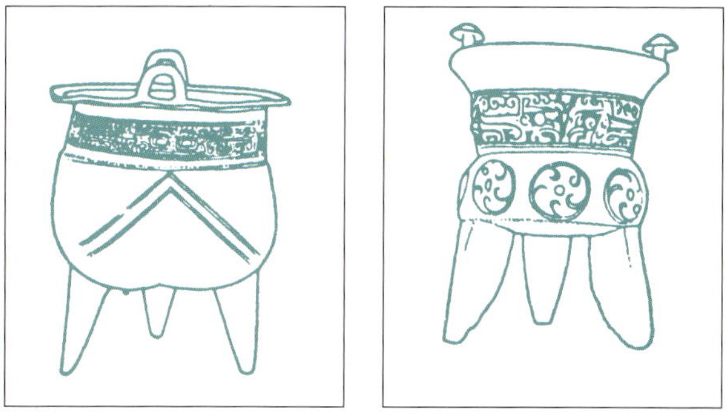

Kultische Dreifüsse

Fünf Hakenkreuze, fünf Fledermäuse sind Zeichen für Langlebigkeit: Fünffach gesteigertes Glück und langes Leben

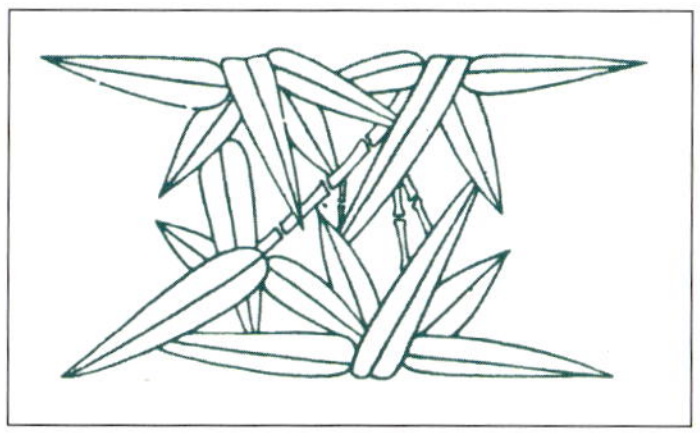

Stilisierte Bambusblätter: etwas, das im Winter nicht stirbt

Die Kiefer, Sinnbild des Baumes an sich

Stempel Mexikos

Auf weiten Mauern von Gebäuden, dekoriert mit Skulpturen, sind Abdrucke zu finden. Das prehispanische Volk Mexikos hat Tausende von Keramiken mit vielen Abdrucken versehen, wahrscheinlich als Zeichen der Götterweihung. Viele kleinere Objekte wie Malacats (Garnspulen), Juwelen und persönliche Materialien tragen Stempelmuster. Dieselben Muster finden sich auch auf Textilien. Stempel sind Talismane in religiösem Sinne, um Götter anzuflehen oder zu beschwichtigen, so dass sie mit mythologischen Geistern den Zyklus des Lebens beeinflussen. Das Volk brachte bestimmte Abdrucke von Gottheiten für Wasser, Gesundheit, Nahrung oder als Fürbitte für den Menschen oder Kindersegen zum Wirken. Stempel sprechen durch ihre integrierenden Zeichnungen in der symbolischen Sprache der Vorfahren auch die Menschen von heute an.
(Wir danken dem Autor Frederick V. Field für den Abdruck einiger Zeichnungen für das vorliegende Buch.)

Klassische Schlange, Zentral Veracruz (Remojadas)

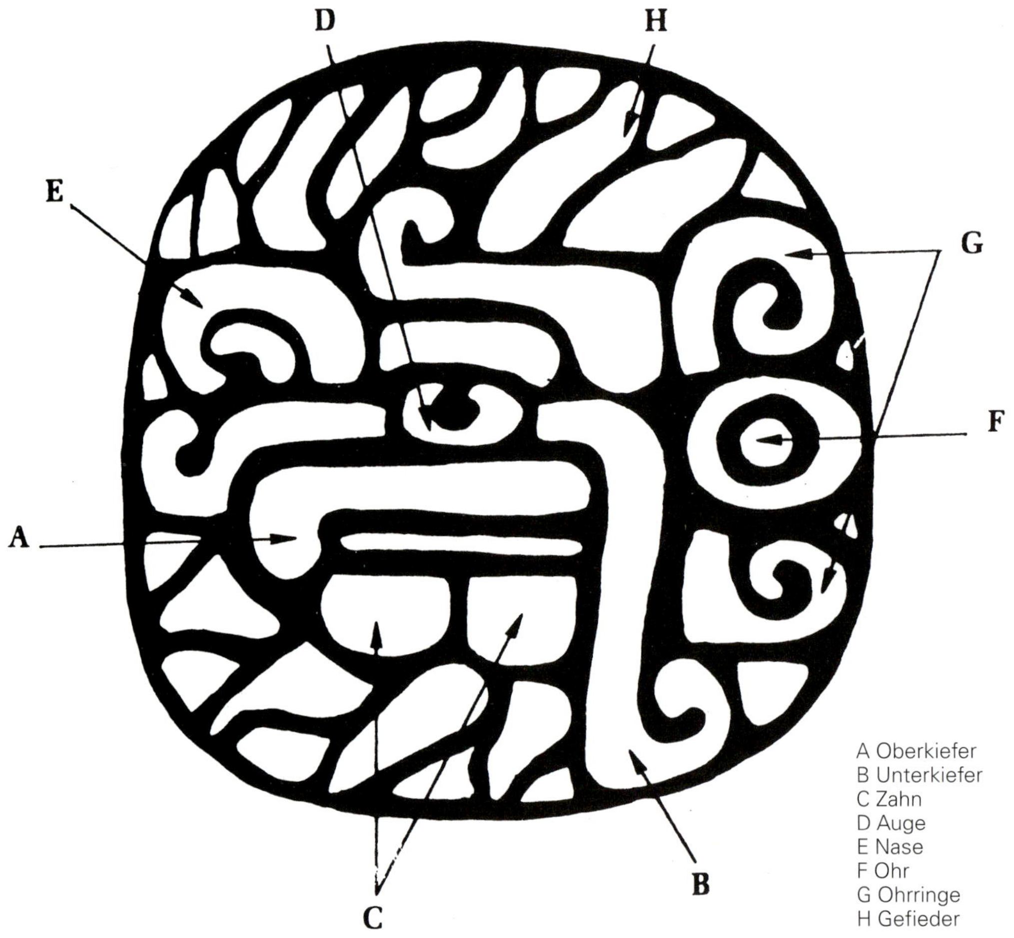

A Oberkiefer
B Unterkiefer
C Zahn
D Auge
E Nase
F Ohr
G Ohrringe
H Gefieder

Affe, Puebla

Teil 5

Wappen und Piktogramme

Heraldik

Die Bezeichnung Heraldik entstammt dem Wort «Herold», der Bote oder Verkünder, der im Mittelalter oft die Funktion eines Diplomaten ausübte. Seine Tracht war durch sein alleiniges Auftreten eine Bezeugung der Zugehörigkeit zu einer Gruppe, zu einer Herrschermacht, die vom feindlichen Lager eindeutig erkennbar sein musste.
Mit dem Beginn der Kreuzzüge erhielten bald alle Kreuzritter eine einheitliche Tracht zur äusseren visuellen Bezeichnung der Zusammengehörigkeit, denn beim Verlassen des heimatlichen Bodens in Gebiete anderer Sprachen, anderer Sitten, wurde dieser Ausdruck einer Brüderschaft, «unter einem Banner» zu stehen, zur Notwendigkeit, Mut zum Kampf und Wille zur Ausdauer spendend.
Wenn zu Beginn das gesamte Erscheinungsbild des Herolds oder Ritters in Betracht gezogen wurde, also Bekleidung, Satteltuch etc., so beschränkte sich im Lauf der Zeit der Kennwert auf Einzelteile der Rüstung (z. B. Helmzier). Zuletzt war es vor allem der Schutzschild als grösste plane Fläche der Ritterfigur, der als Träger der Sippenfarbe, der Gruppenzugehörigkeits-Grafik fungierte.
Es ist leicht zu verstehen, dass die Farbe als erstes und wichtigstes Kenn-Zeichen benutzt wurde. Die Reihe klar unterscheidbarer Farben beschränkte sich jedoch auf die geringe Zahl der Primärfarben.

1 Rot
2 Blau
3 Grün

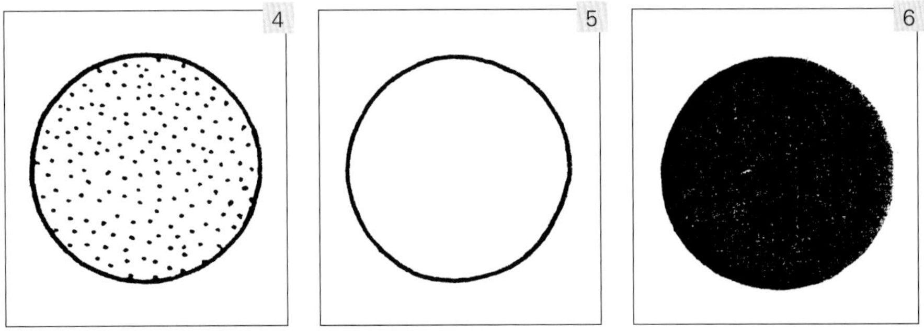

4 Gelb (Gold)
5 Weiss (Silber)
6 Schwarz

Das zweite Mittel der Kennzeichnung bestand in der Anwendung von Farbkombinationen, also Rot mit Blau, Rot mit Gelb etc., was die Anzahl von Unterscheidungsgruppen um etliche Varianten erweiterte. Dabei galt die Grundregel: Stets hat Farbe auf Metall (d.h. Gold, Silber) oder Metall auf Farbe zu stehen, um die erforderliche visuelle Fernwirkung zu erzielen. Zu dieser Mehrfarben-Markierung trat ein weiterer, wesentlicher Zeichenfaktor hinzu, nämlich derjenige der Naht-Richtung, das heisst die Anlage, in der die Farbfelder zueinander stehen: horizontal, vertikal, schräg etc.

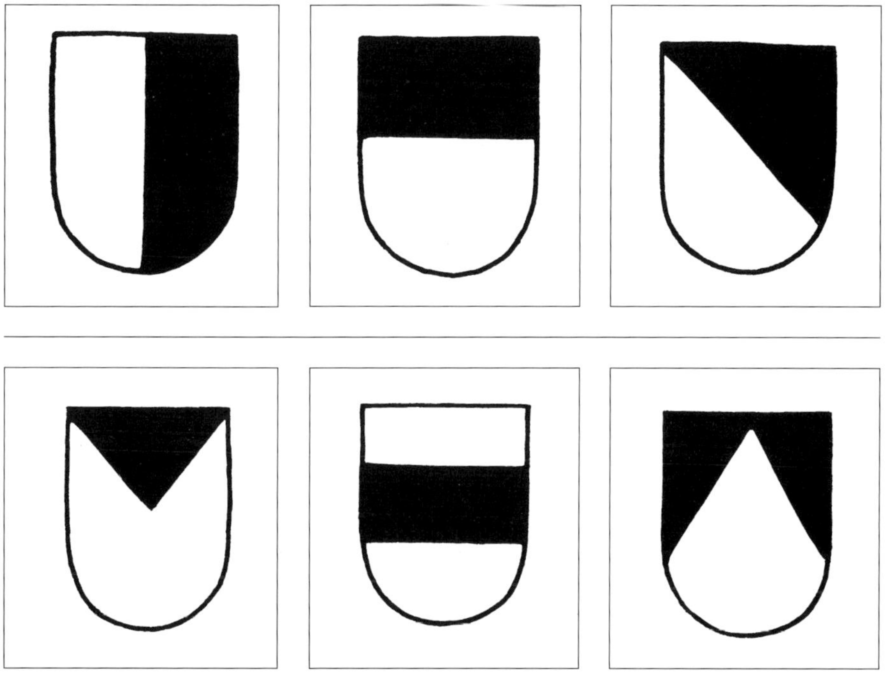

Mit der Zeit wurde diese einfache Flächenaufteilung verfeinert, indem die sekundär aufgetragene Farbfläche nicht mehr als Füllung des Raumes bestand, sondern einen in ihrer Kontur eigenen zeichenhaften Ausdruck annahm.

Heraldik

1 Chevron
2 Gabel
3 Kreuz

4 X-Kreuz
5 Doppelbalken
6 Malteserkreuz

Eine weitere Art der klaren Differenzierung bestand nun in der strukturellen Aufteilung der Fläche durch das Ineinanderdringen der Farbflächen in einer verkleinerten Flächenaufteilung, gewissermassen in rasterhafte Elemente. Die Einteilung der Wappenfläche in Felder oder sogenannte «Heroldstücke» liess die verschiedenen Farbflächen in geradliniger Begrenzung nebeneinanderstehen. Durch den ständigen Drang zur Bereicherung und zur Differenzierung erweiterten sich jedoch auch diese «Nahtlinien», von Heraldikern auch «Schnitte» genannt, in verschiedene rhythmisch gebogene, geknickte Variationen. Wir zeigen hier einige davon.

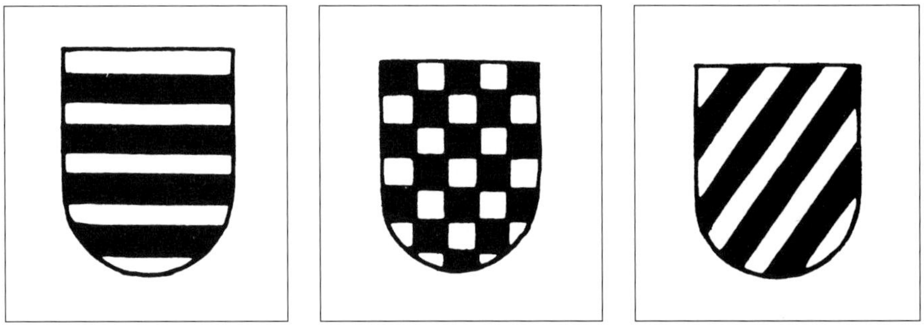

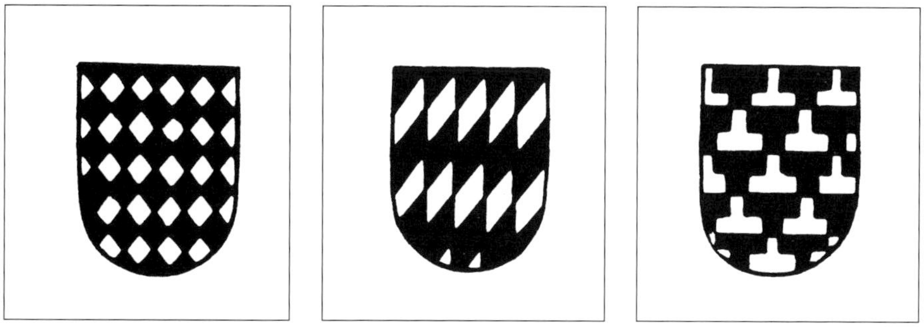

Gezierte Nahtlinien

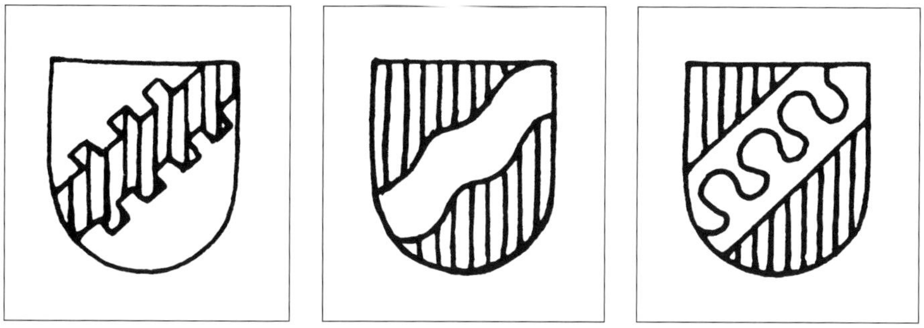

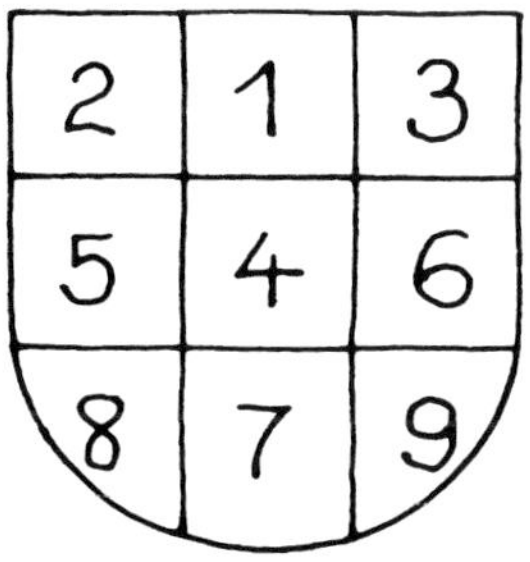

Der Aufbau eines Wappens unterlag im Verlauf der Jahrhunderte immer strengeren Vorschriften. So war zum Beispiel die Einteilung der Schildoberfläche genauen Gesetzen in Formgebung, Flächenunterteilung, Strukturierung etc. unterworfen. Auf einem Wappenschild, dem «Feld», bestanden angemessene Plätze, in denen Zugehörigkeit, Rangbezeichnung oder Herkunft einer Person klar ersichtlich wurden. 1 bis 3 ist das Schildhaupt, 7 bis 9 der Schildfuss. Die Hauptfigur situierte sich selbstverständlich im Mittelraum 4, beherrschende Stellung hatte das Feld 1.

Dornenschnitt 1
Schuppenschnitt 2
Wellenschnitt 3
Wolkenschnitt 4
Zahnschnitt 5
Zickzackschnitt 6
Zinnenschnitt 7
Schwalbenschwanzschnitt 8
Krückenschnitt 9
Astschnitt 10
Eisenhutschnitt 11
Flammenschnitt 12
Tannenschnitt 13
Tannenreisschnitt 14

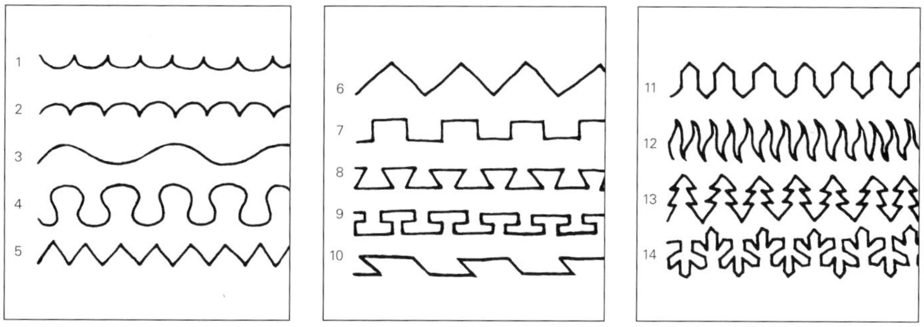

Heraldik

Die vom Schildträger aus situierten Felder auf der rechten und linken Flanke hatten andere, zweitrangige Bedeutung (Verwandtschaft, Allianzen etc.). Die vorstehende Erläuterung umfasst nur denjenigen Teil der Heraldik, den man als Unterlage oder Hintergrund bezeichnen könnte. In diese grundlegende Strukturierung wurde das eigentliche Personen- oder Herrscherzeichen eingegliedert. Dies wird vom Heraldiker als «Wappenbild» bezeichnet. Die persönlichen Attribute reichen in ihrer Vielfalt weit über die Hauszeichen hinaus. In den meisten Fällen stammen sie auch nicht aus dem Bereich der Zeichen, sondern vielfach handelt es sich um rein figürliche Darstellungen wie zum Beispiel jene Tierfiguren, die Macht ausdrücken: Löwe, Adler, Bär etc. Der Bereich der in Wappen übernommenen Abbildungen aus der Natur, aus der Umgebung in Haus und Werkstatt ist unzählig. Seltener im Vergleich dazu ist die Abbildung der menschlichen Figur selbst anzutreffen.

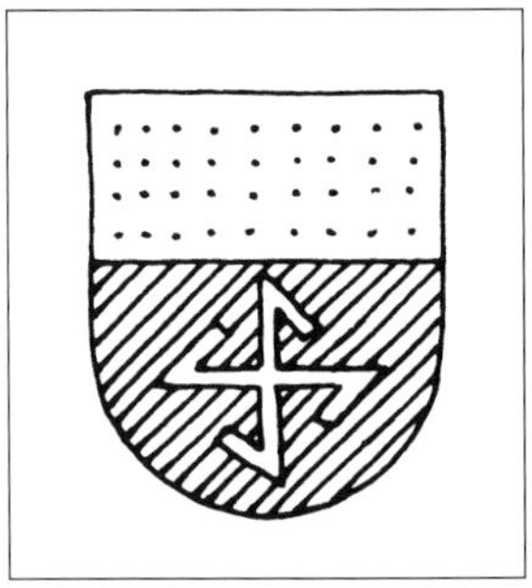

Japanische Familienwappen

Die japanischen Familien-Wappen wurden auf die Kimonos gestickt. Die geistige, meditative Verbundenheit mit der Natur treten in allen Gestaltungen Japans hervor.

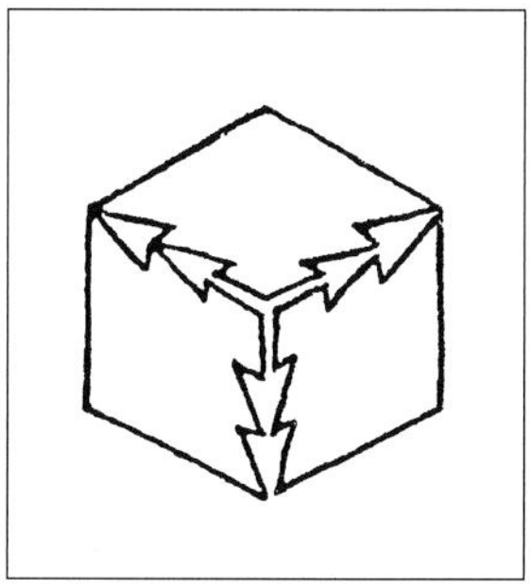
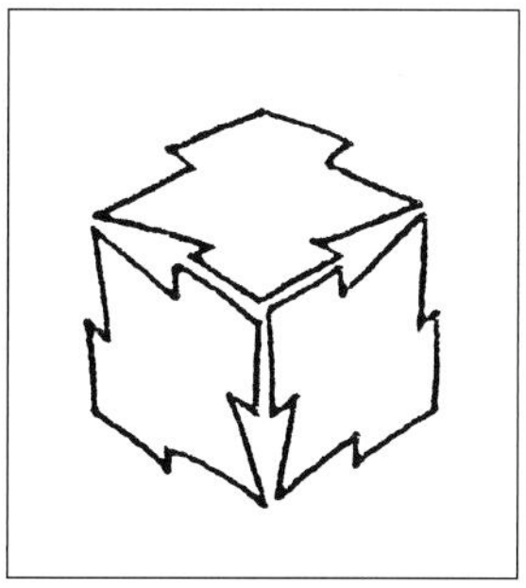
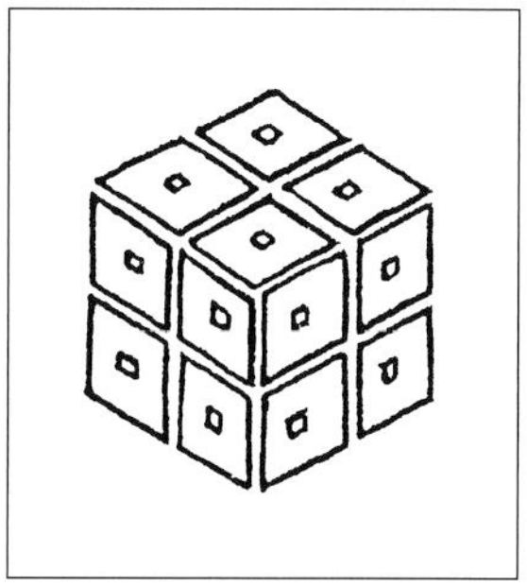
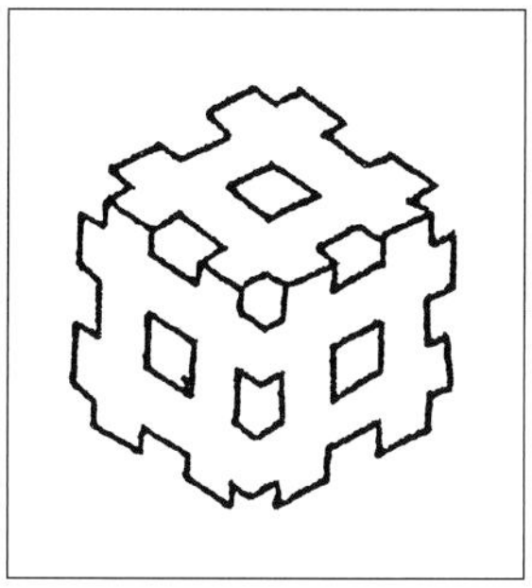

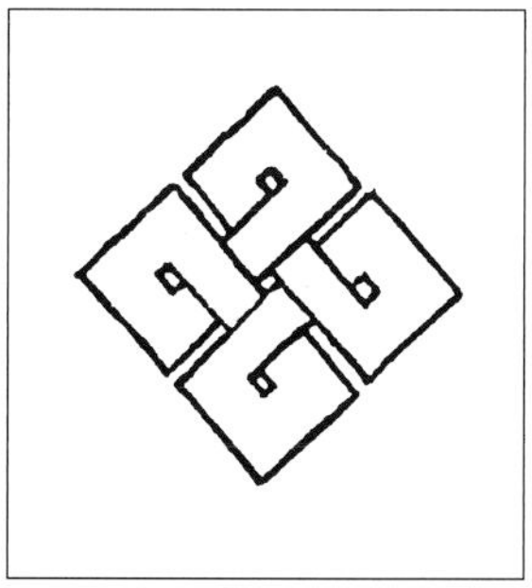

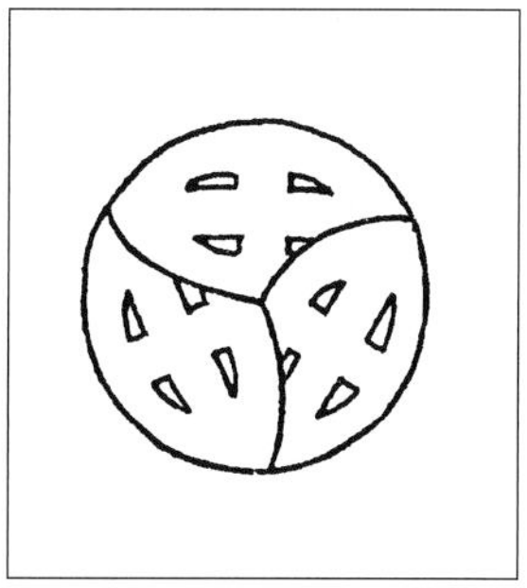

Japanische Familienwappen

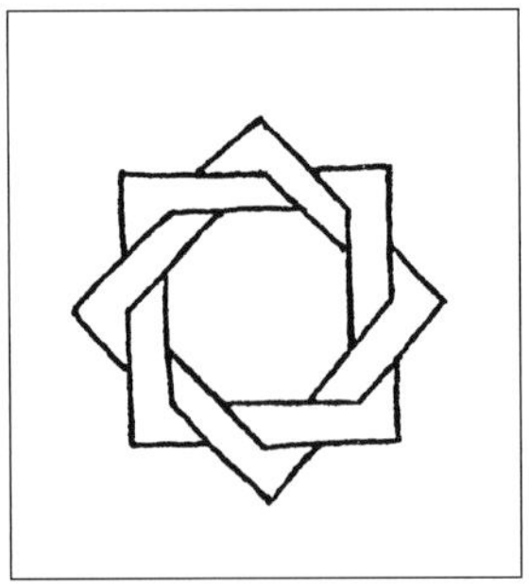

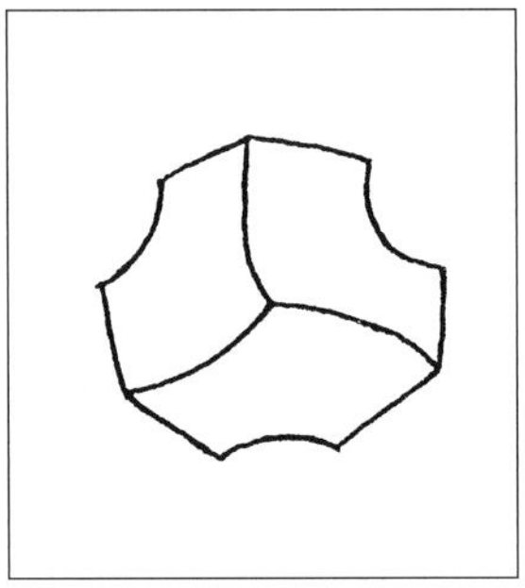

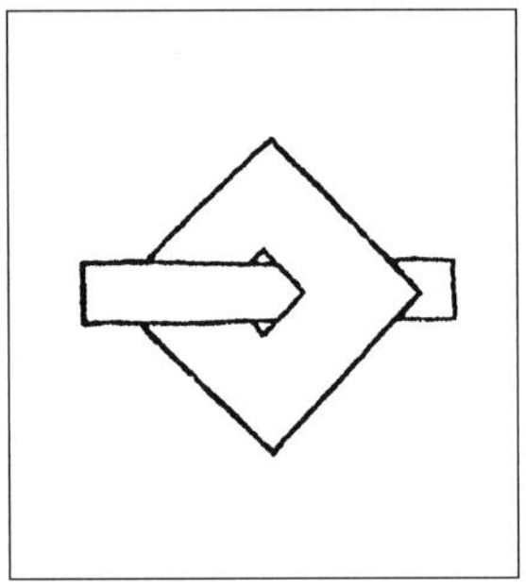

Politische, religiöse und auch ethnologische Bewegungen stützen sich auf die Annahme, dass der heutige, vor allem aber der zukünftige Mensch im Auftrieb der stets weitergespannten Kommunikationsmittel den Drang zur Sippschaft, zur Gruppierung verlieren werde und dass er als Zukunftsideal eine allumfassende Gemeinschaft der «Weltbürger» anstrebe. Die UNO ist das repräsentativste Beispiel dieser Bestrebung. In diesem Zusammenhang wird auch die Heraldik heute gerne als eine Zeichenlehre der Vergangenheit betrachtet.
Die Staatsflaggen bilden deshalb die Hauptsubstanz der modernen Heraldik. Das Erscheinungsbild dieser Wappen hat sich in vielen Fällen aufs äusserste vereinfacht, indem das Gesamtwappen nur durch gerade Unterteilungen zu farbigen Flächengruppierungen zusammengestellt wurde. Es ist jedoch bezeichnend, dass das Erkennen eines Staates nach alleinigen Farbkombinationen für den Uneingeweihten sehr schwierig ist.
Mnemotechnische Hilfen sind Flächenbegrenzungen, die nicht nur die Fahne in Felder zerteilen, sondern im Rechteck eine neue, einfache, selbstsprechende Silhouette erscheinen lassen (Kreuz, Dreieck, Schrägstrich etc.)
Viele Staatsflaggen haben zusätzlich zu diesen einfachen Flächeneinteilungen sogenannte Wappenbilder beibehalten, welche die Erkennungskraft eines Wappens um Vieles steigern. Dabei können zwei Kategorien der Zeichengebung unterschieden werden : die eine ist gekennzeichnet durch abstrakte, zum Teil symbolische Bilder wie Kreuz, Kreis etc., wobei das Stern-

Österreich 1
Italien 2
Spanien 3

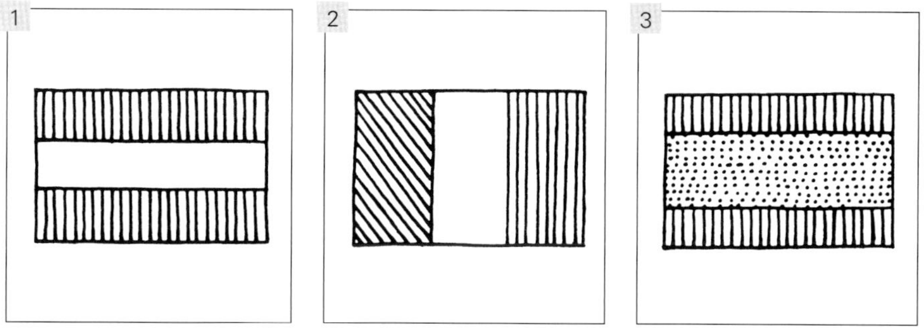

Dänemark 4
Kuwait 5
Kongo 6

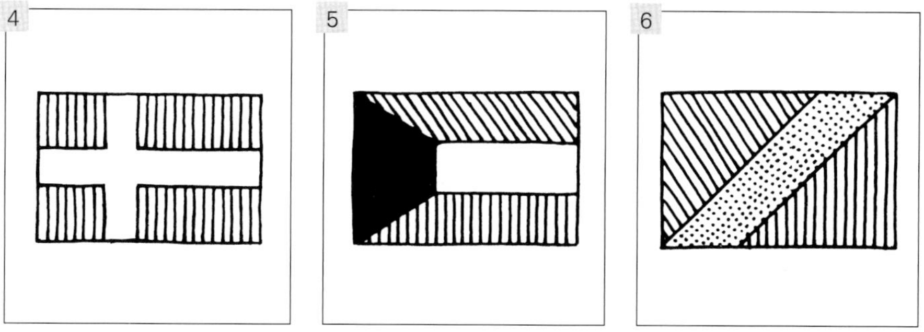

Zeichen weitaus am häufigsten verwendet wird. Der Stern bedeutet entweder die Andeutung an den Zusammenschluß verschiedener Staaten – wie etwa beim USA-Banner, wo die 50 Bundes-Staaten mit der gleichen Anzahl von Sternen versinnbildlicht sind – oder er ist Bestandteil des Symbols der Türkei, das sich aus Mondsichel und Stern zusammensetzt. Im 20. Jahrhundert haben sich die sozialistischen Staaten den Stern als Bekennungs-Zeichen angeeignet.
Die zweite Kategorie von verwendeten Wappenbildern ist gekennzeichnet durch realistische Darstellungen, an denen sich die visuelle Erinnerung am stärksten zu halten vermag.

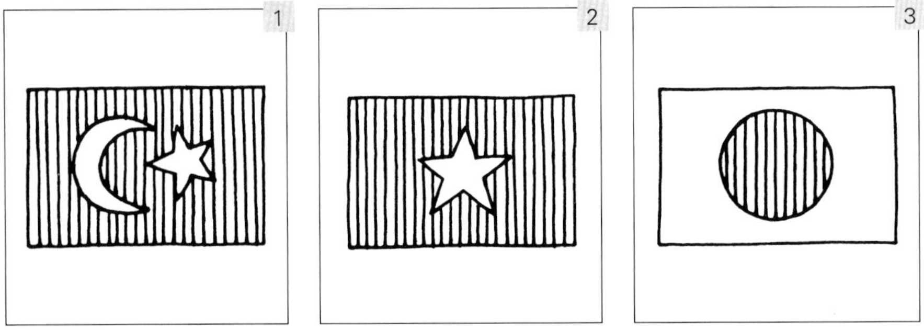

1 Türkei
2 Nordvietnam
3 Japan

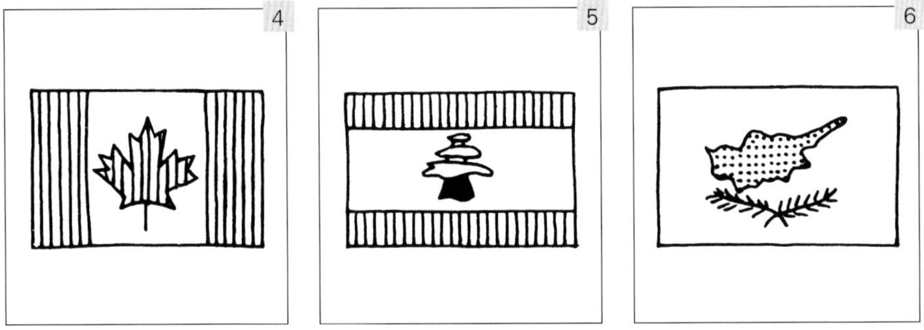

4 Kanada
5 Libanon
6 Zypern

Die Verschiedenheit der Lokal-Farben und -Bilder jedes Staates sind Bestandteile des Gesamt-Weltbildes, und es wäre absurd, diese Vielfalt nicht als menschlichen Reichtum zu betrachten und zu fördern. Die Spaltung der Völker in Meinungs-Gruppen folgt nicht den Landesgrenzen, sondern der Tradition politischer, religiöser oder ethnischer Kräfte.

Zeichen der Gegenwart

Die weithin sichtbaren Kultstätten der Gegenwart sind auf den Turm- oder Kuppelspitzen mit den unverkennbaren Symbolen der Religionen gekennzeichnet.
Mit einigen weiteren Beispielen politischer und ethnologischer Wahr-Zeichen schliessen wir das Kapitel der Heraldik und damit die Erläuterungen über die Zeichen der Gemeinschaften ausserhalb und innerhalb der Völker.

Katholizismus 1
Protestantismus 2
Islam 3

1

2

3

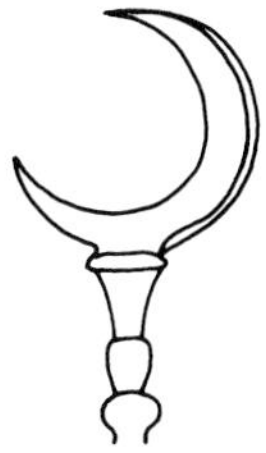

Judentum 4
Kommunismus 5
Lothringerkreuz (Gaullismus) 6

4

5

6

Gegen Atom 7
Rotkreuz 8
Olympiade 9

7

8

9

Bilderschrift der Techniker

Die Techniker, deren Arbeit in der handwerklichen Manipulation von Werkzeug und Material besteht, nennen sich Handwerker. Sie waren in früheren Zeiten meist des Schreibens und auch des Plänezeichnens unkundig, der kreative Teil ihres Werkes vollzog sich im Arbeitsgang selbst. Der Zimmermann legte das Dachgerüst in seiner Vorstellung zurecht; der Plan des Hauses bestand nicht aus Papier, er war im Kopf des Handwerkers festgehalten. Um das Zusammensetzen des in der Werkstatt zurechtgelegten, zugeschnittenen Holzes auf dem Bauplatz zu erleichtern, bediente er sich bestimmter Zeichen, die er in das Holz einkerbte. Dies war bereits eine Zeichensprache, die jeder Gehilfe mühelos zu interpretieren vermochte.

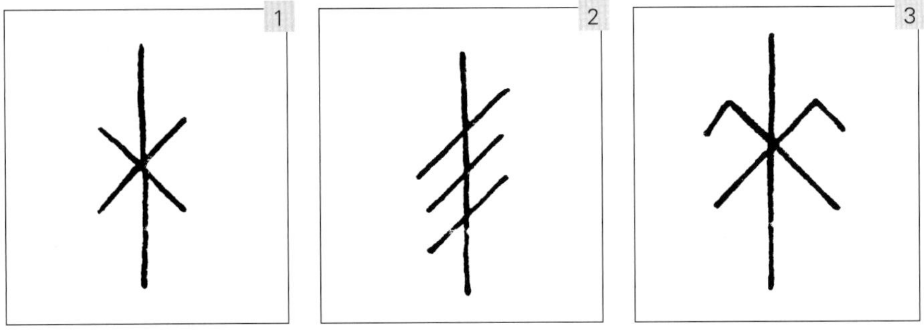

Zimmermannszeichen

1 Schnitt
2 Durchstreichen
3 Mitte

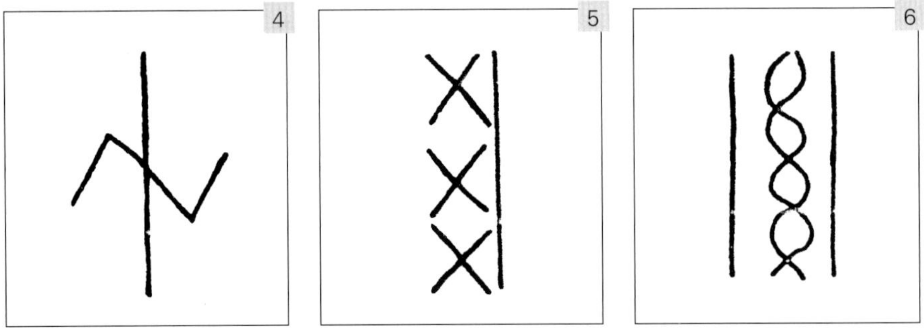

4 Anschlag
5 Rinne
6 Erhaben

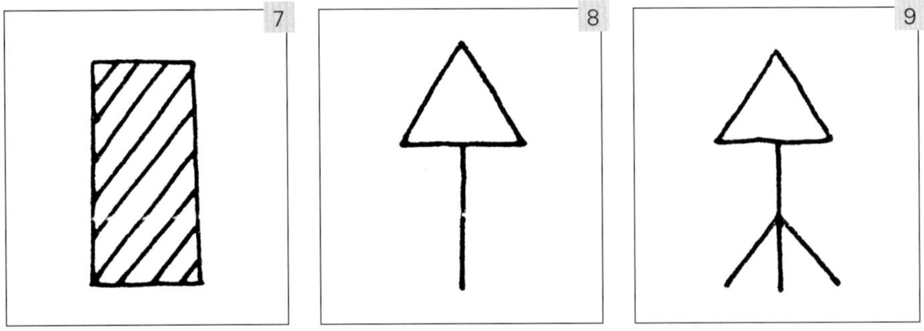

7 Durchschlag
8 Kerbe
9 Gänsefuss

Zentrifugalpumpe 1
Automatischer Hahn 2
Rohrverjüngung 3

1

2
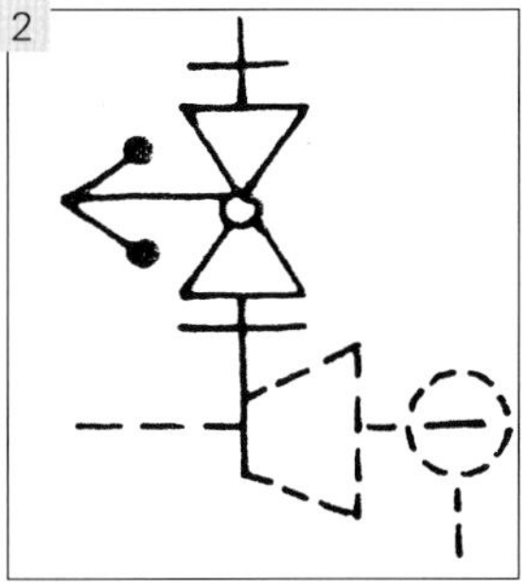

3
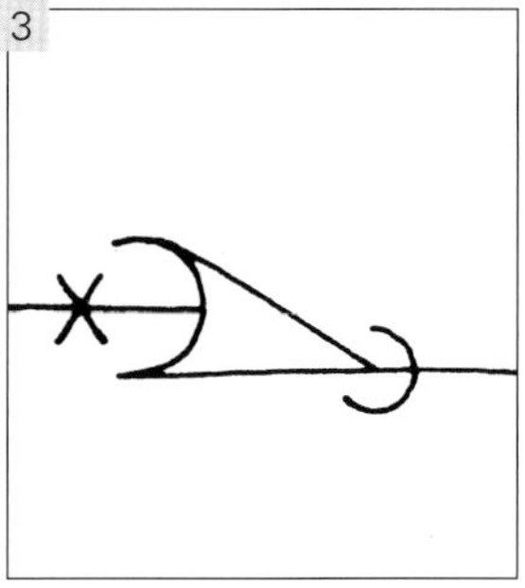

Automatischer Druckdämpfer 4
Elektrischer Verstärker 5

4
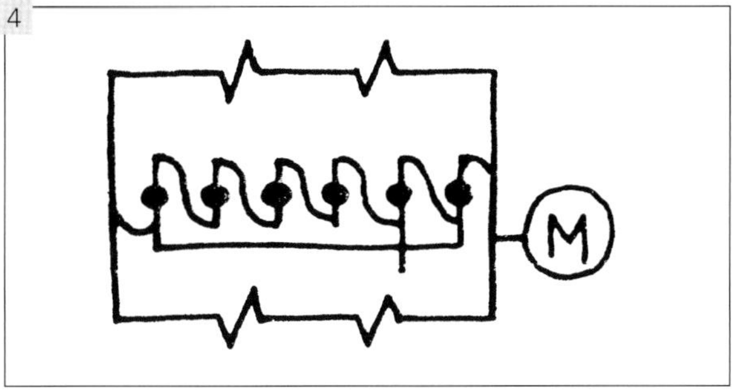

5
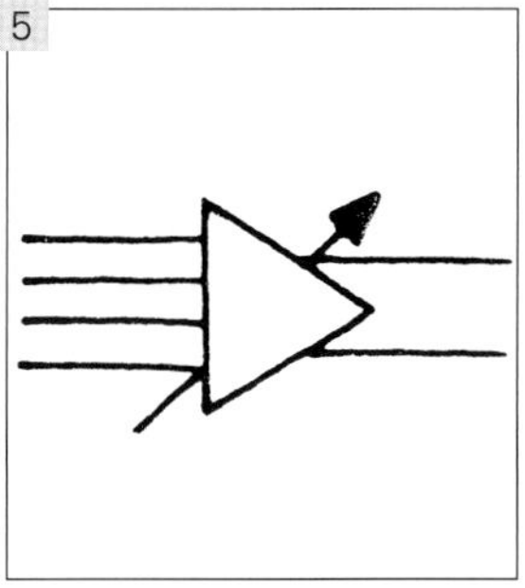

Typisch für die Arbeitsweise der modernen Technik ist eben die Tatsache, daß der Mensch, der »plant«, nicht mehr derjenige ist, der ausführt. Zwischen Hammer und Nagel, Axt und Balken hat sich das Papier des Planes geschoben, als intellektuelle Zwischenstufe des Werkes. Diese wesentliche Änderung entstand aus der Notwendigkeit der fortschreitenden Komplexität eines Gebäudes, einer Maschine, einer Einrichtung. Ein modernes Gebäude zu erstellen, ist heute ohne Zeichnung, Schema oder Plan undenkbar.
Diese stets wachsende Unterteilung in Entwicklungsstufen führte unweigerlich zur Gestaltung neuer visueller Aus-drücke, um die jeden Tag sich erneuernden Formulierungen, Entdeckungen, Schlußfolgerungen in einer dem Zweck gemäßen Weise optisch zu fixieren.

Zeichen moderner Wissenschaften

Die Erfindung und Inbetriebnahme aller technischen, wirtschaftlichen und sozialen Errungenschaften, die das gesamte Leben auf unserem Planeten heute beeinflusst, erfolgte auf dem Wissen der freien, unangewandten, «wilden» Forschung. Als Beispiel sei Albert Einstein genannt: seine geistige Arbeit war in ihrer rein theoretischen Natur die Grundlage, auf der die Wissenschafts-Techniker beispielsweise die Verfügung über die Atomkraft in allen bekannten und noch unbekannten Anwendungen entwickelten. In dem durch hohes Abstraktionsniveau geprägten Bereich der Wissenschaften ist die Kurzschrift in Zeichenform wesentlich stärker ausgebaut als in dem vorhergehend angedeuteten Bereich der Technik.

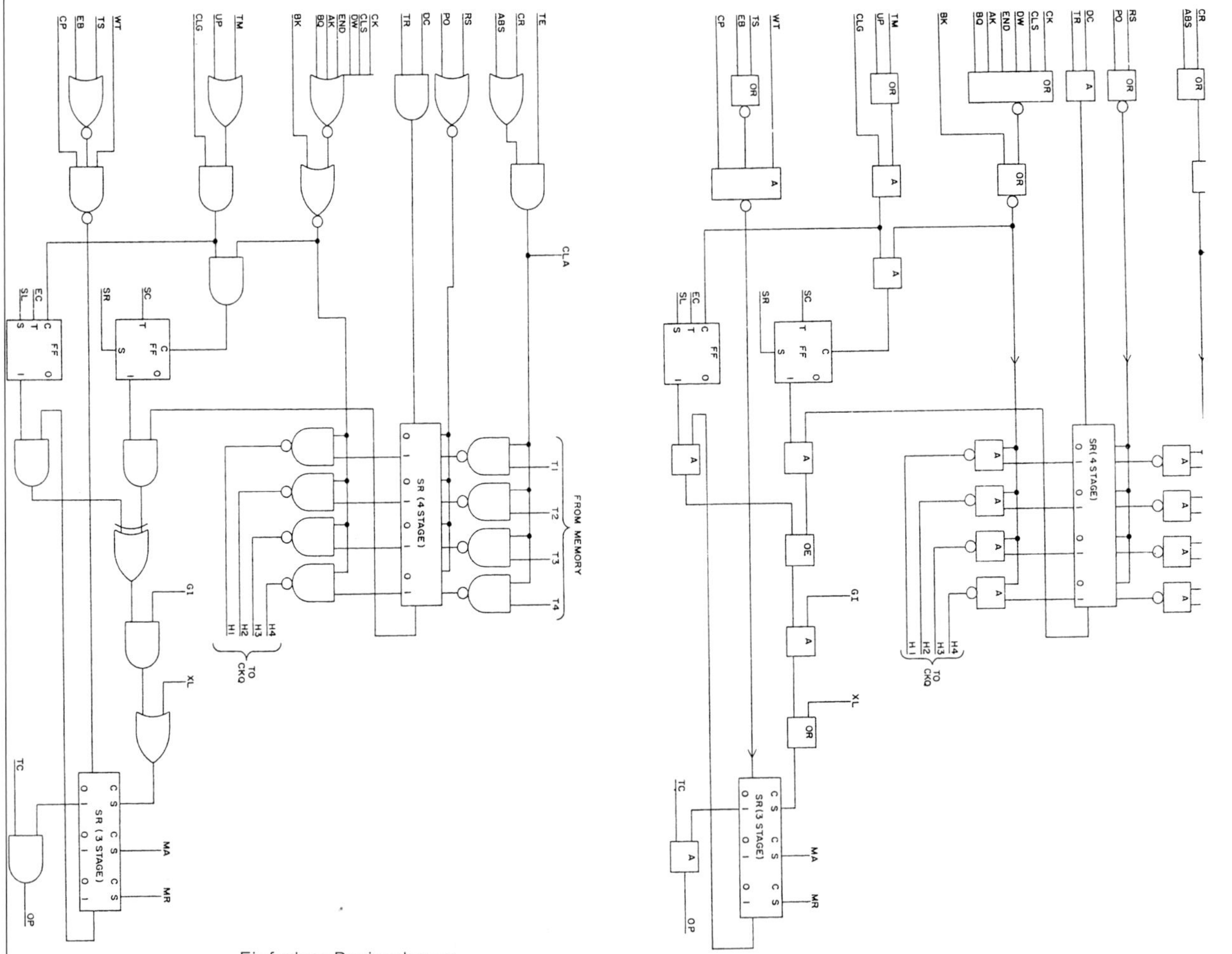

Einfaches Basisschema

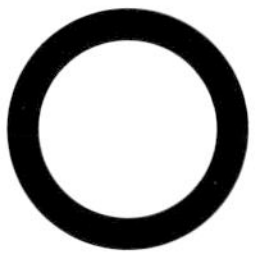

Deutung und Bedeutung der Signaltafeln im Verkehr

Das Verkehrssignal ist ein wesentlicher Bestandteil der modernen Zeit geworden, in der sich der Mensch mit Geschwindigkeiten fortbewegt, die eigentlich seiner physischen Morphologie nicht entsprechen. Die Zeitspanne bis zur Gefahrerkennung entspricht nicht mehr der Geschwindigkeit der für heutige Verhältnisse normalen Fortbewegung, die die natürliche Reaktionsfähigkeit bei weitem übersteigt.

Die Verkehrssignale, sozusagen Neuerscheinungen in unserem Lebensbereich, haben die Struktur unserer Wahrnehmung entscheidend geprägt. Ihre Charakteristiken sind unterteilbar in eine gewisse Hierarchie der Gebotsstärken. Folgende Abstufungen könnten dabei festgehalten werden: Das absolute Verbot: Einbahn, Stopp, Parkverbot etc.; Das Einschränkungsverbot: nur für Lastwagen, Anlieger etc.; das Erklärungsverbot: Abzweigung nach rechts nicht erlaubt, um die Verkehrsinsel fahren etc.; Das Anweisungssignal: einspurig, maximale Geschwindigkeit etc.; Das Informationssignal: Kreuzung, scharfe Kurve etc.; Das Hinweissignal: Parkplätze, Distanzangaben, Richtungshinweise etc.

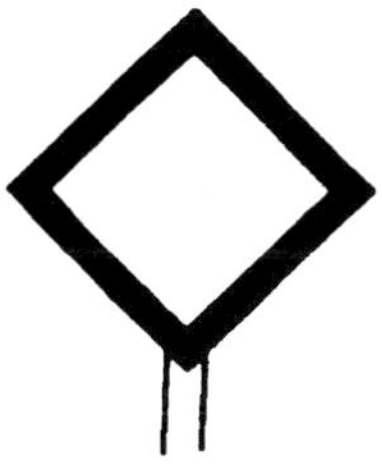

Besserer Kontrast zum Umfeld

Aggressive Dreiecksform, Verbotssignale

Die Schildform

Die formale Bestimmung der Signalschilder wurde bewusst oder unbewusst im Hinblick auf die visuelle Eindrucksintensität ausgewählt. Runde Signaltafeln sind im Umfeld am deutlichsten sichtbar, sie entsprechen etwa der aufgehobenen flachen Hand.

Im Gegensatz dazu gehen Quadrate oder Rechtecke im Stadtbild unter. Der Kreis und die schräge Linie bilden einen viel stärkeren Kontrast zum Umweltbild der Stadt. Deshalb sind die meisten Signaltafeln mit verbietendem Inhalt auf Flächen mit prägnanten Aussenformen angebracht. Es kann sich dabei um auf die Spitze gestellte Quadrate handeln oder, wie es hauptsächlich der Fall ist, um Dreieckstafeln.

Es ist interessant zu beobachten, dass auf die Spitze gestellte Dreiecke, ähnlich der Kreistafel, eine stärker befehlende Aussage vermitteln, während das mit der Spitze nach oben gestellte Dreieck eher warnenden Informationsgehalt in sich trägt. Im Stadtbild ist es verständlich, dass Dreiecke mit der Spitze nach unten einen aggressiveren Ausdruck erzeugen als Dreiecke mit der Spitze nach oben. Einen Grund dafür zeigt das Stadtbild selbst mit seinen Dachsilhouetten, den Firsten nach oben.

Der Dorfsilhouette mehr angepasste Form für Warnungssignale

Signaltafeln

Die Farbe
Die primär rote Farbe wurde als signifikanteste aller Farbtöne ausgewählt: für Verbot, Anweisungs- und Gefahrenhinweise. Quantitativ ist das Rot in der Landschaft nur punkthaft. Die Verwendung von Rot ist also abgeleitet von der Tatsache, dass in der Natur diese aufdringlichste aller Farben stets als Primärton (bei Blumen beispielsweise) vorhanden ist. Aus dem umgekehrten Grund ist die grüne Farbe, die in der Natur stets als grosse Fläche sichtbar ist, als Signalfarbe ungeeignet. Die blaue Farbe wird nur als Einladungs- oder Hinweisfarbe benutzt.

Die Reaktion des Fahrers auf das Signal
In erster Linie reagieren die Fahrer bei Hinweisen auf Gefahr auf gewohnt egoistische Weise ihrer eigenen Person gegenüber. Sie werden beim Auftauchen des Signals «Steinschlag» ihr Schiebedach automatisch schliessen. Vor dem Signal «Kreuzung» oder «Gegenverkehr» werden sie die Geschwindigkeit reduzieren.

1
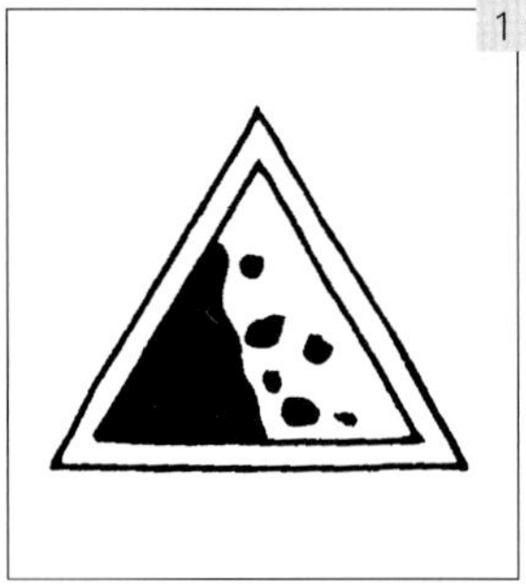

2

3

1 Das eigene Leben ist in Gefahr
2 Der Ernst der Information ist nicht Ich-bezogen
3 Signal Kreuzung, das Überlegung erfordert

4

4 Signal Gegenverkehr, das Überlegung erfordert

1 Weltweit verständliche, für sich sprechende Piktogramme

Die Information durch Bildzeichen hat in den letzten Jahrzehnten zu einer Lese-Umstellung der Bevölkerung geführt, die ohne eine bestimmte Anzahl von Piktogrammen nicht mehr möglich wäre. Dabei muss betont werden, dass es drei verschiedene Arten der Bildinformation gibt.
Die erste umfasst diejenigen Zeichen, die als naturalistische Bilder, meist in Form von Silhouetten, im Betrachter jeder Sprache oder Sitte absolut keinen Zweifel über die Aussage aufkommen lassen. Eine durchgestrichene Zigarette, die Silhouette eines Telefonhörers, die Kaffeetasse etc. sind zu weltweit verständlichen Hinweisen geworden. Um diese Zeichen zu verstehen, bedarf es keines Lernprozesses mehr, sie informieren unmittelbar.

1

Piktogramm-Systeme für Veranstaltungen

Im Rahmen immer häufiger veranstalteter kulturellen, sportlichen oder politischen Anlässen entstehen stets neue Orientierungssysteme, deren Entwicklung dem Inhalt, der Dimension und der Vielsprachigkeit gleichermassen Rechnung tragen muss. Der Gestalter wird zum visuellen «Leiter».
Da es sich dabei um zeitlich und örtlich begrenzte Veranstaltungen handelt, ist unseres Erachtens die Gestaltung der Piktogrammsysteme mit originellen, vom jeweiligen Grafiker entworfenen Zeichengruppen nur begrüssenswert. Oft wird gewünscht, ein einmal feststehendes Piktogramm- System für die Olympischen Spiele auszuarbeiten. Demgegenüber erscheint es uns sinnvoller und dem Anlass angemessener, ein dem spezifischen Wesen des jeweiligen Gastlandes entsprechendes Zeichenspiel immer neu zu entwickeln. Der Lernprozess für diese Zeichen wird vom Besucher relativ schnell vollzogen, die Lokalfarbe der Bild-Zeichen durchaus als Ausdruck graphischen Reichtums betrachtet. Und wenn es gelegentlich zu Fehlinterpretationen kommen sollte, sind die Konsequenzen nicht weittragend.
Jedoch gilt auch hier die Ausnahme: dass nämlich die Sicherheits-Signalisation aus guten Gründen eine strikt internationale Einheit zu bilden hat.

Tokio

Mexiko

München

Grenoble

Normung der Piktogramme für den Flugverkehr in den USA

Symbolische Vignetten

Der Club du Livre gibt unter der Leitung von Philippe Lebaud eine Reihe klassischer geistesgeschichtlicher Texte heraus. 1972 erschien eine ins Französische übersetzte Ausgabe des Korans. Die Vignetten dazu wurden in der Textschriftgrösse gegossen und als Abgrenzungen zwischen die einzelnen Suren gesetzt. Die so entstandenen Zeichnungen sollen etwas Exotisch-Symbolisches in die langen Textseiten hineinbringen, ohne jedoch nur Arabesken zu sein, und den Figuren eine etwas weltweitere Erscheinung verleihen.

Symbolische Vignetten

Der Club du Livre hat in derselben Reihe wie der Koran den grossen und schwierigen Text «La cité de Dieu» von St. Augustinus herausgegeben. Die Vignetten wurden zur visuellen Auflockerung geschaffen. Untenstehendes Skizzenblatt vereinigt die Versuche für Symbolzeichen, welche sich von links nach rechts aus dem Naturalistischen ins Abstrakte wandeln und von unten her aus Begriffen des Dunkel-Satanischen nach oben zu den Zeichen für Gerechtigkeit und Friede führen.

Teil 6

Figuren

Die Spirale

Die Spirale

Die Spirale ist in der Natur nur selten anzutreffen. Die perfekteste Form trifft man an auf Schneckenhäusern und Muscheln verschiedenster Art, ebenfalls auf versteinerten Ammoniten. Nur angedeutet ist sie in Haarlocken oder als Ranken an Pflanzen zu sehen.
Die Seltenheit ihres Vorkommens hat die aussergewöhnliche Spiralform verstärkt. Sie trägt in sich eine unerklärbare Kraft.
Als Sonnensymbol wird sie am meisten angetroffen, hauptsächlich in nördlichen Regionen: Eingehauen in Megalithen und Runen-Stelen.
In anderen Erdteilen galt sie als Symbol des Lebenslaufes: Geburt – Wachstum – Tod – oder Ewigkeit. Ebenfalls sah man in ihr die geheimnisvolle Vulva. Die Mayas bezeichneten mit einer Spirale die Sonnenwende des Winters bzw. des Sommers, den Nullpunkt.

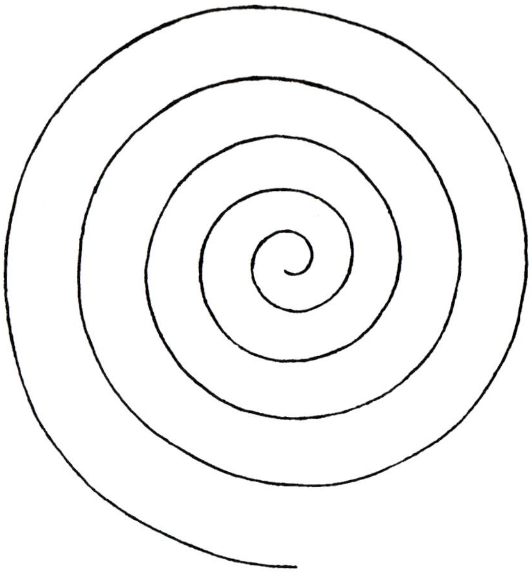

Die Doppelspirale

Noch stärker wirkte die Doppelspirale: Zu- und abnehmend wird sie Teil des Yin-Yang-Zeichens. Das Aus- und Einrollen wird Symbol für Geburt – Leben – Tod – Auferstehung oder Wiedergeburt.

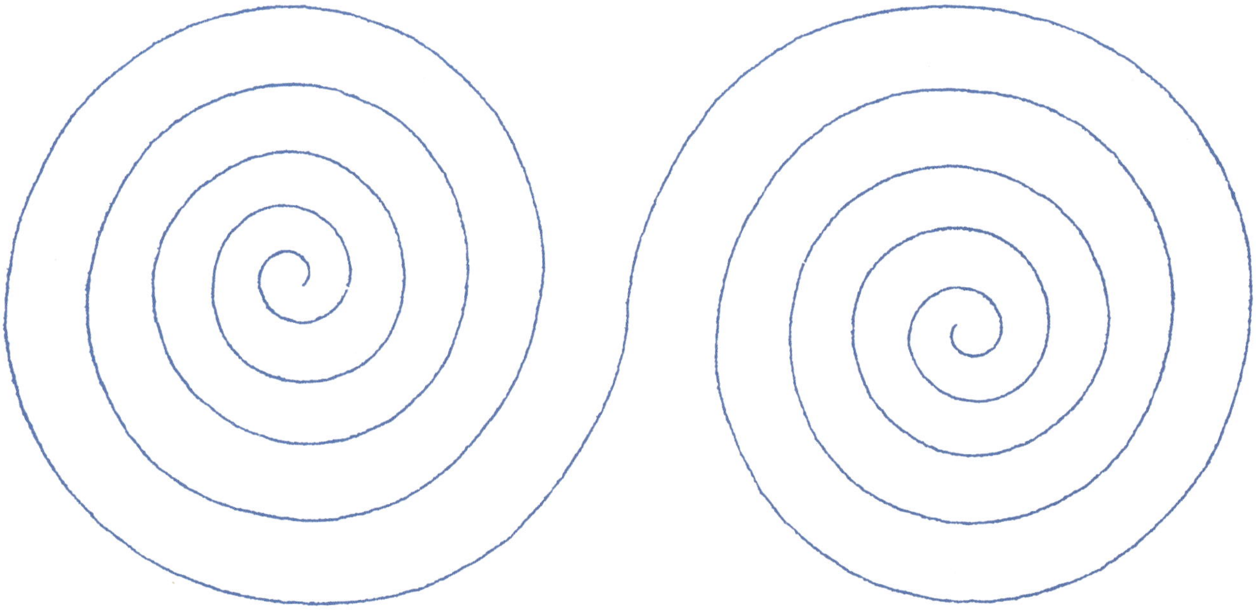

Im Gegensatz zu den Annahmen einer «Geometrie der Empfindungen» geben die mysteriösen Läufe der Gänge uralter Labyrinthe ein wahrhaftes Bild von Intuitionen uralter Menschen. Diese wohl einer Realität entsprechenden mystischen, zum Bild gewordenen Linienspiele dürfen als Zeugen vom Innenleben unserer Vorfahren gelten. Der älteste Labyrinthtyp, welcher entdeckt wurde, ist derjenige von der Insel Kreta. Erstaunlich ist, dass ähnliche Anlagen im alten Amerika und auch in Indien bereits aus früheren Epochen gefunden worden sind.

Der Begriff «Labyrinth» (der bewundernswerte Stein) findet sich auf Kreta, eingeritzt in eine Tontafel. Der anzunehmende Sinn ist «ein Honigtopf für die Herrin (Ariadne?) dieses Labyrinths».

Ein Labyrinth muss ein Bau besonderer Art gewesen sein, eine Kultstätte, welche sich von Tempeln sehr unterschied. Das Durchwandeln eines Labyrinths konnte auf viele Arten getan worden sein: meditierend durchschreiten; Pilger, gedrängt auf den Knien, oder eine andere Art. Es bedeutete auch die Choreografie für Tänze (es wird in der Gegend von den Pyrenäen immer noch nach denselben Mustern getanzt). Der Gebrauch eines Labyrinths besteht im Abschreiten des gesamten Innenraums. Im Zentrum angelangt, befindet sich der Pilger im Heiligtum. Meditation erfolgt während der Dauer des Durchwandelns. Im Zentrum erfolgt eine Wendung, um den gesamten Weg zurückzuwandern.

Kopf des Apollo (Rechtsdrehung),
Kreislabyrinth mit sieben Umläufen,
Eingang oben rechts, 150 v. Chr.

Das Labyrinth

Kretisches Labyrinth auf der Rückseite einer Münze

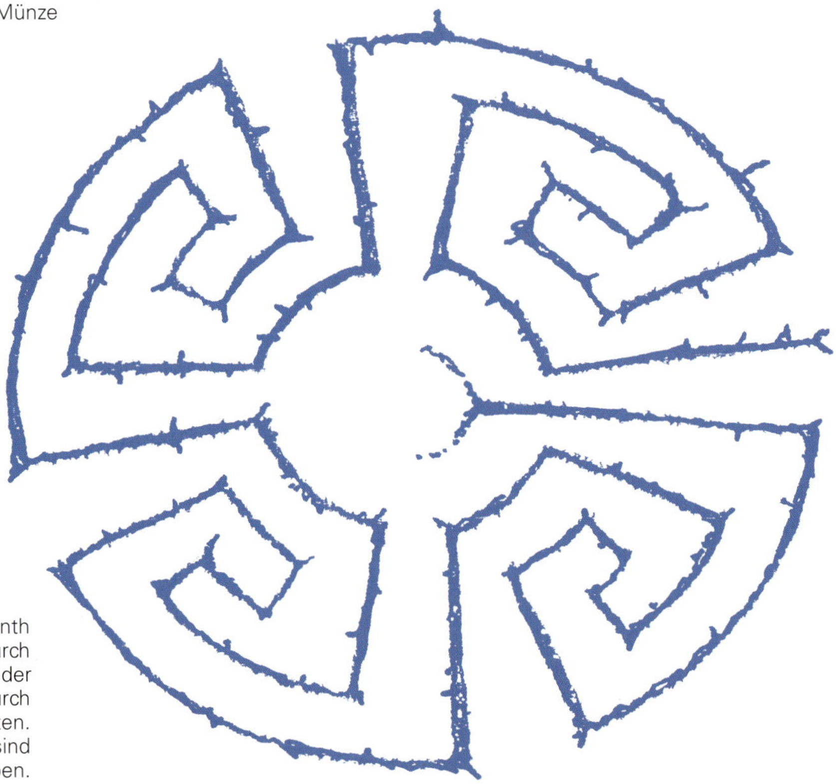

Römisches Labyrinth
Entstanden aus dem Mäanderfries durch Drehen um den unteren Scheitel. Hier ist der Weg gezeichnet. Er führt der Reihe nach durch die vier Quadranten.
Viele solche Labyrinthe aus der Spätantike sind erhalten geblieben.

Typ Chartres, 15. Jahrhundert n. Chr. Der Römische Typ wurde von den Christen übernommen. In vielen Kathedralen (Frankreich, Italien, Spanien, Deutschland) zu sehen. Neben den kreisförmigen Anlagen bestanden ausnahmsweise auch achteckige (Amiens). In England wurde dieselbe Form ebenfalls für viele in Rasen gehauene Labyrinthe verwendet.

Auf der Rückseite eines im Palast des Nestor in Pylos gefundenen mykenischen Tontäfelchens sieht man ein Labyrinth (um 1200 v. Chr.).

Haku-Sha

Haku-Sha ist Ethnologe, Maler, Erfinder... Ich besuchte eine seiner Vorlesungen, die er als Professor für Geschichte und Volkskunde an der Universität in Ahmedabad (Indien) hielt, und war fasziniert. Seine damalige Beschäftigung bestand darin, die wunderschönen Ornamente, welche die Frauen zu festlichen Anlässen mit weissem Sand auf die Erde streuten oder auf die Erdwände der Häuser malten, zu sammeln und zu identifizieren.
Wir waren in sein Elternhaus eingeladen worden. Seine Mutter hiess uns herzlich willkommen und reichte uns zum Gruss einen schönen, aus Kupferdraht geformten Becher (in Spiralform waren die Drähte durch Klopfen aneinander gefügt). Das Berühren dieses Bechers bedeutet «Willkommen mit gutem Omen». Das Haus war aus Erde gebaut, wie alle Bauernhäuser. In der Mitte ein weiter Raum.
Auf den Fussboden hatte die Mutter feine Ornamente gestreut, für jeden Gast ein anderes.

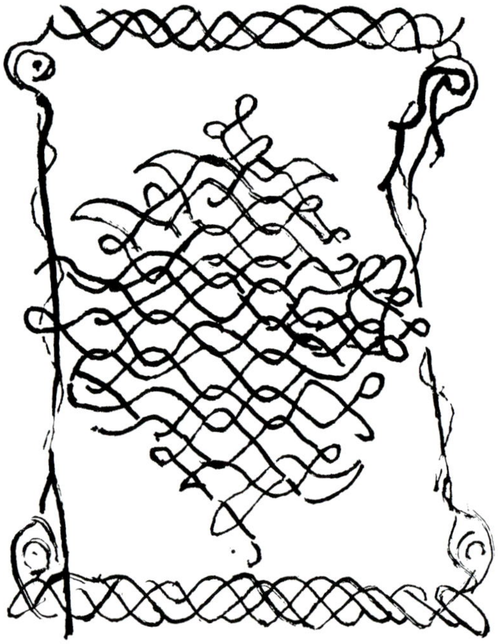

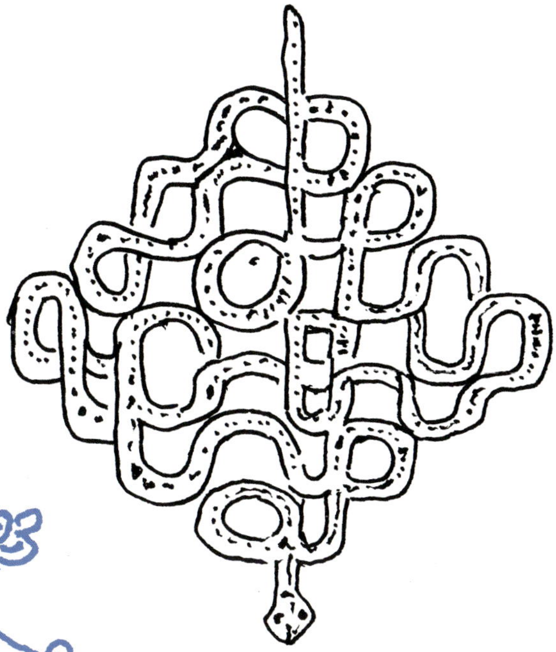

Haku-Sha

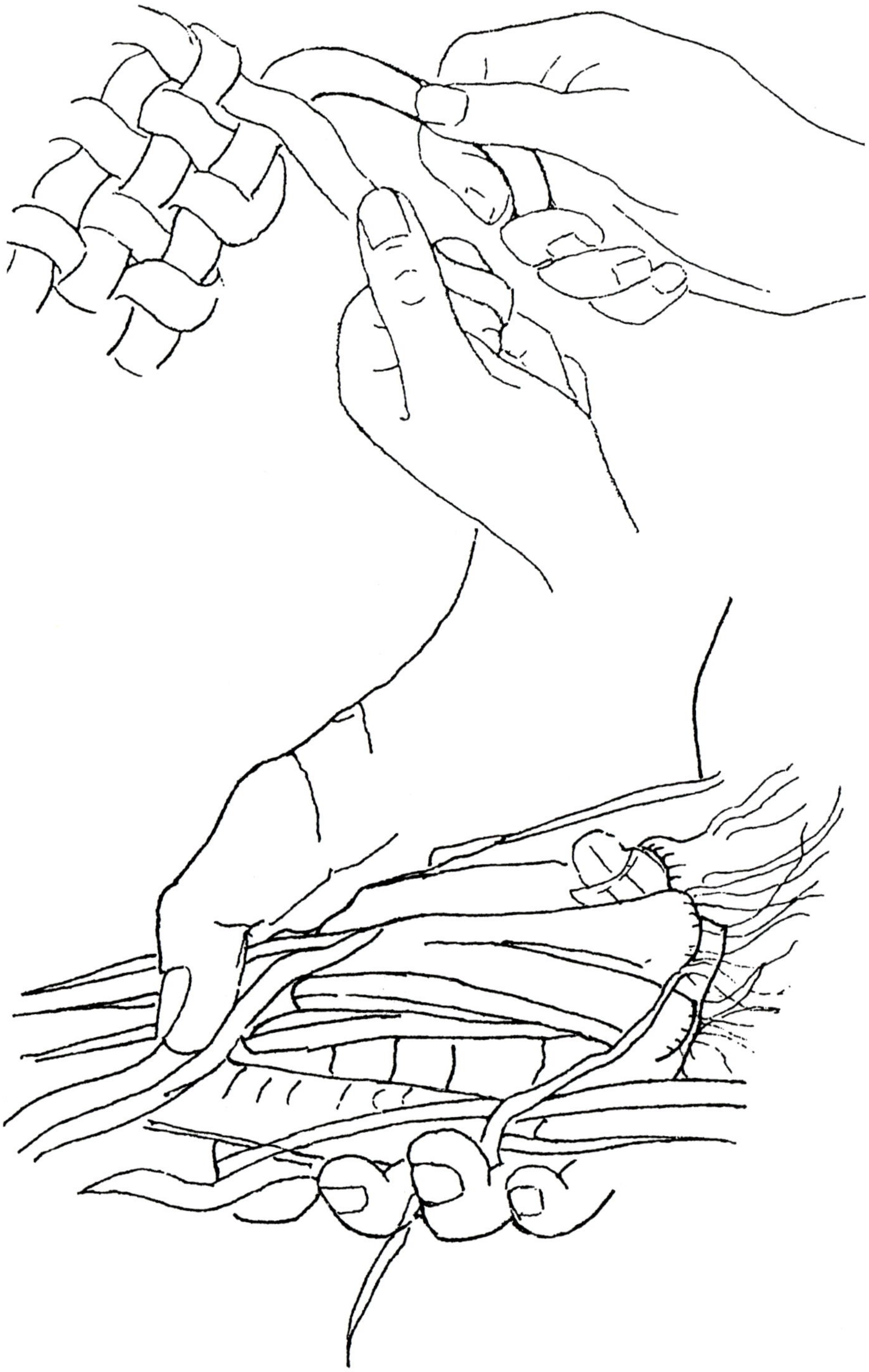

Wir sassen auf dem Fussboden, auf weichen Kissen. Simone, meine Frau, und ich waren es jetzt gewohnt, auch das Mit-den-Fingern-Essen schien uns ganz natürlich.
Die Mutter brachte eine Speise nach der anderen; alles ungewohnt für unseren Gaumen. Simone behagte es nicht, sich von einer älteren Frau bedienen zu lassen, und sagte dieses Haku-Sha. Dieser erklärte uns dann die Lebensgewohnheiten seines Landes: Das Leben folgte einer strikte eingehaltenen Ordnung von vier Phasen:
Die Erste: Die Kindheit bis zur Pubertät. Sie ist dem Spielen, dem Lernen und dem Kräftesammeln gewidmet.
Die Zweite: Die Jahre der harten Arbeit. Männer sind für Nahrung und Obdach sowie die Pflege der Tiere verantwortlich. Die Frauen pflegen den Haushalt, erziehen die Kinder.

Die Dritte: (in dieser Phase befand sich seine Mutter) Eine privilegierte Phase, welche sich auf Handreichungen beschränkt, um den Jungen und den Älteren zu dienen.
Die Vierte: Das Alter, ohne jede Pflichten, nur ruhen, meditieren und Vorbereitung auf den Tod. Es bleibt noch eine Hoffnung, die lange Reise zum Fluss Ganges zu unternehmen, um dort zu sterben und verbrannt zu werden, damit die Asche in den Fluss gestreut würde.
Im Nebenraum hatten wir einen liegenden Menschen bemerkt, er hatte die Augen geschlossen – der alte Vater von Haku-Sha.
Dieses Erlebnis hat uns sehr stark bewegt, oft sprachen wir später davon.

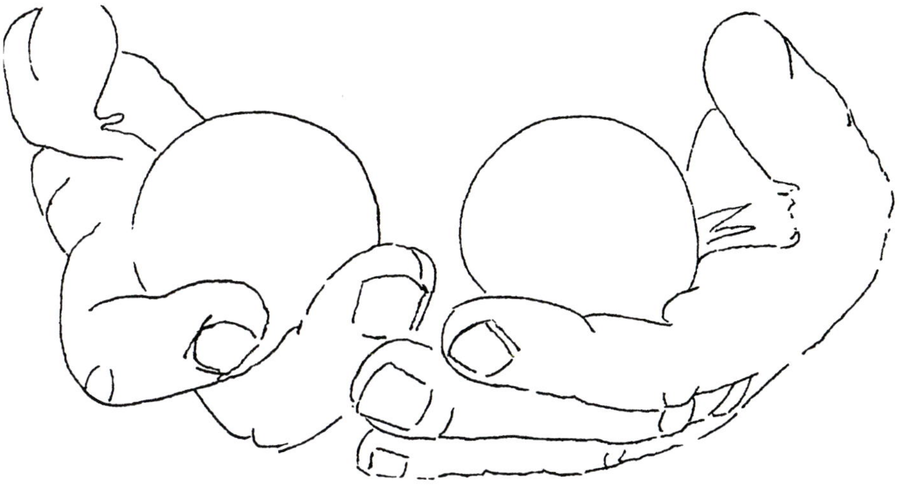

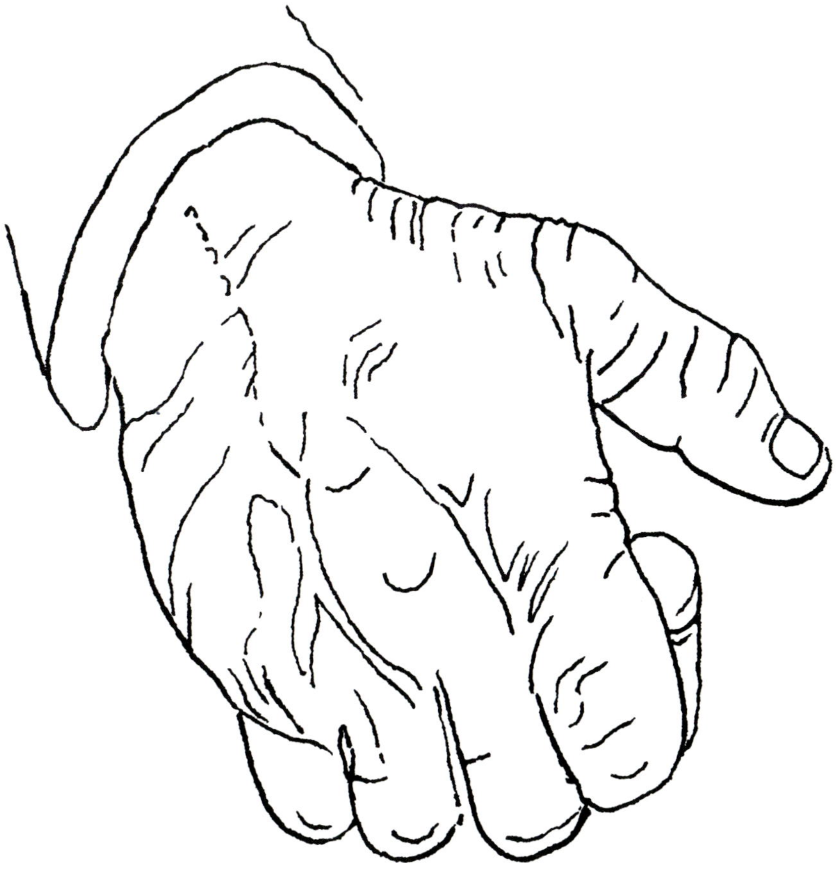

Leben, Liebe, Leid (Zeichnungen des Autors)

Begegnung

Entzückung

Hingabe

Samen

Knospe

Schwangerschaft

Blüte

Wunde

Kampf

Leidenschaft

Intimität

Zärtlichkeit

Geburt

Mutterschaft

Zärtlichkeit

Leiden

Ergebung

Frieden

Versuch einer Synthese

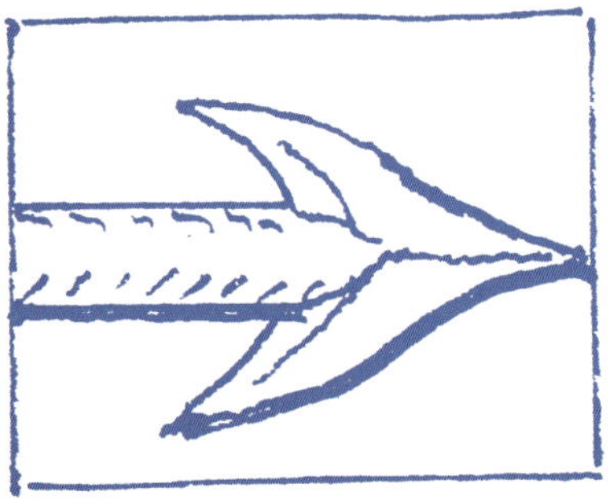

Die nachstehende Zeichentabelle stellt einen Versuch dar, anhand von vier gegenständlichen Figuren – zwei aus der Natur, dem Stern und der Schlange, einem von Menschenhand gebildeten Pfeil und einer an der Grenze der Abstraktion liegenden Figur, dem Kreuz – die gestalterischen Abänderungen mit verschiedensten Aussagen vergleichend gegenüberzustellen.

Die oberste horizontale Reihe enthält rein bildhafte Darstellungen. Obwohl in die Wiedergabetechnik der Strichzeichnung transponiert, bleiben die Zeichnungen im Bereich des Bildhaften, und ihre Aussage bleibt in erster Linie illustrativ.

In der zweiten Reihe nehmen dieselben Gegenstände eine schematische Form an, das heisst, es handelt sich nicht mehr um eine äusserliche Abbildung, sondern um eine zerlegte Wiedergabe, in der zur Erklärung das Bild schematisch angeordnet, aufgeschnitten oder plan wiedergegeben ist.

In der dritten Reihe erfolgt eine der wesentlichsten Transformationen: Das Bild ist zum Symbol aufgestiegen. Es handelt sich um eine gewisse «Sublimation» des bloss Gegenständlichen, in der das Dinghafte an die Stelle eines geistigen Gehalts gestellt wird. Hierbei ist eine naturalistische Wiedergabe nicht mehr erwünscht, vielmehr geht durch die Bildreduktion zum Zeichen das Illustrative verloren, und aus dem Ab-Bild wird ein Sinn-Bild.

Zur Verstärkung einer symbolischen Aussage werden häufig zwei oder mehrere Objekte in einer Darstellung verbunden, wie dies in der vierten Reihe zum Ausdruck kommt.

Um auch an dieser Stelle die viel umstrittene Frage, worin der Unterschied zwischen einem Symbol und einem Zeichen besteht, etwas mehr ihrer Klärung zuzuführen, erscheinen die vier ursprünglichen Gegenstände von Reihe Fünf an in verschiedenen vereinfachten, sozusagen abgeschliffenen Formgebungen der eigentlichen Zeichen.

Natürlich können reine Zeichen, wie beispielsweise das Blitz-Zeichen oder das Venus-Zeichen, aber auch Wappenbilder oder sogar Marken zum Symbol werden.

		Stern	Schlange	Pfeil	Kreuz
Zeichnung	Realistisch				
	Schematisch	Anordnungsschema	Querschnitt	Technische Zeichnung	Plan
Symbol	Zum Symbol erhobene Zeichen oder Gegenstände	Siegel Salomons	Schlange der Ewigkeit	Friede	Christentum
	Zum Symbol kombinierte Zeichen oder Attribute	Islam	Sünde	Liebe	Dreieinigkeit
Zeichen	Konvention mit erkennbarem Gegenstand	Meteorologie (Frost)	Hieroglyphe Nahash	Hochspannung	gleich/parallel
	Reine Konvention Verlust des Gegenständlichen	Asterisk	ähnlich	Mars, männlich	Venus, weiblich
Signaturzeichen	Markierung Unterschrift Besitzzeichen	8 Steinmetze	Lucas Cranach	Brandmarke (Texas)	Hermeszeichen
Emblemzeichen	Zeichen der Zugehörigkeit zu einer Gruppe, Familie, Staat	Föderation	Familienzeichen (Japan)	Skorpion, Gruppe	Staat (Wappen)
Markenzeichen Signete	Berufszeichen Wirtschaft	Mercedes	Arzt, Apotheke	British Rail	Bank
Signal	Anweisung für Verkehr, Bedienung, usw.	Explosionsgefahr	Kurve	Richtung	Rotes Kreuz

Literaturverzeichnis

SYMBOLE UND ZEICHEN
Bernhard Wittlich
Bouvier et Cie., Bonn 1990

SCHRIFT UND ZEICHEN DER VÖLKER
Franz Hermann Wills
Econ-Verlag, Wien 2001

BILD-MARKEN – WORT-MARKEN
Franz Hermann Wills
Econ-Verlag, Wien 1999

HERALDIK – WAPPEN
Ihr Ursprung, Sinn und Wert
Emil M. Bührer
Krüger-Verlag, Frankfurt/M 1977

AN HERALDIC ALPHABET
J. P. Brook-Little
Arco Publishing Co., New York

LE MONDE DES SYMBOLES
Zodiac-Ed., 1985

DICTIONNAIRE DES SYMBOLES
Mythes, Rèves, Coutumes, Gestes, Formes, Figures, Couleurs, Nombres
sous la Direction de Jean Chevalier, Collaboration Alain Cheerbrant, dessins de Bernard Gambet
Ed. Laffond, 1966

KREUZ UND RUNE
Felix Kaiser
Verlag Ursach, Stuttgart 1965

SIGNE, IMAGE, SYMBOLE
Gyorgy Krepes
Rheinverlag, Zürich 1960

SINNZEICHEN DES GLAUBENS
Christian Rietschel
Johannes Stauda-Verlag, Kassel 1965

THE AVERY CYCLE
Michael Names
Thams and Hudsen Ltd, London 1977

LES ORIGINES SYMBOLIQUES DU BLASON
L'HEMETISME DANS L'ART HERALDIQUE
F. Cadet de Glassicourt et le Baron du Roure de Poulin
Berg International, Editeurs, Paris 1972

DAS SINNZEICHENBUCH
Walter Bacheta
H. Hartmann, Frankfurt/M 1990

SYMBOLS – SIGNS
The American Institute of Grafic-Arts
Dot-Os, November 1974

LES FORMES DANS LA NATURE
Peter S. Stevens
Editions du Seuil 1987

HOLZ BEMALEN
Christian Rubi
Verlag Huber, Bern und Stuttgart 1964

SIE SCHRIEBEN AUF TON
Eduard Chierz
Orell Füssli-Verlag, 1941

SYMBOLES, SIGNES ET MARQUES
George Natraf
Berg International Editueurs

FAMOUS ANIMAL SYMBOLES
Interecho Press, Vol. I und II

FORM UND KOMMUNIKATION
Walter Diethelm
ABC-Verlag, 1979

STEINBEARBEITUNG
vom 11.–18. Jahrhundert am Strassburger-Münster
Karl Friedrich
B. Fritsen-Verlag, Augsburg 1962

TRADE MARKS & SYMBOLS
Yasaburo Kuwayama
VNR. New York 1973

THE HIGHWAY CODE
Mso 1s 3d

HENRY DREYFUS SYMBOL-SOURCBOOK
International Graphic Symbols
Mc. Graw-Hill Books Co., Toronto 1959

YI-KING – LE LIVRE DES TRANSFORMATIONS
Richard Wilhelm und Etienne Perrot
Librairie de Médicis, Paris

DIE BAHN UND DER RECHTE WEG DES LAO-TSE
Chinesische Urschrift, erklärt von Alexander Ular
Inselverlag, Leipzig

LAO-TSE – VOM SINN DES LEBENS
Richard Wilhelm
Eugen Dietrichs-Verlag, Köln

TAO TE KING
Le livre de Tao et sa vertu
Edition Paul Derzin, Lyon

DIE SCHRIFT IN VERGANGENHEIT UND GEGENWART
Hans Jensen, 2. Neubearbeitung
Deutscher Verlag der Wissenschaften, Berlin 1958

LA SAGESSE CHINOISE SELON LE THAO
Pensées choisies et traduit par René Bramon
Librairie Plon, Paris

L'ART RUPESTRE DANS LE MONDE –
L'IMAGINAIRE DE LA PREHISTOIRE
Emanuelle Anati
Larousse, Paris

VOM FELSBILD ZUM ALPHABET
Károly Földes-Papp
Gondron-Verlag, Bayreuth

INTRODUCTION TO THE EGYPTIEN COLLECTIONS
British Museum, The Trustes 1930

BÂTONS, CHIFFRES ET LETTRES
Raymond Queneau
Gallimard, 1965

READING THE PAST RUNES
R. J. Pages
British Musum 1987

LES DIT DE SIGNES
Répértoires des Symboles graphique
dans les cultures africaines
C. M. Faïk-Nzuji
Musée canadien des civilisations, 1996

AFRICAN TRIBAL IMAGES
William Fagg
Cleveland Museum of Art, 1968

CHINESE LATTICE DESIGNS
Daniel Sheets Dye
Dover New York, 1974

PRE-HISPANIC-MEXICAN STAMP DESIGNS
Frederic Y. Field
Dover New York, 1992

ADINRA
Symbolic language of the Ashanti
Haus der Kulturen, 1989

LES NOMADES DE LA STEPPE
Ed. Phillips
Editions Sequia, Paris/Bruxelles 1966

TRESORS DES PRICES CELTES
J. P. Mohen
A.B.C. Eluère, RMN Paris 1987

LEXIKON CHINESISCHER SYMBOLE
Wolfram Eberhard
Diedrichs Gelbe Reihe, München 2004

SYMBOLE DER INDIANER NORDAMERIKAS
Heike Owusu
Schirner-Verlag, 2002

SCULPTURE OF THE ESKIMO
Georges Swington
C. Hurst+Co., London 1968

Adrian Frutiger

Nachdenken über Zeichen und Schrift

2005. 248 Seiten, Über 200 Fotos und Zeichnungen, gebunden
CHF 66.00 / EUR 39.90
ISBN 978-3-258-06811-4

Wer sich in Paris in der Metro oder im Flughafen Charles-de-Gaulle orientieren will, folgt seinem Beschriftungssystem. Wer durch die Schweiz fährt, liest an allen Autobahnen seine Schrift. Wer nach einer klaren, eleganten und modernen Schrift sucht, wählt oft seine «Univers»: Adrian Frutiger, der große Schriftgestalter unserer Zeit, prägt unseren Alltag, ohne dass es uns bewusst ist.

In diesem Buch macht sich Adrian Frutiger auf die Suche nach den Ursprüngen von Zeichen und Schrift. Er geht der Entwicklung der Schrift nach, von den ersten Spuren in Höhlen und auf Tonplatten bis zur mittelalterlichen Kalligrafie, von der Erfindung des Buchdrucks mit beweglichen Lettern bis zum Entstehen der modernen serifenlosen Schriften wie der «Univers», der «Helvetica», der «Gill Sans» und der «Frutiger». Er zeigt auf, wie große Schriftgestalter des 20. Jahrhunderts diese Entwicklungen geprägt und ihn selbst und sein Schaffen beeinflusst und begleitet haben: Emil Ruder, Rudolf Hostettler, Herman Zapf und seine beiden Lehrer Walter Käch und Alfred Willimann. Und er gibt Einblick in seine Arbeit, in seine Gedanken zur Lesbarkeit einer Schrift und in den Prozess der grafischen Umsetzung eines Zeichens.

Durch das Buch führt wie ein roter Faden die Hand, jenes Instrument, dem die Menschen ihre Entwicklung verdanken. Ihnen, den Händen, widmet Adrian Frutiger den zweiten Teil seines Buches, es ist das Bekenntnis eines Kunsthandwerkers, der die vielen Jahre seines Berufslebens stets im Bewusstsein seiner beiden Hände gearbeitet hat.

Haupt

Haupt Verlag Bern • Stuttgart • Wien
verlag@haupt.ch • www.haupt.ch

Therese Weber

Die Sprache des Papiers

Eine 2000-jährige Geschichte

2004. 222 Seiten, 200 Farbfotografien, gebunden
CHF 66.– / EUR 39.90
ISBN 978-3-258-06793-3

Papier ist der Kulturträger schlechthin. Dank der Erfindung dieses praktischen Beschreibstoffes ist viel Wissen über die Vergangenheit tradiert und bis heute gespeichert worden. Die spannende Geschichte des Papiers findet sich in allen Kulturen. Seine Ursprünge liegen im Fernen Osten, wo bereits in vorchristlicher Zeit eine erste papierähnliche Faserfläche aus Hanf entdeckt wurde und die Erforschung dieses praktischen Beschreibstoffs begann. Das Wissen über die Papierherstellung versuchten die Chinesen zwar geheim zu halten, dennoch fand das Papier seinen Weg nach Korea, Japan und über die Seidenstraße in den arabischen Raum. In Europa hielt das Papier erst im 15. Jahrhundert Einzug. Die fast gleichzeitige Erfindung des Buchdrucks mit beweglichen Lettern ließ den Papierbedarf in die Höhe schnellen und neue Rohstoffe mussten entwickelt werden. Als Ende des 18. Jahrhunderts Nicolas Robert die Langsieb-Papiermaschine erfand, war der Papierrausch nicht mehr aufzuhalten. Aus dem Rohstoff Papier wurden Geldscheine und Pamphlete hergestellt, Heißluftballone und architektonische Bauelemente gefertigt.
Alle diese Stationen, von den Vorläufern des Papiers wie Pergament und Papyrus, Tapa und Amate, bis zu den Auswanderern, die das Wissen über Papier im 17. Jahrhundert nach Nordamerika exportierten, werden in diesem Buch nachgezeichnet. Welche Funktionen Papier neben seiner gebräuchlichsten als Schriftträger in den verschiedenen Kontexten Religion, Politik oder Kunst einnahm, wird dabei speziell beleuchtet.
Die traditionellen Methoden der Papierherstellung haben sich in Japan, China, Tibet, Indien, Myanmar oder Vietnam bis in die Gegenwart gerettet. Die Autorin hat alle diese Länder bereist und berichtet, wie Papierbogen in kleinen Papiermacherdörfern selbst unter problematischen politischen Bedingungen nach alter Sitte geklopft, gegossen und geschöpft werden. Wunderschöne Papierobjekte wie japanische Schiebetüren, Schirme, Kleidungsstücke oder Designartikel aus Papiergarn sind heute längst auch im Westen begehrt.

: Haupt **Haupt Verlag** Bern • Stuttgart • Wien
verlag@haupt.ch • www.haupt.ch

Franz Zeier

Schachtel, Mappe, Bucheinband

Die Grundlagen des Buchbindens für alle, die dieses Handwerk schätzen: für Werklehrer, Fachleute und Liebhaber

5., unveränderte Auflage 2005. 304 Seiten, 674 Abbildungen, gebunden
CHF 62.0–/ EUR 39.90
ISBN 978-3-258-05147-5

Franz Zeier führt Schritt für Schritt in die handwerklichen Techniken des Buchbindens ein. Dabei hat er großes Gewicht auf die Anfangsgründe des Buchbinderischen gelegt, z.B. auf Handhabung der Werkzeuge, auf Behandlung des Werkstoffs Papier oder auf die vielfältigen Probleme des Klebens. Außer den verschiedenen Ausführungen von Schachteln, Mappen, Deckenbänden behandelt er auch das Fotobuch, das Passepartout und die Klebebindung; insgesamt werden 123 Objekte dargestellt.

Franz Zeier

Papier literarisch

Neunmal siebenundzwanzig Zitate aus der schönen Literatur

2007. 130 Seiten, Klappenbroschur
CHF 29.0– EUR 19.00
ISBN 978-3-258-07247-0

Franz Zeier, der bekannte Papierdesigner und Buchgestalter, sammelt seit Jahren Zitate zum Thema Papier. In diesem Buch sind sie versammelt: 243 längere und kürzere Zitate von Autoren, die in den verschiedensten Ländern und zu ganz unterschiedlichen Zeiten gelebt haben. Sie berichten von Situationen, in welchen Papier in allen möglichen Zuständen und Verwendungsarten eine Rolle spielt.

Ein Buch, das man in die Jackentasche stecken wird oder in den Koffer für die Ferien, als Begleiter für kurze oder lange Reisen, für Pausen von Vielbeschäftigten. Es eignet sich, dank seiner Unbeschwertheit, als ideales Geschenk. Ein anregender, erfrischender Lesestoff!

: Haupt

Haupt Verlag Bern • Stuttgart • Wien
verlag@haupt.ch • www.haupt.ch